CYCLE
3
CE2
CM1
CM2

PROGRAMMES ■ 2008 ■ PROGRAMMES

Toutes les Sciences

DIRECTION DE L'OUVRAGE
André Giordan

AUTEURS

Maryline Coquidé,
professeure IUFM de Bretagne

Anne Fauche,
médiatrice scientifique et LDES

Cécile Garnier,
professeure IUFM du Centre Val de Loire

André Giordan,
professeur, directeur du laboratoire de Didactique
et d'Épistémologie des Sciences (LDES) de l'Université de Genève

Arlette L'Haridon,
professeure IUFM de Haute-Normandie

Francine Pellaud,
enseignante du Primaire et LDES

Nathan

Générique de l'ouvrage

Édition
Valérie Caroit, Claire Ollivier

Coordination artistique
Léa Verdun

Conception couverture
Éric Doxat

Conception graphique et mise en pages
Éric André, Ghislaine Salmon-Legagneur

Iconographie
Katia Davidoff, Juliette Barjon

Illustrations
Vincent Landrin, Pascal Baltzer

Relecture
Laurent Lafond

Correction
Gilbert Gié

ISBN : 978-2-09-122007-9

Les sciences, c'est génial !

Tu trouves que «faire des sciences» à l'école, c'est génial! Parce que tu peux faire des expériences. C'est vrai… c'est amusant, cela éveille la curiosité. Mais sais-tu que grâce aux expériences, on a compris comment ton cœur bat, comment ton sang circule, comment guérir des cancers? On a aussi appris à produire de l'électricité et à l'utiliser. Plus récemment, grâce aux sciences, on a su faire des «puces» et l'informatique en est résultée. En connaissant mieux le fonctionnement de l'oreille, on a pu «compresser» les sons. Et voilà un nouveau système nommé MP3, qui bouleverse l'industrie de la musique. Tu l'utilises dans ton baladeur.

D'ailleurs, essaie de repérer toutes les innovations qui existent depuis ta naissance et qui sont dues aux développements de ces connaissances.

Mais faire des sciences, ce n'est pas seulement faire des expériences, c'est aussi observer, enquêter ou fabriquer des modèles… C'est encore savoir se documenter. Un scientifique passe plus de temps à rechercher de l'information qu'à monter des expériences!

Les sciences te permettent aussi de découvrir le fonctionnement de ton corps, des objets ou de l'Univers en général. Tu peux poser les «bonnes questions» à ton médecin, et, plus tard, tu sauras analyser les discours des hommes politiques! Tu acquiers la capacité de prendre des décisions en toute connaissance de cause et, par conséquent, de devenir un consommateur plus responsable et plus «intelligent».

Surtout, tu peux te créer ta propre conception de la vie… Si tu sais que tu n'es pas né(e) au centre de l'Univers, mais sur une toute petite planète qui tourne autour d'une étoile, le Soleil, l'une des étoiles parmi les milliards d'autres de la Galaxie, si tu penses que les atomes de ton corps ont été fabriqués dans les étoiles il y a quelques milliards d'années, etc., tu «changes» dans ta tête!

Enfin, grâce aux savoirs que tu trouves dans les sciences et les techniques, tu apprends à devenir un citoyen plus responsable qui saura contribuer à la «santé de l'environnement» et bâtir un avenir meilleur. Pour améliorer le sort de tous, les sciences mettent à disposition des outils pour participer aux décisions sur l'utilisation des technologies. Le développement durable ne commence-t-il pas ainsi? ♦

André Giordan

Sommaire

La matière

L'énergie et le développement durable

Le vivant et l'environnement

Le vivant et l'environnement (suite)

Le corps humain et la santé

Les objets techniques

Présentation d'une unité

Toutes les unités de ce manuel se présentent en quatre pages. Dans chaque unité :

Le domaine des sciences concerné

Un titre sous forme de question

Les questions que tu peux te poser

Des documents accompagnés de questions pour t'aider à réfléchir et à exprimer tes premières idées

VIVANT ET ENVIRONNEMENT

28. À quoi servent les fleurs ?

• Je m'interroge

Au printemps et en été, la nature est fleurie, parfumée. Sais-tu ce qu'est une fleur ? On entend un bourdonnement permanent. Sais-tu pourquoi ?

1 Connais-tu les différentes parties de la fleur ?

Tulipe

2 Que fait cette abeille ?

3 Saurais-tu expliquer ce que ces trois rameaux ont en commun ?

Lierre

Genet

Maronnier d'Inde

134 Vivant et environnement

Les recherches que tu peux mener

Je cherche

1 Voyage au centre d'une fleur

Les rameaux de la page précédente portent tous trois des fleurs.

a Si tu passes ton doigt sur une fleur épanouie (1), il peut devenir tout barbouillé de jaune par l'une des étamines. Sais-tu à quoi correspond cette poussière jaune ?
Au centre de la fleur (2) il y a une petite colonne plus ou moins enflée : c'est le pistil de la fleur.

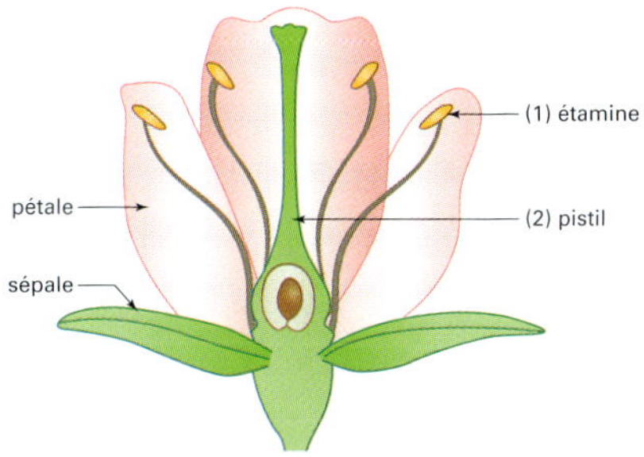

b Munis-toi d'une tulipe et découpe-la pour obtenir toutes les parties qui la constituent.
Colle-les sur ton cahier d'expériences et écris leur nom en dessous.

2 Que deviennent les fleurs ?

a Un bouquet de fleurs coupées se fane. Mais que se passe-t-il dans la nature ?

Observe les transformations successives de la fleur de cerisier du mois d'avril au mois de juin.

b Réponds aux questions suivantes puis discutes-en avec les autres élèves.
Dans la nature, certaines fleurs meurent et disparaissent, d'autres se transforment en fruit.
– Pourquoi toutes les fleurs ne se transforment-elles pas en fruit ?
– Pourquoi la récolte dans les vergers est-elle plus ou moins importante selon les années ?

3 Des fruits et des graines

Rassemble des fruits (secs ou **charnus***) que tu connais et observe les graines à l'intérieur de chacun d'entre eux.

Vivant et environnement 135

Des activités de recherche ou de fabrication à réaliser en classe, des observations, des analyses de documents pour chercher des réponses aux questions posées

Au cours de ces activités, tu auras souvent besoin d'écrire dans ton cahier d'expériences

Les explications des faits scientifiques

Les réponses aux questions posées et aux recherches

• Je comprends

1 La fleur est une source de graines

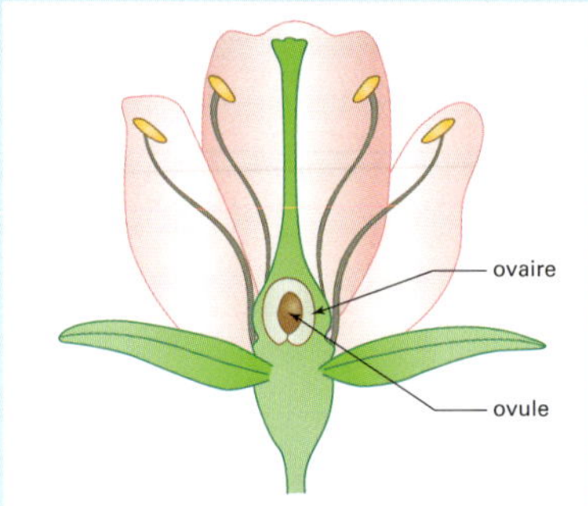

Fleur de cerisier

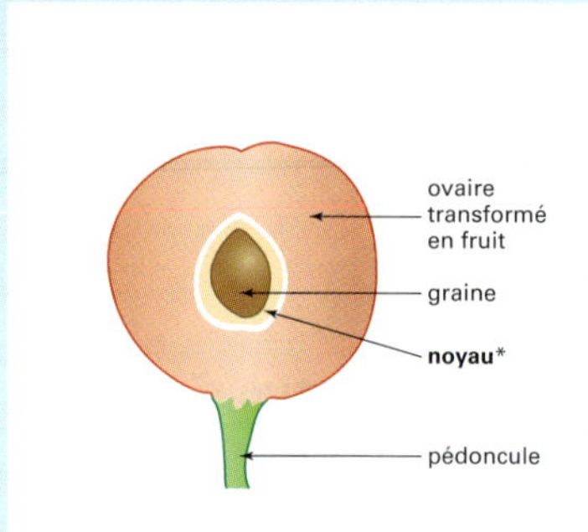

Cerise

• Les fleurs femelles (celles qui contiennent un **pistil***) peuvent se transformer en fruits si la fécondation des ovules a eu lieu. Les ovules de la fleur se transforment en graines. Une fois le **fruit*** bien formé, il pourra libérer ses graines et celles-ci donneront de nouvelles plantes qui produiront à leur tour des fleurs.

2 La pollinisation des fleurs

• Les fleurs n'ont pas toutes des pétales et des sépales mais toutes les fleurs ont au moins un pistil ou des étamines, ou bien encore les deux à la fois.
• Les étamines fabriquent et libèrent du pollen. Les grains de pollen contiennent les spermatozoïdes de la plante.
Si les grains de pollen sont déposés sur le pistil, ils permettent aux spermatozoïdes de rencontrer les ovules. La fleur fabrique alors des graines et l'ovaire se transforme peu à peu en fruit. Les grains de pollen sont très petits et légers. Ils sont transportés par le vent ou par des animaux (le plus souvent des insectes).
• Les fleurs colorées ou odorantes attirent les insectes (par exemple les abeilles, texte p. 164). En allant de fleur en fleur, ils transportent le pollen.
Quand les conditions météorologiques ne sont pas favorables ou quand il n'y pas assez d'insectes pollinisateurs, la pollinisation des fleurs ne se fait pas bien : il y a alors moins de fleurs qui se transforment en fruits et la récolte des vergers est moins bonne.

mon petit dico

Pistil : partie femelle d'une fleur. Il contient un ou plusieurs ovules. Certaines fleurs n'ont pas de pistil.
Fruit : organe plus ou moins creux, sec ou charnu, qui provient de la transformation du pistil et qui contient des graines.
Fruit charnu : fruit à chair épaisse et molle qui contient des pépins ou un noyau.
Pépin : graine de petite taille contenue dans un fruit charnu (pépin de citron, de raisin, de pomme...).
Noyau : partie dure et centrale d'un fruit charnu qui renferme la graine (noyau de cerise, de pêche, d'olive...).
Graminées : famille de plantes aux fleurs peu apparentes et groupées en épis.

136 Vivant et environnement

La définition scientifique des mots

Ce logo signifie que tu trouveras d'autres informations sur le même sujet à l'endroit indiqué.

Si au fil des pages tu vois le logo c'est qu'il est question de développement durable.

Le logo indique que tu trouveras des informations intéressantes sur Internet à l'adresse indiquée.

Page « magazine »

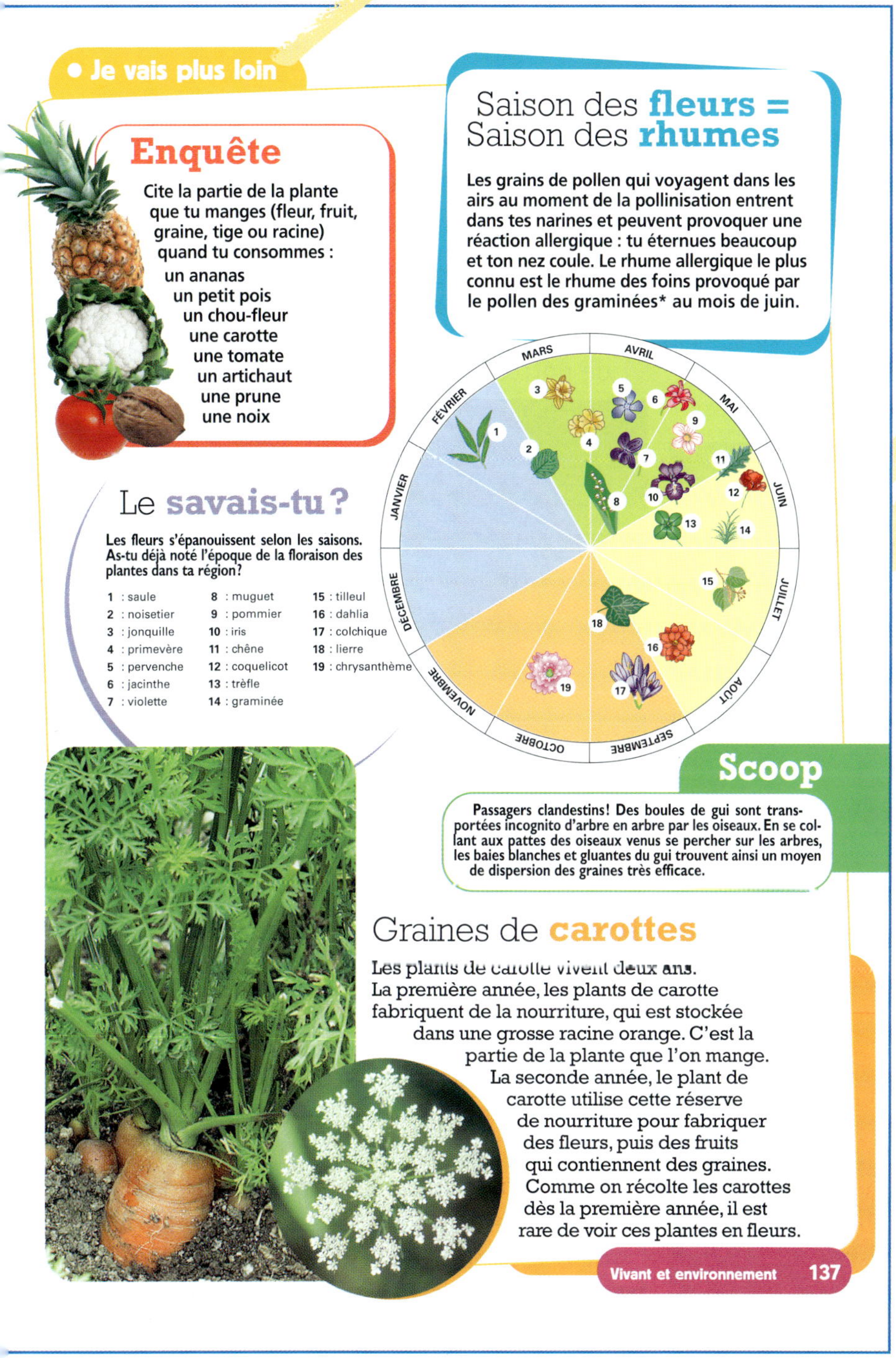

● Je vais plus loin

Enquête

Cite la partie de la plante que tu manges (fleur, fruit, graine, tige ou racine) quand tu consommes :
un ananas
un petit pois
un chou-fleur
une carotte
une tomate
un artichaut
une prune
une noix

Saison des fleurs = Saison des rhumes

Les grains de pollen qui voyagent dans les airs au moment de la pollinisation entrent dans tes narines et peuvent provoquer une réaction allergique : tu éternues beaucoup et ton nez coule. Le rhume allergique le plus connu est le rhume des foins provoqué par le pollen des graminées* au mois de juin.

Le savais-tu ?

Les fleurs s'épanouissent selon les saisons. As-tu déjà noté l'époque de la floraison des plantes dans ta région ?

1 : saule
2 : noisetier
3 : jonquille
4 : primevère
5 : pervenche
6 : jacinthe
7 : violette
8 : muguet
9 : pommier
10 : iris
11 : chêne
12 : coquelicot
13 : trèfle
14 : graminée
15 : tilleul
16 : dahlia
17 : colchique
18 : lierre
19 : chrysanthème

Scoop

Passagers clandestins ! Des boules de gui sont transportées incognito d'arbre en arbre par les oiseaux. En se collant aux pattes des oiseaux venus se percher sur les arbres, les baies blanches et gluantes du gui trouvent ainsi un moyen de dispersion des graines très efficace.

Graines de carottes

Les plants de carotte vivent deux ans. La première année, les plants de carotte fabriquent de la nourriture, qui est stockée dans une grosse racine orange. C'est la partie de la plante que l'on mange. La seconde année, le plant de carotte utilise cette réserve de nourriture pour fabriquer des fleurs, puis des fruits qui contiennent des graines. Comme on récolte les carottes dès la première année, il est rare de voir ces plantes en fleurs.

Vivant et environnement 137

Des informations complémentaires pour éveiller ta curiosité et te donner envie d'en savoir plus !

À la fin de chaque domaine une rubrique **Lire en sciences** te propose des textes documentaires techniques ou littéraires en rapport avec les thèmes abordés.

1. C'est quoi « faire des sciences » ?

• Je m'interroge

On parle tous les jours de sciences dans les journaux, à la télévision. Mais comment travaille un chercheur ? Comment comprend-il le fonctionnement d'un organe ou le résultat d'une réaction chimique ? Et, au fait, c'est quoi une attitude scientifique ?

1 Nous vivons aujourd'hui en moyenne deux fois plus longtemps et en meilleure santé qu'au siècle dernier. Comment a-t-on fait ces progrès ?

2 Cette photographie prise depuis la Terre présente des milliers d'étoiles de notre Galaxie. Où se trouve le Soleil ?

3 Les chants des baleines à bosse deviennent de plus en plus complexes au cours d'une saison.
Les baleines apprennent-elles à chanter ?

4 Les scientifiques pensaient que les serpents descendaient de lézards à quatre pattes. La découverte d'un fossile de serpent à deux pattes lance un débat… Cette transformation s'est-elle opérée dans la mer ou sur la terre ferme ? Ces pattes servaient-elles à marcher ou à se mouvoir dans l'eau ?

• Je cherche

Joue au chercheur

1 Une classe met deux poissons dans un aquarium. Une semaine plus tard, le niveau de l'eau dans l'aquarium a baissé. Que s'est-il passé ? Comment faire pour le savoir ?

a Alphonse, Leila, Zoé, Amhed et Imar pensent que l'eau a disparu parce que les poissons l'ont bue. Les raisons qu'ils donnent sont les suivantes :

– Leila le sait parce qu'elle l'a entendu à la télévision.

– Alphonse propose d'observer si les poissons ont grossi en mesurant leur tour de taille.

– Zoé propose de peser les poissons, de les remettre dans l'aquarium et de les peser une semaine plus tard.

– Imar va chercher dans des livres sur les poissons.

– Amhed fait voter tous les enfants de la classe : 15 disent que c'est vrai et 9 pensent que c'est faux.

D'après toi, qui a eu une attitude scientifique ? Pourquoi ?

b Indique ce que tu ferais pour comprendre.

2 Une semaine plus tard, les élèves observent que le niveau de l'eau a de nouveau baissé, mais que les poissons n'ont pas grossi.

Sébastien propose alors de comparer deux aquariums sans poissons. Sur l'un des deux, il propose de mettre une vitre.

– Que peut-il constater au bout d'une semaine ?

– Que peut-il alors proposer sur ce qui fait baisser le niveau de l'eau ?

– Que pourrait-il inventer pour appuyer ce qu'il pense ?

Début de l'expérience.

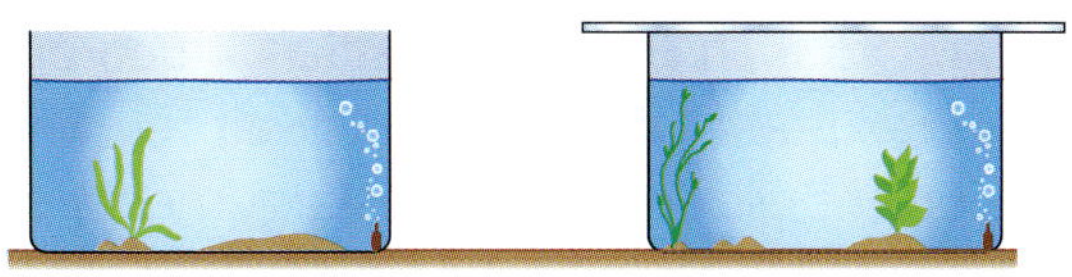

Une semaine plus tard.

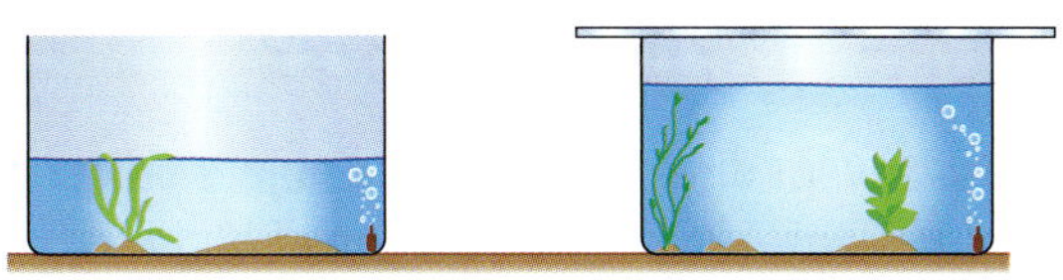

Je comprends

• L'eau disparaît même sans qu'il y ait un poisson !... On nomme ce phénomène l'*évaporation*. L'important en sciences n'est cependant pas de nommer, mais de faire plusieurs observations ou expériences pour comprendre un phénomène.
• En sciences, on repère les étoiles, on tente de connaître le fonctionnement du corps pour soigner ou encore on s'interroge sur la Nature comme pour percer le langage des baleines. Tu fais des sciences sans le savoir quand toi aussi tu te questionnes sur ce qui t'entoure et que tu te mets à chercher...

1 Faire des sciences, c'est avoir des idées

Face à un phénomène naturel, un scientifique cherche à expliquer, à trouver les causes, à comprendre comment cela fonctionne. Pour cela, il imagine des explications à partir de ce qu'il observe et à partir de ses connaissances. De nos jours, il est très rare qu'un scientifique ait une idée tout seul dans son coin : les scientifiques travaillent en équipe, ils échangent leurs idées, ils débattent.

2 Faire des sciences, c'est tester ses idées

• Les scientifiques ne se contentent pas d'imaginer des explications : ils les testent, ils les mettent à l'épreuve. Pour cela :
– Ils observent, c'est-à-dire qu'ils regardent sans perturber. Pour mieux voir, ils peuvent utiliser un instrument, comme une loupe ou un **microscope*** si l'objet est petit, des jumelles ou un **télescope*** si l'objet est loin (les animaux sauvages) ou très loin (les planètes ou les étoiles).
– Ils expérimentent. Dans ce cas, ils introduisent quelque chose de nouveau dans la situation pour voir ce qui se passe. Dans l'expérience de l'aquarium, Sébastien a mis une vitre qui empêche l'évaporation de l'eau. Pour en être bien sûr, il a ensuite augmenté la température, puis soufflé de l'air pour voir si l'évaporation était plus grande.
– Ils simulent, c'est-à-dire qu'ils utilisent des maquettes ou des logiciels informatiques pour essayer d'expliquer un phénomène naturel.
• Ils font aussi :
– des mesures et des calculs,
– des tests, comme pour les analyses du sang,
– des **classements***.

3 Faire des sciences, c'est convaincre les autres

Pendant tout son travail, un scientifique prend des notes de ses idées, de ses expériences, de ses résultats. Une fois son travail terminé, il rédige un article où il résume ce qu'il a fait. L'important est de trouver des arguments qui confirment ce qu'il pense. Faire des sciences, ce n'est pas se raconter une histoire, c'est imaginer ce qui peut se passer et l'argumenter par différentes recherches. Une seule observation ou une seule expérience ne suffit jamais pour convaincre. Il faut toujours trouver plusieurs arguments qui se recoupent.

mon petit dico

Classer veut dire regrouper des objets ou des êtres vivants. On peut classer en cherchant des formes semblables ou des caractères communs. Tous les animaux à plumes sont rangés dans le groupe des oiseaux.
Un **microscope** est un instrument qui permet de regarder ce qui est minuscule.
Un **télescope** est un instrument qui permet d'observer les astres.

• Je vais plus loin

Les sciences : un état d'esprit toujours **neuf**

«Les sciences» c'est un état d'esprit, une démarche, ce n'est pas seulement une matière de plus à l'école ! C'est d'autant plus important que, depuis un siècle, les sciences et les techniques transforment totalement notre monde : l'ordinateur, le téléphone portable, l'Internet, l'i-pod, l'i-phone...

Avant...

Un ordinateur en **1981**

Après.

Un ordinateur en **2008**

Avant...

Un téléphone en **1950**

Après.

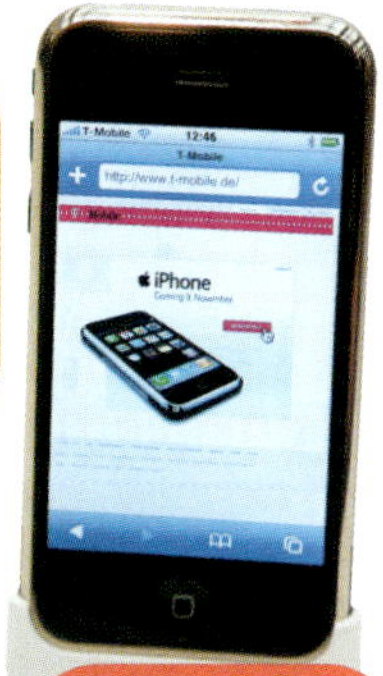

L'i-phone en **2008**

Connaître les sciences permet de comprendre ces objets, de savoir mieux les utiliser ou simplement savoir si l'on peut les utiliser sans danger.

Faire des sciences, c'est aussi faire face aux fléaux qui menacent la planète : pollution, dégradation de la qualité de l'eau, de l'air.

Les sciences donnent un **sens au monde**

Avec les sciences, tu peux donner du sens au monde qui t'entoure... Sais-tu que tu vis sur une toute petite planète qui tourne sur elle-même à 1 500 km/h au niveau de la France et autour du Soleil à 118 000 km/h, lui-même emporté dans la Galaxie à 800 000 km/h ! Oui ! 800 000 km par heure !

Pour faire un tour dans la Galaxie, le Soleil, et donc la Terre, met 200 millions d'années. Il y a un tour vivaient les dinosaures... Qui vivra sur la Terre au prochain tour ?

RÉPONSES AUX QUESTIONS DE LA PREMIÈRE PAGE

- Grâce aux progrès de la recherche scientifique et à l'amélioration des conditions de vie, nous vivons de plus en plus vieux en bonne santé. Vers 1900, l'espérance de vie était de 45 ans. Elle dépasse aujourd'hui les 80 ans.
- Le Soleil est aussi une étoile de la Galaxie. Mais il n'est pas sur cette image puisque cette photo ne peut être prise que la nuit...
- Les baleines doivent en permanence améliorer leur chant pour avoir des chances de trouver une partenaire. Dès qu'une d'entre elles a trouvé quelque chose qui plaît, elle est imitée !
- Dans ce cas, on n'a pas assez de données pour pouvoir répondre. Il faudra trouver d'autres fossiles pour en savoir plus sur l'origine des serpents.

2. Qu'est-ce que la démarche scientifique ?

• Je m'interroge

Pour comprendre le monde et faire avancer la science, les scientifiques recherchent avec méthode. Comment procèdent ces chercheurs ?

1 Des fourmis sortent de leur fourmilière... quel chemin empruntent-elles ? Comment feront-elles pour retrouver leur chemin de retour ?

2 Pourquoi ces fourmis passent-elles par ce chemin ?

• Je cherche

1 Observe une fourmi

a Attrape des fourmis (dans la cour de ton école, dans un jardin, dans un bois...). Pour cela, tu peux construire un aspirateur à fourmis.

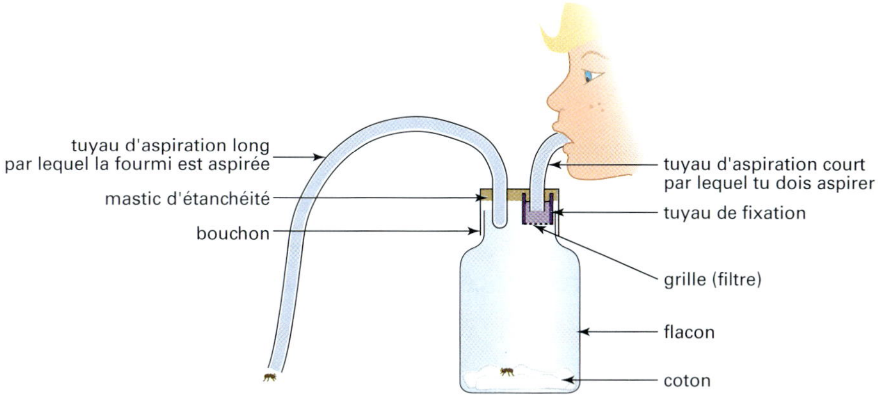

b Observe une fourmi à l'aide d'une loupe et dessine-la. Observe en particulier ce qui lui permet de se repérer.
Compare ton dessin à celui des autres enfants, puis observe bien la photo d'une fourmi ci-dessous.

2 Observe le chemin des fourmis

a Essaie d'observer le chemin des fourmis : d'où viennent-elles ? Où vont-elles ?
À ton avis, comment font-elles pour retrouver leur chemin ?
Note tes idées sur ton cahier d'expériences.
Comment pourrais-tu faire pour comprendre vraiment comment elles se repèrent ?

b Si tu n'as pas d'idée, voici quelques pistes :
– Mets un obstacle transparent sur leur trajet et observe ce qu'elles font.
– Verse de l'eau sur une portion de leur chemin.
Quelle autre expérience pourrais-tu faire avant de conclure ?

• Je comprends

1 La démarche scientifique

• La démarche scientifique est la méthode qu'utilisent les chercheurs pour faire avancer la science. C'est un outil d'**investigation*** pour comprendre le monde.
Cette démarche est surtout utilisée dans les domaines où l'on peut observer ce qui se passe (physique, biologie). Elle repose sur le questionnement.

2 Les étapes de la démarche scientifique

• **Avant de commencer, le chercheur...**

– se documente : dans des livres, des revues, sur Internet. Il passe 80 % de son temps à rechercher ce que l'on a déjà écrit sur le sujet !
– formule des questions pour préciser ce qu'il veut savoir : « Qu'est-ce qui permet à la fourmi de repérer son chemin : ses yeux ? Son nez ? Le contact avec les autres ? »...
– imagine des réponses possibles (appelées **hypothèses***), sans jamais affirmer : « Je suppose que la fourmi dépose quelque chose sur le chemin. Pas des petits cailloux comme le Petit Poucet, mais peut-être quelque chose de liquide... ce liquide a peut-être une odeur... »

• **Après ce travail, le chercheur expérimente.**

Il monte des expériences, c'est-à-dire qu'il invente des **dispositifs expérimentaux*** (toujours plusieurs !) pour tester ses hypothèses.
Cela peut le conduire à se poser d'autres questions :
– « Que se passe-t-il si je mets un obstacle transparent ? La fourmi voit et, pourtant, elle ne retrouve pas le chemin tout de suite. »
– « Que se passe-t-il si je mets de l'eau pour enlever l'odeur ? »
– « Il faudrait aussi que j'empêche qu'elle communique avec les autres pour être sûr que c'est bien l'odeur... »
– « Si c'est une odeur, quelle est cette odeur ? »...

C'est ainsi que, de proche en proche, les chercheurs ont trouvé l'existence des **phéromones***. Une ouvrière exploratrice, qui revient au nid après avoir découvert une source de nourriture, dépose sur son passage une phéromone pour guider les autres fourmis.

mon petit dico

Investigation : recherche, enquête.
Hypothèse : idée que l'on avance pour répondre à une question. On teste une hypothèse pour vérifier si elle est vraie ou fausse.
Dispositif expérimental : tout le matériel qui sert à monter une expérience.

Les **phéromones** sont des substances sécrétées par un individu qui vont agir à distance sur le comportement d'un autre individu.

À toi de **jouer !**

Lorsque les fourmis ont la possibilité d'emprunter deux chemins entre le nid et une source de nourriture, on s'aperçoit qu'un des deux chemins est de plus en plus déserté. C'est à cause de la quantité de phéromones déposées. Quelles expériences peut-on faire pour arriver à une telle conclusion ?

Une expérience **célèbre**

Ivan Petrovitch Pavlov, médecin russe et lauréat du prix Nobel de médecine, est célèbre pour une de ses expériences sur le comportement.

En 1904, il observe que la sécrétion de la salive chez un chien se déclenche par le contact direct avec la nourriture, par la vue de celle-ci, mais aussi par des stimulations externes qui n'ont rien à voir avec la nourriture.

Pour cela, il présente, pendant quelque temps, la nourriture à un chien en même temps que retentit une sonnerie. Il constate rapidement que la sonnerie seule suffit à déclencher la salivation. Il a ainsi découvert le réflexe conditionné.

Les **fourmis** communiquent !

En multipliant les expériences, les chercheurs ont montré que la fourmi utilise de nombreux types de communication : sonore, visuelle et tactile. Cependant, celles-ci restent très négligeables comparées à la communication chimique des phéromones.

Ils ont également montré que les fourmis utilisent entre 10 et 20 « mots » et « phrases » chimiques différents. Chacun est porteur d'un sens précis : l'attraction, le recrutement, l'alerte, l'identification des autres castes, etc. Essaie d'imaginer d'autres expériences pour comprendre la vie d'une fourmi. N'oublie pas d'écrire au préalable tes questions et tes hypothèses.

3. Quelle méthode pour comprendre le développement durable ?

• Je m'interroge

Connais-tu le point commun entre toutes ces photos ?
Pour t'aider, voici quelques indications : sur toutes ces photos, il y a le résultat d'un produit naturel, fossile, que l'on trouve dans le sous-sol.

1 Sais-tu quel est le composant (le matériau) principal d'un téléphone portable ?

2 Sais-tu de quoi meurent la plupart de ces animaux ?

3 Sais-tu avec quel matériau est fabriqué le rouge à lèvres ?

4 Sais-tu quelles peuvent être les conséquences de la pollution de l'air sur ton organisme ?

• Je cherche

1 Avec ou « sans pétrole » ?

a Dans ces deux situations (dans ta classe ou dans ta chambre), observe les objets que tu vois autour de toi.

b Lesquels sont fabriqués à partir d'une matière issue du pétrole (en plastique) ? Dresse la liste de ces objets.

LISTE 1

Objets fabriqués à partir d'une matière issue du pétrole
Stylo

c Lesquels sont fabriqués sans pétrole ?
Dresse la liste de ces objets.

LISTE 2

Objets fabriqués à partir d'une matière sans pétrole
Bibliothèque en bois

2 Objets « sans pétrole »

a Parmi la liste 2, coche pour chaque objet, comme sur l'exemple, à quoi a pu servir le pétrole.

Objet	Transport	Publicité
Bibliothèque en bois	X	X

b Combien de fois as-tu coché transport et publicité ?
- D'après toi, que se passerait-il si le pétrole venait à manquer ?

• Je comprends

1 Le pétrole est partout !

- La plupart des objets qui nous entourent contiennent du pétrole. Lorsque les objets n'en contiennent pas, on a souvent utilisé du pétrole pour contribuer à leur fabrication.
- L'exemple du sac plastique ci-dessous montre comment le pétrole est utilisé pour fabriquer et vendre des objets en plastique et expose les problèmes de pollution que le pétrole provoque.
- Lorsque l'on établit des liens entre un objet et tous ceux qui l'entourent (les éléments de sa fabrication par exemple), on fait une « approche systémique ».

2 Vie et mort d'un sac plastique

PROBLÈMES DIRECTS		PROBLÈMES INDIRECTS
Entraîne une **pollution en mer**, du pétrole s'échappant des plates-formes.	**1. EXTRACTION DU PÉTROLE** 	Entraîne l'**exploitation** des matières premières et la **consommation** d'énergie pour la fabrication des plates-formes.
Peut provoquer sur terre des **accidents** de pipe-lines et de camions. Peut provoquer en mer des **marées noires** et des **dégazages**.	**2. TRANSPORT DU PÉTROLE** 	Nécessite la **fabrication de moyens de transport** (bateaux, camions, pipe-lines, etc.) et l'utilisation de matières premières entraînant des émanations de dioxyde de carbone.
Produit des émanations de dioxyde de carbone et **pollue l'air**.	**3. RAFFINAGE** 	Nécessite la **fabrication des raffineries** et utilise des matières premières et de l'énergie.
	4. FABRICATION DES SACS PLASTIQUE 	Utilise des **additifs toxiques** (métaux lourds), notamment comme additifs anti-UV et dans les colorants.
Entraîne une **surconsommation inutile** de plastique.	**5. UTILISATION DES SACS PLASTIQUE** 	**Pollue l'air** lors du transport vers les supermarchés.
Provoque une **pollution visuelle** durable (plages, pâturages, etc.) si les sacs sont abandonnés dans la nature et une **pollution de l'air** lors de leur incinération.	**6. ÉLIMINATION DES SACS PLASTIQUE** 	**Provoque la mort** d'animaux (tortues, vaches, chèvres, albatros...) qui vont manger les sacs s'ils sont abandonnés dans la nature ou mis en décharge sauvage.

Je vais plus loin

Le sac plastique est **meurtrier**

Les tortues de mer confondent souvent les sacs plastique qui flottent dans l'eau avec des méduses. Elles meurent étouffées en essayant de les avaler.
Dans les pays pauvres, les sacs plastique, apportés par le vent depuis les villes, envahissent les pâturages. Les animaux domestiques (vaches, chèvres ou ânes) ingurgitent souvent ces sacs qui bouchent leurs intestins et ils meurent de faim.

Les sacs plastique **en chiffres**

1 seconde de fabrication, **20 minutes** d'utilisation.
100 à 400 ans pour être détruits.
16 000 sacs distribués par seconde dans le monde (475 en France, soit 15 milliards par an).
100 millions d'euros dépensés par an pour leur élimination.
122 millions de sacs présents sur le littoral français en continu.
Les fragments de plastiques mettent en péril la faune et la flore aquatiques.

Et si on remplaçait le sac plastique ?
Il existe actuellement un sac biodégradable. Fabriqué à partir de fibres naturelles, notamment du maïs, il se dégrade naturellement et devient du terreau.
Et si on s'habituait à le réutiliser ?

«Systémique» vient de système

Un système est un ensemble d'éléments qui ont une influence les uns sur les autres. Les systèmes les plus connus sont les écosystèmes (une forêt, un lac...), le système solaire qui lui-même est inclus dans le système de notre Galaxie appelé la Voie lactée.
• Pour trouver les causes à certains effets, il faut s'intéresser aux interactions qui existent entre les éléments du système.
• Ensuite, il faut s'intéresser à la manière dont ces éléments s'organisent et s'influencent, c'est là toute la complexité du système. C'est aussi pour cela que même les scientifiques ont de la peine à dire ce qu'il se passera si le climat continue de se réchauffer.

Boire du jus d'orange,

un plaisir pour l'homme et un problème pour l'environnement.

Tous les matins, un verre de jus d'orange est le bienvenu. Riche en vitamine C, c'est très bon « pour démarrer la journée ».
Vous invitez des amis ? C'est aussi une bonne entrée en matière ! Le geste est tout ce qu'il y a de plus simple : il suffit d'ouvrit une bouteille ou une brique, et tout ce qu'il y a de plus convivial.
Pourtant, quel geste terrible pour... notre environnement. Quelques petites investigations sont éclairantes. Les oranges sont principalement "élevées" dans d'immenses plantations au Brésil et au Mexique. Ce qu'on ignore, quand on se délecte avec un verre de jus d'orange à la main, c'est que le meilleur des jus, pure orange, n'est pas mis en boîte directement en Europe après une culture "soft" sous un beau soleil des Tropiques. Les orangers sont bombardés d'engrais, d'herbicides et d'insecticides de toutes sortes pour améliorer le rendement. Les oranges sont pressées sur place et concentrées pour devenir une sorte d'extrait. Après une pasteurisation rapide, cet extrait est transporté dans d'immenses containers réfrigérés, puis dilué à nouveau avant d'être commercialisé, ce qui nécessite nombre de manipulations, et donc d'énergie, et un certain nombre d'emballages.
Chaque litre de jus d'orange pollue ainsi 22 litres d'eau. Chaque litre de jus d'orange nécessite 2 centilitres de pétrole et 4 kilos de matière : ce sont les engrais, les herbicides, les emballages et la publicité nécessaire. Surtout, chaque litre stérilise un mètre carré de terre...

Quand on sait qu'en moyenne un Européen en boit plus de vingt litres par an, on voit très nettement les conséquences en matière de pollutions et de déchets superflus. Qu'en serait-il de ce simple geste si les 6 milliards d'individus de la planète en venaient à faire de même...
Et si chacun pressait son jus directement après avoir acheté des oranges d'Espagne ou du Maroc ? Il y aurait déjà moins de déplacements et de manipulations. Et si l'on faisait des jus avec des fruits cultivés sur place ? À vos pommes, poires, raisins suivant la saison... et à vos calculs ! ◆

André Giordan, 2008.

Questions

1. **Dans quels pays se situent les plantations d'oranges ?**
2. **À ton avis, quels sont les avantages et les inconvénients de cultiver les oranges si loin de leur lieu de consommation ?**
3. **Détermine les différentes étapes depuis la culture de l'orange jusqu'à la consommation de son jus.**
4. **Par groupes d'élèves, faites le schéma de l'approche systémique du jus d'orange en suivant l'exemple du sac plastique page 22.**

Ciel et Terre

Éruption de l'Etna, Sicile, 2006.

4. Pourquoi mon ombre bouge-t-elle en même temps que moi ?

• Je m'interroge

La nuit ou dans une pièce obscure, on ne voit pas ce qui nous entoure : « il fait noir ». Pour voir un objet, il doit être éclairé et renvoyer de la lumière dans nos yeux… Mais pourquoi y a-t-il une ombre ?

1 Pour voir ce que tu écris, sais-tu comment tu dois placer ta lampe de bureau ?

2 Qu'est-ce qui éclaire ce paysage ? Pourquoi voit-on des zones sombres ? Où se trouve le soleil ?

3 Pourquoi l'ombre est-elle si grande ?

4 Pourquoi chaque joueur a-t-il plusieurs ombres ?

Je cherche

1 Joue avec les ombres !

a Un jour où la cour de l'école est ensoleillée, fais des mouvements avec tes bras et tes jambes et observe ton ombre :
- Que fait-elle ?
- Quelle forme a-t-elle ?
- Où se projette-t-elle ?

b À plusieurs, mettez-vous côte à côte, bien alignés de manière à voir vos ombres devant vous :
- Comment sont-elles placées les unes par rapport aux autres ?
- Déplacez-vous de manière à voir une seule grande ombre. Où est alors le soleil par rapport à vous ? Sur le côté, devant ou derrière ?

2 Des ombres dans la classe

1 Reproduis le dispositif suivant pour obtenir des ombres sur un écran :

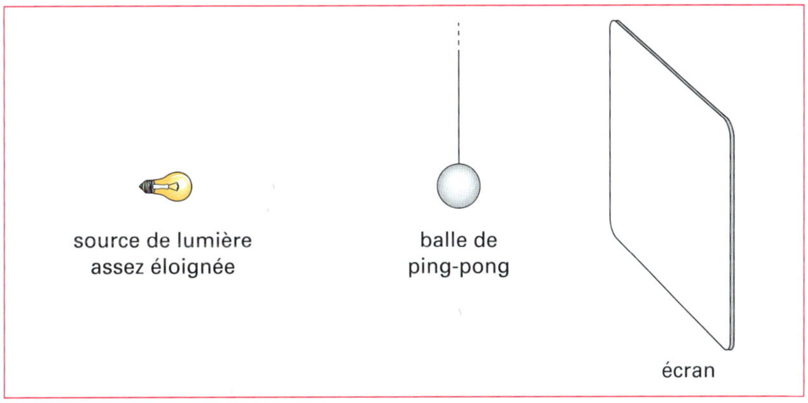

a Sur l'écran, quelle est la forme de l'ombre de la balle ?

b Qu'observes-tu si tu rapproches la balle de l'écran, si tu l'éloignes ?
- Parviens-tu à faire une ombre bien nette, une ombre très floue ?

c Remplace la balle par un bâton de colle : comment dois-tu placer le bâton de colle pour obtenir une ombre ayant la forme d'un disque ? La forme d'un rectangle ?
- Peux-tu modifier la taille de l'ombre sans en modifier la forme ?

Note tes observations sur ton cahier d'expériences.

2 Maintenant, enlève l'écran.

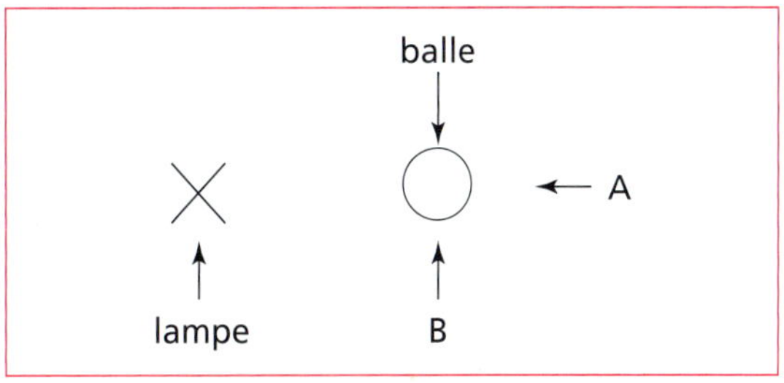

a Mets-toi en A.
- Observe la balle éclairée par la lampe. Comment vois-tu la balle ?
- Peux-tu te placer de manière que la balle t'empêche de voir l'ampoule ?

b Mets-toi en B.
- Dessine sur ton cahier comment tu vois la balle éclairée par la lampe.

• Je comprends

1 Une ombre, des ombres

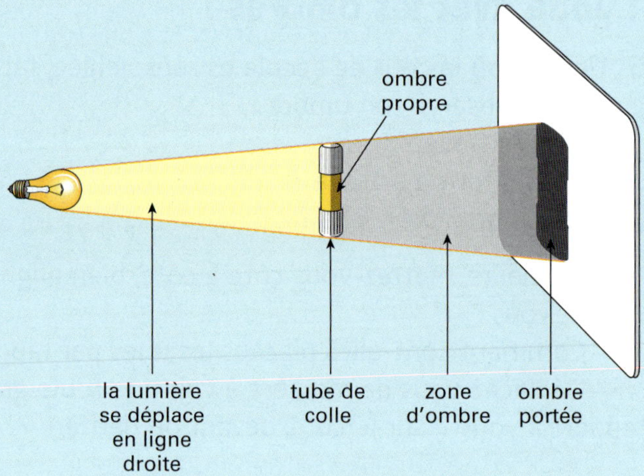

• Lorsqu'un objet **opaque*** (ici un tube de colle) est éclairé, il arrête la lumière et permet la formation d'ombres : son ombre propre (partie non éclairée de l'objet) et son ombre portée sur un écran ou sur une surface.

• La forme de l'ombre portée dépend de la forme de l'objet et de son orientation par rapport à la source de lumière.

• Un objet peut avoir plusieurs ombres s'il est éclairé par plusieurs sources de lumière (comme sur la photo des joueurs de rugby).

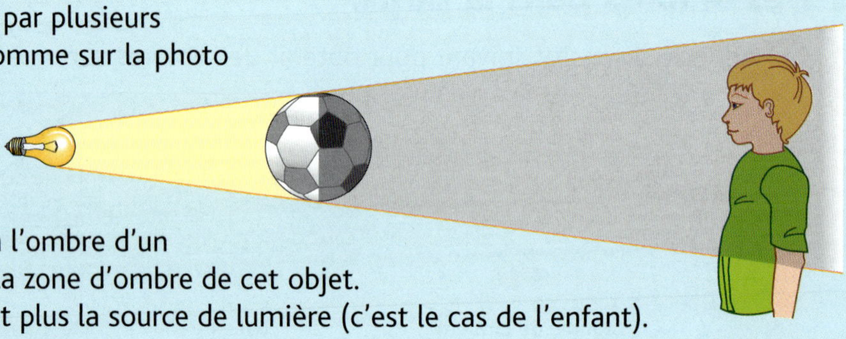

• Un objet placé dans la zone d'ombre d'un autre ne reçoit plus de lumière. Être à l'ombre d'un objet, c'est être dans la zone d'ombre de cet objet. Dans ce cas, on ne voit plus la source de lumière (c'est le cas de l'enfant).

2 L'ombre peut varier

À la lumière d'une lampe :
– L'ombre n'est pas nette parce que la lampe est trop proche. Elle éclaire dans des directions légèrement différentes : il y a plusieurs ombres mêlées qui forment une **pénombre***.
– L'ombre change de taille selon que l'objet est placé plus ou moins près de la lampe : s'il est tout près, il arrête plus de lumière, donc l'ombre est plus grande.

Au soleil :
– L'ombre est nette et ne peut pas être agrandie parce que le soleil est très loin.
– Les ombres ont toutes la même direction.

mon petit dico

Un objet **opaque** ne laisse pas passer la lumière contrairement à un objet transparent.
La zone de **pénombre** est éclairée par seulement une partie de la lumière issue de la lampe. De cette zone on ne peut pas voir la lampe entièrement.
Une **éclipse** de Lune se produit quand la Terre projette son ombre sur la Lune.

• Je vais plus loin

Les **ombres** des héros sont exceptionnelles !

Dans l'histoire de **Peter Pan**, on lit que le petit héros a perdu son ombre… Peu après, il la retrouve et c'est sa sœur Wendy qui la lui recoud !

Quant à **Lucky Luke**, il est le meilleur tireur de l'Ouest américain : on dit qu'il tire plus vite que son ombre ! **Qu'y a-t-il comme anomalie dans ces ombres ?**

Fais ton **cinéma** !

Avec une lampe, des formes découpées dans du carton ou tes mains, et une surface claire servant d'écran, tu peux imaginer une histoire d'ombres.

Quelques **audacieux** hommes de science…

Il y a plus de 20 siècles, les anciens Grecs ont commencé à penser que la Terre était ronde en regardant les bateaux disparaître à l'horizon : en effet, la **coque plongeait avant les voiles.**

De plus, lors des **éclipses***, ils observaient sur la Lune l'apparition d'une **ombre courbe** qui ne pouvait être que celle de la Terre : éclairée d'un côté par le Soleil, son ombre se projetait de l'autre côté, en partie sur la Lune. Cela constituait un autre argument très convaincant !

5. Comment utiliser une boussole ?

• Je m'interroge

C'est où ? Dans quelle direction ? Comment y aller ?...
Pour trouver son chemin et se déplacer dans un environnement inconnu, il faut pouvoir repérer les quatre points cardinaux.
Avec quoi peut-on s'orienter ?

1 À quoi sert une table d'orientation ?

2 Qu'est-ce qu'une **rose des vents*** ?

3 À quoi sert une boussole ?
Quelles sont les différentes parties d'une boussole ? Quels points communs et quelles différences y a-t-il entre ces trois modèles ?

• Je cherche

1 Qu'indique une boussole ?

a Dans la cour de l'école, observe l'aiguille d'une boussole :
– quand tu fais tourner la boussole (horizontalement) sur elle-même ;
– quand tu tournes sur toi-même avec la boussole dans la main.

Que remarques-tu ? Peux-tu placer l'aiguille dans n'importe quelle position ?

b Compare les directions données par plusieurs boussoles :
– tends le bras dans la direction indiquée par la partie colorée de l'aiguille ;
– compare la direction de ton bras avec celle de tes camarades situés à d'autres endroits de la cour.

L'aiguille s'oriente selon la direction nord-sud, le nord étant indiqué par la partie colorée de l'aiguille.

2 Repère les points cardinaux* :

Tourne lentement la boussole pour faire coïncider l'inscription N du cadran avec la pointe colorée de l'aiguille. Les indications du cadran te donnent leur direction.

– Marche vers le sud.
– Tends le bras vers l'est.
– Tourne-toi vers l'ouest.

3 Utilise les points cardinaux pour t'orienter

Voici un plan de quartier.
– Quelles directions dois-tu successivement prendre pour raccompagner Léa chez elle à la sortie de l'école ?
– Situe le stade par rapport à l'école.

4 Comment une boussole fonctionne-t-elle ?

L'aiguille de la boussole est **aimantée***.
– Quelles expériences pourrais-tu faire pour le vérifier ?
– Quelles précautions faut-il alors prendre pour bien utiliser la boussole ?

• Je comprends

1 On se repère grâce aux points cardinaux*

• Une table d'orientation permet de repérer les éléments d'un panorama.
Elle est associée à une **rose des vents*** qui indique les quatre points cardinaux : le nord (N.), le sud (S.), l'est (E.), l'ouest (O.) et les directions intermédiaires : le nord-est (N.-E.), le nord-ouest (N.-O.), le sud-est (S.-E.), le sud-ouest (S.-O.). Si tu regardes dans la direction du nord, le sud est derrière toi, l'ouest à ta gauche et l'est à ta droite.

Une table d'orientation

2 La boussole permet de repérer les points cardinaux

• L'aiguille de la boussole est un petit **aimant*** qui peut tourner sur un pivot.
Elle garde toujours la même direction (nord-sud).
La partie colorée de l'aiguille indique le nord.
Pour bien utiliser la boussole, il faut la tenir horizontalement et loin de tout objet en fer ou aimanté.
• La Terre se comporte comme s'il y avait à l'intérieur un gros aimant dont les pôles correspondent à peu près aux pôles Nord et Sud du globe.
C'est cet aimant imaginaire qui dirige les aiguilles de nos boussoles le long des **méridiens***.

mon petit dico

Les **4 points cardinaux** sont définis dans le plan horizontal du lieu où l'on se situe.
Un **aimant** a pour propriétés d'attirer le fer et d'agir sur un autre aimant. Les parties actives d'un aimant s'appellent les pôles magnétiques. Un aimant a au moins 2 pôles.
Une **rose des vents** est une figure indiquant les points cardinaux : nord, sud, est, ouest, et les directions intermédiaires.
Cette représentation circulaire en étoile s'appelle ainsi car elle est applicable au repérage des directions du vent en un lieu donné.
Le **GPS** « système de positionnement mondial ») peut permettre de connaître la position d'un objet sur Terre et donc de s'orienter sur terre, sur mer, ou dans l'espace (près de la Terre).
Un **méridien** terrestre est une ligne imaginaire, tracée sur la Terre, qui relie le pôle Nord au pôle Sud.

Qui a inventé la **boussole ?**

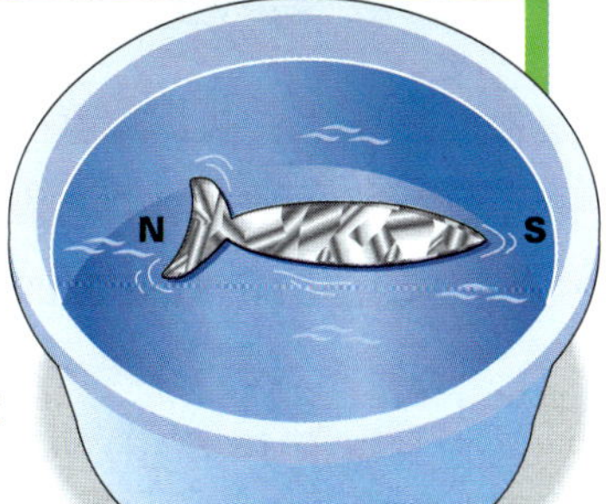

Il y a environ 1 000 ans, les Chinois utilisaient un instrument capable d'indiquer le sud, le «poisson-montre-sud». Cette boussole était constituée d'un poisson en fer aimanté, flottant sur une eau calme. Il pouvait ainsi tourner librement.

Le mot «boussole» vient de l'italien *bussola* qui veut dire «petite boîte»; ce sont des marins italiens qui ont été les premiers à utiliser ce précieux instrument en Europe (au XIIIe siècle).

TU PEUX FABRIQUER UNE BOUSSOLE COMME LES CHINOIS

❶ Frotte une aiguille à coudre sur un aimant toujours dans le même sens.

❷ Fixe l'aiguille à plat sur une rondelle de liège ou une petite plaque de polystyrène.

❸ Fais flotter l'ensemble dans un récipient d'eau.

❹ Vérifie que ta boussole fonctionne correctement.

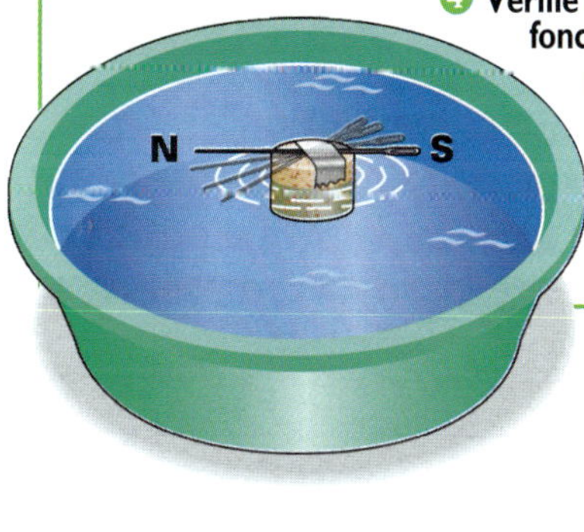

La boussole que tu as fabriquée indique bien le nord et le sud, mais elle est moins pratique que celle qu'on achète toute faite.

Ne pas **perdre le nord…** pas si simple !

On a constaté, à l'aide d'instruments très précis, que le nord indiqué par une boussole (le Nord magnétique) n'était pas exactement orienté vers le pôle Nord (le Nord géographique).
De plus, cet écart varie selon les régions du globe terrestre et selon les périodes.
Ainsi, au début de l'ère des dinosaures, le Nord magnétique était au pôle Sud !

Il sera bientôt **impossible de se perdre !**

De plus en plus de voitures ou de téléphones mobiles sont équipés du système de navigation **GPS***. Il suffit de préciser où l'on veut aller puis d'écouter et de suivre les indications données par la machine !
La boussole c'est bien, mais vive le GPS !

6. Où va le soleil quand il se couche ?

• Je m'interroge

Chaque matin, à l'aube, le soleil apparaît à l'horizon. Pendant la journée, il se déplace doucement dans le ciel et nous éclaire.
Chaque soir, au crépuscule, le soleil disparaît sous l'horizon. Où se trouve-t-il alors ?

1 Dans quelle direction le soleil apparaît-il le matin ?
À quel moment de la **journée*** est-il au plus haut dans le ciel ?

2 Où se projette l'ombre du parasol ?
Reste-t-elle au même endroit ?

3 Connais-tu cette **constellation*** ?
Garde-t-elle la même forme au cours de la **nuit*** ? A-t-elle toujours la même position ?

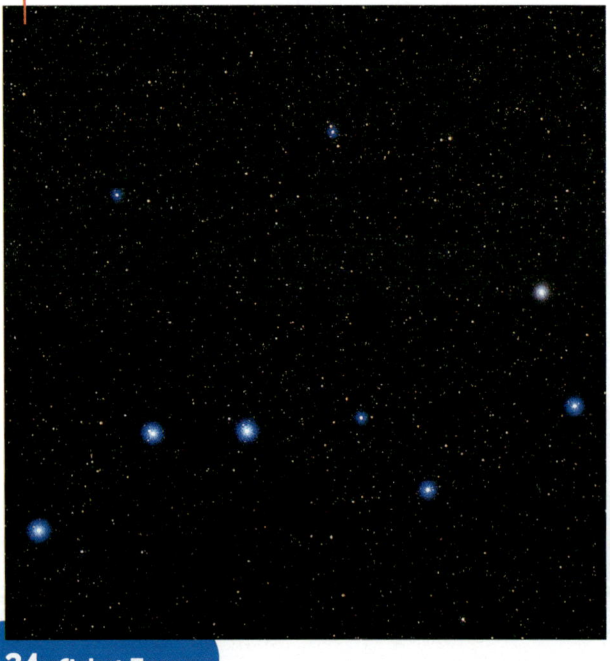

4 D'où vient la lumière qui éclaire la Terre ?
Où fait-il jour, où fait-il nuit ?
Comment expliquer la succession des **journées*** et des **nuits*** ?

• Je cherche

1 Observons la trajectoire du soleil au cours de la journée

a Sur ton cahier, représente quelques éléments du paysage que tu vois quand tu regardes vers le soleil, puis note la position des points cardinaux (tu peux t'aider d'une boussole, unité 5).

b Note la position du soleil à différentes heures de la journée.
– Quelle est la forme de sa trajectoire ? Décris-la en utilisant les points cardinaux.
– Dans quel sens se déplace-t-il ?

2 Relevons les ombres au cours de la journée

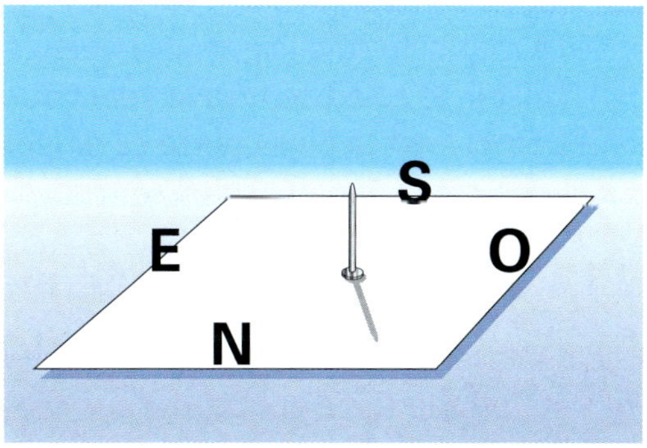

Colle un clou sur une grande feuille.
Vérifie qu'il est bien vertical.
Place cette feuille sur un support horizontal dans un endroit qui reste exposé au soleil toute la journée puis note la position des points cardinaux.
Heure après heure, trace l'ombre du clou (sans oublier d'indiquer l'heure) : tu as réalisé un relevé d'ombres.
Décris les changements de l'ombre au cours de la journée.
– À quel moment l'ombre est-elle la plus courte ?
– Dans quelle direction est-elle alors orientée ?
– Où se trouve le soleil ?

3 Un modèle pour comprendre

Prends une boule blanche (en polystyrène) traversée de part en part par un axe (aiguille à tricoter), éclaire-la avec une ampoule nue pour représenter la Terre éclairée par le soleil. Pique une épingle dans la balle pour indiquer l'endroit où tu habites.

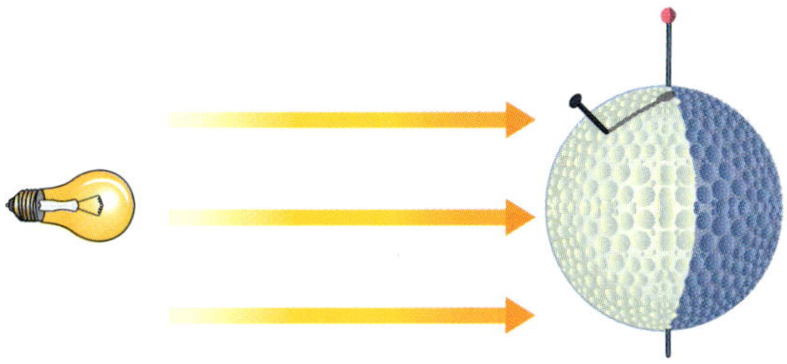

Où fait-il jour, où fait-il nuit ?
Sur ton cahier, dessine ce que tu vois.
– Que représente la zone éclairée ? La zone obscure ?
– Peux-tu dire maintenant où se trouve le soleil quand il fait nuit ?

Comment expliquer la succession des journées et des nuits ?
Écris ton hypothèse sur ton cahier et teste-la avec le modèle.
– Dans la classe y a-t-il des hypothèses différentes de la tienne ?

• Je comprends

1 Le soleil et les ombres

• Au cours de la journée, on voit le soleil décrire une courbe d'est en ouest en passant par le sud. Lorsque le soleil se déplace dans le ciel, l'ombre des objets qu'il éclaire se déplace.

– Le matin, le soleil se trouve vers l'est : l'ombre se projette vers l'ouest.

– Le soir, le soleil se trouve vers l'ouest : l'ombre se projette vers l'est.

– L'ombre est la plus courte et dirigée vers le nord au milieu de la journée : c'est le midi solaire : à cet instant, le soleil se trouve au plus haut de sa trajectoire : il culmine au sud.

2 La Terre tourne sur elle-même

• Le déplacement du soleil dans le ciel d'est en ouest n'est qu'une apparence. En fait, c'est la Terre qui tourne sur elle-même. Elle tourne dans le sens inverse des aiguilles d'une montre (d'ouest en est). Elle effectue un tour complet autour de l'axe des pôles en 24 heures. C'est cette durée qui a défini le **jour***.

3 La journée* et la nuit*

• Le soleil éclaire en permanence une moitié de la Terre. Dans la partie éclairée, il fait jour, dans la partie sombre, il fait nuit. Comme la Terre tourne sur elle-même, l'endroit où l'on habite passe tour à tour dans la lumière puis dans l'ombre : c'est la succession des journées et des nuits. Nous avons l'impression que le soleil disparaît sous l'horizon quand nous entrons dans la zone sombre.

• La nuit ne succède pas instantanément au jour. Le soir, l'atmosphère reste éclairée un petit moment après le coucher du soleil : c'est le crépuscule du soir. Le matin, avant même d'apparaître à l'horizon, le soleil illumine l'atmosphère : c'est l'aube ou le crépuscule du matin (photo ci-contre).

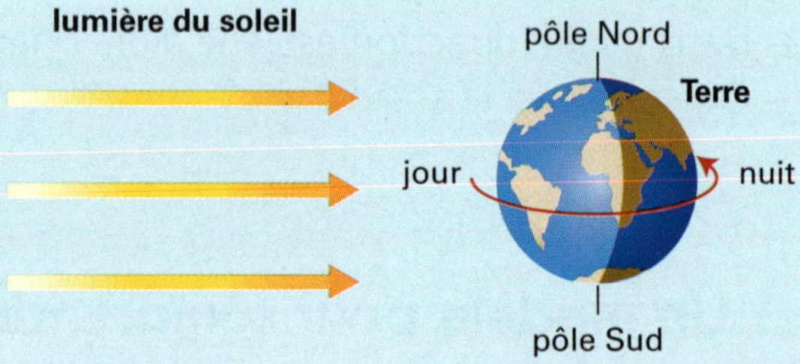

mon petit dico

Une **journée**, c'est l'espace de temps qui s'écoule entre le lever et le coucher du soleil. Pendant la journée, **il fait jour**.
Une **nuit**, c'est l'espace de temps qui s'écoule entre le coucher et le lever du soleil.
Un **jour**, c'est l'espace de temps qui s'écoule pendant une rotation de la Terre sur elle-même et qui sert d'unité de temps. Un jour dure 24 heures (en moyenne).
Une **constellation** est un ensemble d'étoiles qui forment un dessin dans le ciel.

• Je vais plus loin

La Terre est un **grand manège !**

Nous sommes sur la Terre comme sur un manège : on a l'impression que tout tourne autour de nous. Ainsi, la nuit, on voit toutes les étoiles tourner d'un mouvement d'ensemble autour de l'étoile Polaire.

L'étoile Polaire se trouve très loin dans le prolongement de l'axe terrestre. C'est pour cela qu'elle paraît immobile.

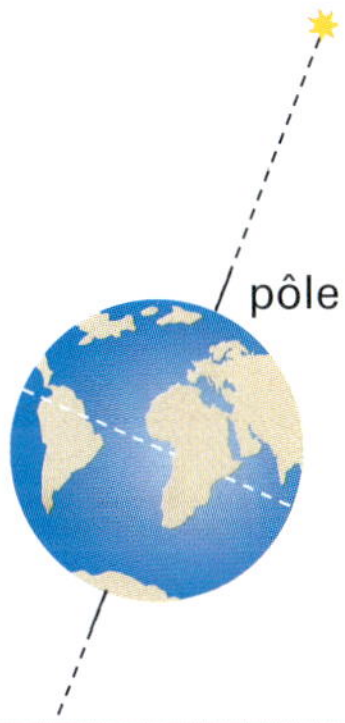

Le soleil se couche plus tôt à Strasbourg qu'à Brest ! Mais il se lève plus tôt à Strasbourg qu'à Brest

Comment **localiser l'étoile Polaire** dans le ciel étoilé ?

L'étoile Polaire n'est pas très brillante. Pour la trouver facilement, recherche la constellation* de la Grande Ourse et réalise cet alignement.

Le char du Soleil

Dans l'Antiquité grecque, le Soleil, Hélios, était considéré comme un Dieu. Les hommes le représentaient conduisant un chariot tiré par quatre chevaux qui traversait chaque jour le ciel d'est en ouest.

7. Pourquoi fait-il nuit plus tôt en hiver ?

• Je m'interroge

Au cours de l'année, la trajectoire du soleil, la durée des journées et des nuits subissent des variations. Pourquoi ?

1 Au mois de décembre, fait-il jour quand tu te lèves pour aller à l'école ? Et au mois de juin ?

2 À quelle date le soleil culmine-t-il le plus haut dans le ciel ? Dans quelle direction est-il alors ? Le soleil se lève-t-il dans la même direction tout au long de l'année ? À quelle date la trajectoire du soleil est-elle la plus longue ?

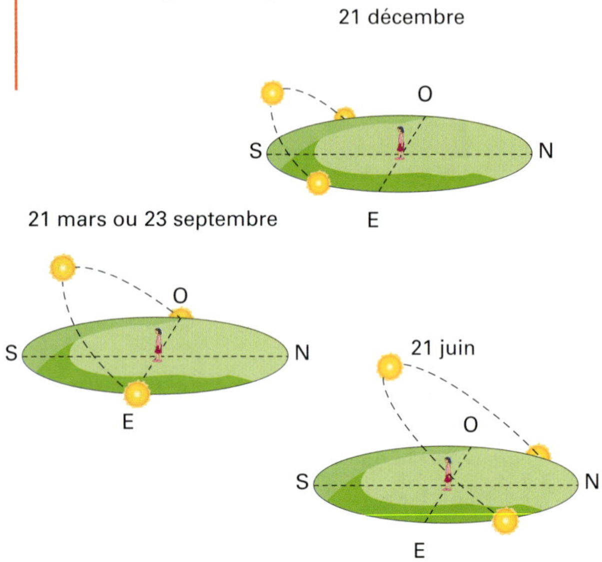

3 À quelles saisons ont été prises ces photos ? Quels indices te permettent de le deviner ? Combien y a-t-il de saisons au cours d'une année ? Quels sont leurs noms ? Dans quel ordre se succèdent-elles au cours de l'année ?

4 Qu'est-ce qui peut étonner en regardant cette photo prise sur l'île de La Réunion ?

• Je cherche

1 Comment varie la durée de la journée au cours de l'année ?

a Au cours de quel mois le soleil se lève-t-il le plus tôt ? Le plus tard ?

b Calcule la durée des journées les plus longues de l'année. Compare-la avec la durée des journées les plus courtes.
– Que peux-tu dire ?

c Recherche sur le calendrier de La Poste les dates qui marquent le début des saisons.

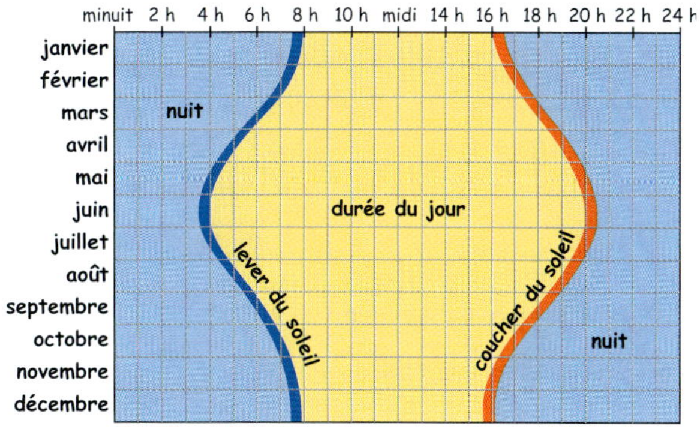

d Reprends les schémas de la page précédente et réponds aux questions suivantes.
– Pour quelle raison la journée la plus courte de l'année est le 21 décembre ?
– Pour quelle raison la journée la plus longue de l'année est le 21 juin ?

2 Un modèle pour comprendre

Prends une boule blanche (en polystyrène) traversée de part en part par un axe (aiguille à tricoter), éclaire-la avec une ampoule nue pour représenter la Terre éclairée par le soleil. Dans l'**hémisphère*** Nord, pique une épingle bleue pour localiser la France métropolitaine. Dans l'hémisphère Sud, pique une épingle rouge pour localiser la Nouvelle-Calédonie.

a Quand l'axe de la boule est « droit »
Compare la taille de la partie éclairée et celle de la partie obscure de l'hémisphère Nord.
– Que peux-tu dire de la durée des journées et des nuits dans ce cas ?

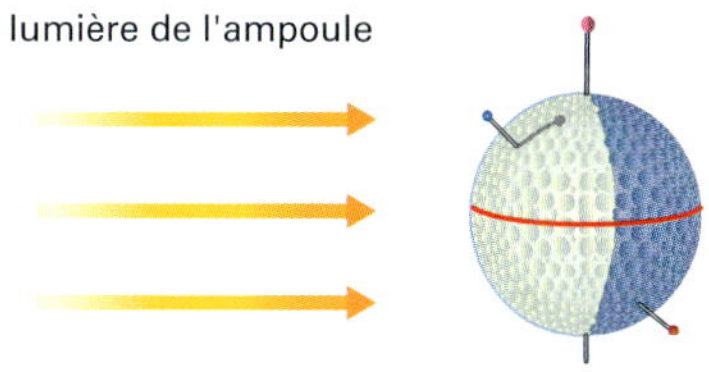

b Quand l'axe de la boule est « penché »
Compare la taille de la partie éclairée et celle de la partie obscure de l'hémisphère Nord.
– Que peux-tu dire de la durée des journées et des nuits dans ce cas ?

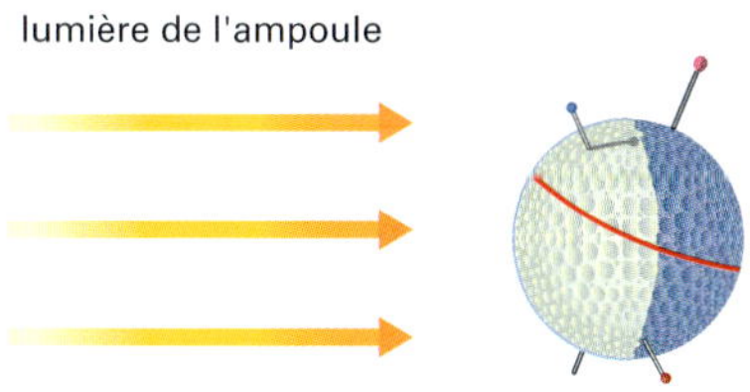

Place la boule qui représente la Terre dans les 4 positions indiquées sur le schéma, puis réponds aux questions pour la France métropolitaine.
– Dans quelle position de la Terre la durée de la nuit est-elle plus longue que la durée de la journée ?
– Dans quelle position de la Terre la durée de la nuit est-elle plus courte que la durée de la journée ?
– En position 2, la durée de la nuit est égale à la durée de la journée ; qu'en est-il en position 4 ?
– En position 3, compare la durée de la journée en France (épingle bleue) et la durée de la journée en Nouvelle-Calédonie (épingle rouge).

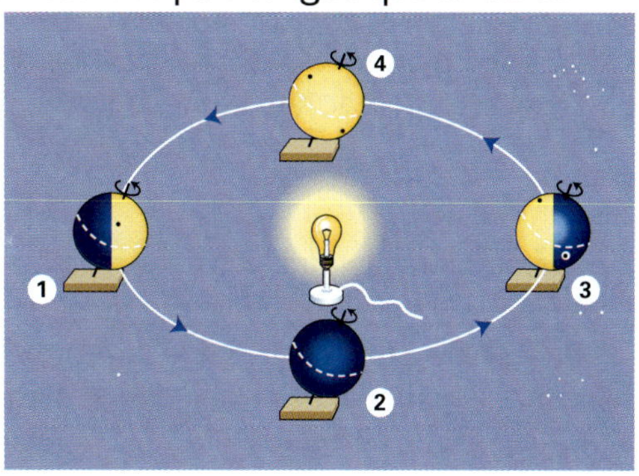

• Je comprends

1 La durée du jour change au cours de l'année

- La journée la plus longue de l'année est au **solstice d'été***, le 20 ou le 21 juin ;
- La journée la plus courte de l'année est au **solstice d'hiver***, le 21 ou le 22 décembre.
- Deux fois dans l'année, la nuit dure 12 heures comme la journée : ce sont les **équinoxes***, le 20 ou le 21 mars et le 22 ou le 23 septembre.

Ces quatre dates marquent le début des quatre saisons : le printemps, l'été, l'automne et l'hiver.

2 La Terre tourne autour du Soleil

En un an, la Terre décrit quasiment un cercle dont le Soleil est le centre.
Au cours de ce mouvement, la Terre reste toujours inclinée dans la même direction.

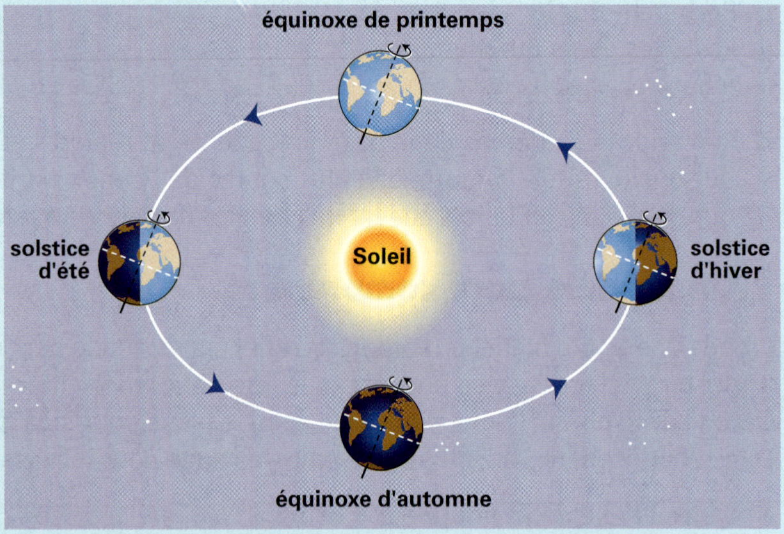

En juin, l'hémisphère Nord, dans lequel la France métropolitaine se situe, reste plus longtemps au soleil qu'en décembre. Ainsi, les jours sont plus longs.

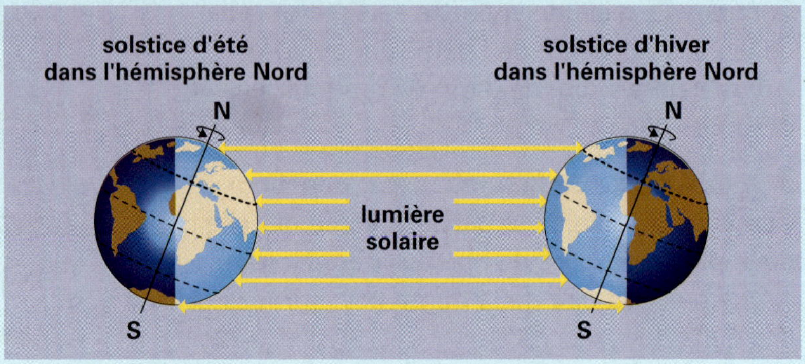

3 Les saisons sont inversées entre hémisphère Nord et hémisphère Sud

En décembre, l'hémisphère Sud, dans lequel la Nouvelle-Calédonie se situe, reste plus longtemps au soleil qu'en juin. Ainsi, les jours sont plus longs.
En Nouvelle-Calédonie, Noël se trouve donc au début de l'été !

mon petit dico

Un **hémisphère** est une des deux moitiés d'une sphère. La France métropolitaine se situe dans l'hémisphère Nord de la sphère terrestre.
En France métropolitaine, le **solstice d'été** correspond à la journée la plus longue et la nuit la plus courte de l'année.
Le **solstice d'hiver** correspond à la journée la plus courte et la nuit la plus longue de l'année.
Aux **équinoxes**, la durée de la journée (12 heures) est égale à la durée de la nuit (12 heures).
Une **ellipse** est un cercle un peu aplati.

Des lunettes de soleil **à minuit !**

Fin juin début juillet, au-delà du cercle polaire Nord, le soleil ne «se couche» pas : c'est le **soleil de minuit**. Inversement, fin décembre début janvier, le soleil ne «se lève» pas : c'est la **nuit polaire !** Au pôle Nord, il y a 6 mois de jour et 6 mois de nuit.

LA TERRE : UN VRAI BOLIDE !

En 1 an, la Terre parcourt une orbite dont le rayon est à peu près de 150 000 000 km. Si tu fais le calcul, tu découvriras qu'elle avance à une vitesse d'environ 100 000 km/h !

LE SOLEIL AU ZÉNITH !

Le zénith est le point dans le ciel juste à la verticale au-dessus de toi. Même en été, à midi, le soleil n'atteint jamais ce point en France métropolitaine. Il faut habiter près de l'équateur pour pouvoir voir le soleil juste au-dessus de sa tête.

Être né le **29 février**, quelle malchance !

Comme la Terre tourne autour du Soleil en 365 jours et 1/4, tous les quatre ans, il faut rajouter 1 jour (le 29 février) à notre année de 365 jours ! C'est une **année bissextile.**

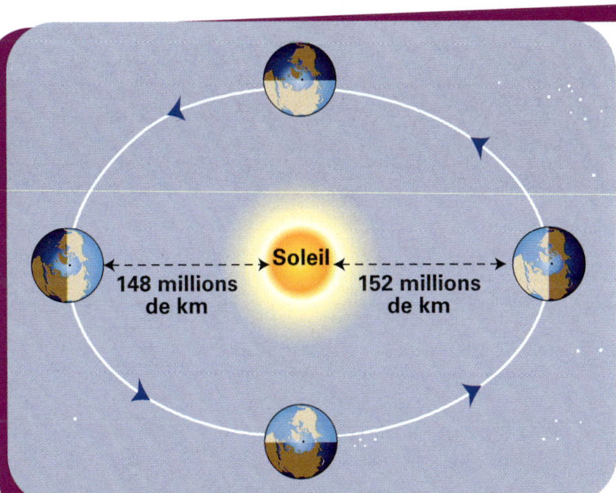

La Terre est **plus près du Soleil** en hiver !

La Terre ne décrit pas tout à fait un cercle autour du Soleil, mais une très légère **ellipse***. C'est pourquoi elle est à 152 000 000 km du Soleil début juillet et n'est qu'à 148 000 000 km du Soleil début janvier. S'il fait plus chaud en été qu'en hiver, c'est parce que le soleil éclaire plus longtemps et que ses rayons sont moins inclinés puisqu'il est plus haut dans le ciel.

8. Combien y a-t-il de planètes dans le système solaire ?

• Je m'interroge

La nuit, quand le ciel est bien dégagé, tu peux observer à l'œil nu dans le ciel des milliers de points lumineux. À quoi correspondent-ils ?

1 Tous ces points lumineux sont-ils des étoiles ?

2 Quel aspect a le sol de Mars sur cette photo prise par le robot Spirit ? Est-il semblable à celui de la Terre ?
Toutes les planètes ont-elles une croûte solide ?

3 Toutes les planètes du système solaire ont-elles la même forme, le même aspect, la même taille ?
Sont-elles toutes constituées de la même matière ?

Je cherche

1 Une « carte d'identité » pour chaque planète

a Observe ci-contre les **planètes*** qui gravitent autour du Soleil.

– Quelle est la plus petite planète ? Quelle est la plus grosse ? Quelle planète a à peu près la même taille que la Terre ?
Il y a quatre planètes dites « géantes ». Quelles sont-elles ?
Sur ton cahier, écris le nom des planètes, de la plus proche à la plus éloignée du Soleil.

b Recherche dans des documents ou sur Internet des informations complémentaires sur chacune de ces planètes pour leur établir une « carte d'identité » : nom, diamètre, distance au Soleil, composition.

D = diamètre de la planète en km
d = distance de la planète au Soleil en millions de km

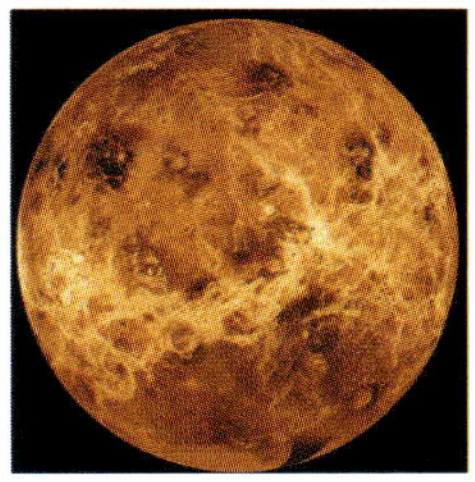

Vénus
D : 12 100 km
d : 110 Mkm

Mercure
D : 5 000 km
d : 58 Mkm

Neptune
D : 50 000 km
d : 4 500 Mkm

Terre
D : 12 800 km
d : 150 Mkm

Uranus
D : 51 000 km
d : 2 900 Mkm

Mars
D : 6 800 km
d : 230 Mkm

Jupiter
D : 143 000 km
d : 780 Mkm

Saturne
D : 120 000 km
d : 1 400 Mkm

Le Soleil : l'étoile du système solaire.
D : 1 400 000 km

2 Réalisons une maquette du système solaire

a Pour comparer la taille des planètes, tu peux représenter chaque planète par un disque dont le diamètre est proportionnel à son diamètre réel.
Si tu représentes la Terre par un disque de 13 mm de diamètre, cela signifie que 1 mm représente à peu près 1 000 km. À cette échelle, quelle taille a le disque qui représente Vénus ? Et celui représentant Jupiter ? Le diamètre du Soleil est de 1 400 000 km. Utilise la même échelle pour représenter le Soleil. Qu'obtiens-tu ?

b Tu peux réaliser les planètes en volume : pour cela, découpe 2 disques de même diamètre. Sur chacun trace puis découpe une fente selon un rayon de façon à pouvoir les emboîter l'un dans l'autre.

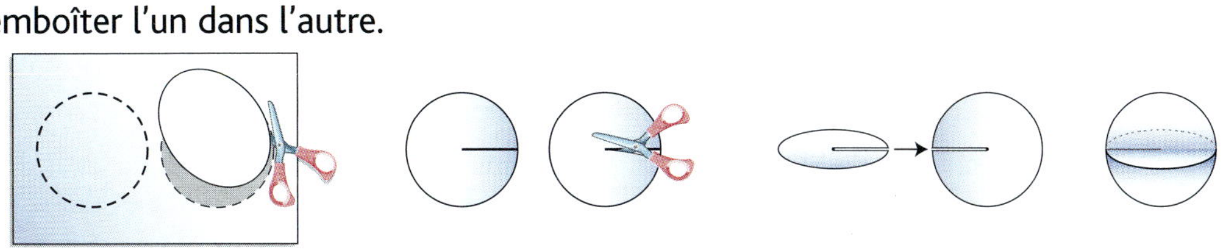

c Si tu utilises l'échelle précédente pour représenter la distance de la Terre au Soleil, où dois-tu placer la Terre ? As-tu la place de faire cela dans ta classe ?

Je comprends

1 Des planètes visibles à l'œil nu

• **La nuit, cinq planètes sont visibles à l'œil nu** dans le ciel étoilé et ont donc été repérées dès l'Antiquité :

– Mercure, mais elle est très difficile à observer ;

– Vénus, appelée à tort « **étoile*** » du berger, est l'astre le plus brillant après le Soleil et la Lune. On peut souvent l'observer le matin vers l'est avant le lever du soleil ou le soir vers l'ouest au couchant ;

– Mars, que l'on surnomme la « planète rouge », est facilement reconnaissable à son éclat orangé ;

– Jupiter, la planète géante, brille beaucoup plus que la plupart des étoiles. Avec des jumelles, on peut même distinguer plusieurs de ses satellites ;

– Saturne, qui est moins brillante que Vénus ou Jupiter. Il faut une lunette ou un télescope pour découvrir ses anneaux.

• Voir les cinq planètes visibles en même temps est un spectacle très rare (photo ci-dessus).

2 Huit planètes dans le système solaire

• Le système solaire est constitué,
– d'une étoile : le Soleil ;
– de huit planètes, la plupart entourées de satellites ;
– d'autres objets célestes comme les **astéroïdes*** ou les **comètes***.

• Les huit planètes tournent dans le même sens autour du Soleil, en décrivant des trajectoires presque circulaires dans le même plan.
Les planètes les plus proches du Soleil : Mercure, Vénus, Mars, ont comme la Terre un sol constitué de roches et sont de dimensions modestes. Les sondes et robots qui ont été envoyés vers ces planètes n'ont décelé aucune vie.
Les quatre dernières planètes, nommées planètes « géantes », sont formées essentiellement de gaz et n'ont donc pas de sol sur lequel se poser !

3 La Galaxie

Le Soleil est une étoile semblable aux milliers d'étoiles que l'on peut observer la nuit, mais il est plus gros car il est plus près.
Comme elles, il appartient à notre Galaxie, la Voie lactée, qui regroupe plusieurs milliards d'étoiles. Parfois, tu peux apercevoir sa trace blanchâtre dans le ciel nocturne.

mon petit dico

Une **étoile** est un astre qui produit de la lumière. Le Soleil est une étoile.
Une **planète** est un astre froid. Si on la voit dans le ciel nocturne c'est parce qu'elle renvoie une partie de la lumière qu'elle reçoit du Soleil.
Les **astéroïdes** sont des corps rocheux plus ou moins gros, présents dans le système solaire. Ils sont particulièrement nombreux entre Mars et Jupiter.
Une **comète** est un bloc de glace et de poussières qui peut venir contourner le Soleil.
Une **galaxie** est un groupement de plusieurs milliards d'étoiles.

● Je vais plus loin

Les hommes n'ont pas toujours placé le **Soleil au centre** du système solaire…

Pour nous qui vivons sur la Terre, les astres semblent tourner autour de la Terre. C'est pourquoi, pendant très longtemps, les hommes ont imaginé la Terre au centre du Monde (modèle géocentrique ci-contre, 1719).
C'est au XVIe siècle que Copernic puis Galilée au XVIIe ont proposé un modèle différent où le Soleil occupe le centre du système solaire (modèle héliocentrique).

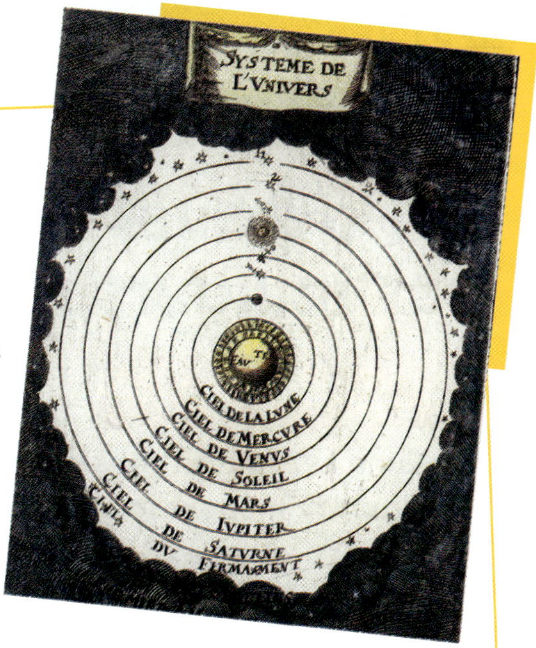

Pluton rejetée du club très fermé des planètes du système solaire…

Ces dernières années, d'autres astres d'une taille semblable à celle de Pluton ont été découverts. Alors que faire : ajouter au fur et à mesure de leur découverte ces nouvelles « planètes » au système solaire ou « débaptiser » Pluton.
Les astronomes ont choisi la seconde solution et ont relégué Pluton et ces nouveaux astres dans une nouvelle catégorie : celle des « planètes naines ».

PLANÈTES OU ÉTOILES ?

Quand tu observes le ciel la nuit, il n'est pas facile de savoir si le point lumineux que tu regardes est une étoile ou une planète. Pour le savoir, il faut regarder attentivement : **seules les étoiles scintillent…**

DES DISTANCES ASTRONOMIQUES !

Dans l'Univers, les distances sont si grandes qu'il est impossible de les exprimer en kilomètres. On utilise une unité beaucoup plus grande : **l'année-lumière**. C'est la distance parcourue en 1 an par la lumière : elle vaut environ **10 000 milliards de km.**

Sommes-nous **seuls** dans l'Univers ?

Le Soleil est une étoile et il y a une infinité d'étoiles dans l'Univers. Il est donc possible qu'une infinité de systèmes planétaires, ressemblant au nôtre, existent.
Il est donc possible qu'une forme de vie existe sur une de ces planètes, mais il sera difficile de le savoir car ces systèmes planétaires sont très éloignés de notre planète Terre.

9. Pourquoi la Lune n'est-elle pas toujours ronde ?

• Je m'interroge

La Lune est souvent observable dans le ciel, mais elle ne présente pas toujours le même aspect. Comment change-t-elle ?

1 Que représentent ces 3 photos ? Quand la Lune nous éclaire-t-elle le plus ?

a

b

c

2 Cette photo a été prise tôt le matin. Quel est l'aspect de la Lune ?

3 Cet astronaute est sur la Lune. L'environnement de la Lune ressemble-t-il à celui de la Terre ? Qu'est-ce qui éclaire cette scène ?

• Je cherche

1 Observons les différents aspects de la Lune

Pendant un mois, observe régulièrement le ciel. Si tu vois la Lune, note dans ton cahier d'expériences la date et dessine son aspect.
La Lune peut-elle être visible dans la journée ?

2 La Lune et le calendrier

a Quelles informations sur la Lune donne ce calendrier ?

b Combien y a-t-il de symboles différents et que signifient-ils ?
Combien de jours séparent 2 symboles identiques ?

c En novembre, à quelles dates ont été prises les photos **a** et **b** de la page ci-contre ?

Calendrier 2007

Septembre Les jours diminuent de 1 h 42			Octobre Les jours diminuent de 1 h 44			Novembre Les jours diminuent de 1 h 18		
1	D	Gilles	1	M	Thérèse E.-J.	1	V	Toussaint
2	L	Ingrid	2	M	Léger	2	S	Défunts
3	M	Grégoire	3	J	Gérard	3	D	Hubert DQ ◑
4	M	Rosalie DQ ◑	4	V	François d'Ass. DQ ◑	4	L	Charles Borro.
5	J	Raïssa	5	S	Fleur	5	M	Sylvie
6	V	Bertrand	6	D	Bruno	6	M	Bertille
7	S	Reine	7	L	Serge	7	J	Carine
8	D	Nativité de N.-D.	8	M	Pélagie	8	V	Geoffroy
9	L	Alain	9	M	Denis	9	S	Théodore
10	M	Inès	10	J	Ghislain	10	D	Léon
11	M	Adelphe	11	V	Firmin	11	L	VICT. 1918 NL ●
12	J	Apollinaire NL ●	12	S	Wilfried NL ●	12	M	Christian
13	V	Aimé	13	D	Géraud	13	M	Brice
14	S	Sainte Croix	14	L	Juste	14	J	Sidoine
15	D	Roland	15	M	Thérèse d'Avila	15	V	Albert
16	L	Edith	16	M	Edwige	16	S	Marguerite
17	M	Renaud	17	J	Baudouin	17	D	Elisabeth
18	M	Nadège	18	V	Luc	18	L	Aude
19	J	Emilie	19	S	René PQ ◐	19	M	Tanguy
20	V	Davy PQ ◐	20	D	Adeline	20	M	Edmond PQ ◐
21	S	Matthieu	21	L	Céline	21	J	Présentation de Marie
22	D	Maurice/Aut.	22	M	Salomé	22	V	Cécile
23	L	Constant	23	M	Jean de Cap.	23	S	Clément
24	M	Thècle	24	J	Florentin	24	D	Christ Roi
25	M	Hermann	25	V	Crépin	25	L	Cath. Lab. PL ○
26	J	Côme/Damien	26	S	Dimitri PL ○	26	M	Delphine
27	V	Vincent de P. PL ○	27	D	Emeline	27	M	Séverin
28	S	Venceslas	28	L	Simon/Jude	28	J	Jacque de la M.
29	D	Michel/Gabriel	29	M	Narcisse	29	V	Saturnin
30	L	Jérôme	30	M	Bienvenu	30	S	André
			31	J	Quentin			

3 Un modèle pour comprendre

Une boule (si possible blanche) éclairée par un projecteur figure la Lune éclairée par le Soleil.

a Tiens à bout de bras cette boule en la gardant au-dessus de ta tête et tourne lentement sur toi-même pour simuler le mouvement de la Lune autour de la Terre.
– Que constates-tu ?

b Fais un dessin sur ton cahier d'expériences de ce que tu vois en ①, en ③, en ② puis en ④.
– Dans quel sens dois-tu faire tourner la boule autour de toi pour retrouver les phases dans l'ordre du calendrier ?
– En ① si la boule passe exactement devant l'ampoule, peux-tu encore voir la lumière ?
– En ③ si ta tête s'interpose entre l'ampoule et la boule, la vois-tu encore éclairée ? Pourquoi ? De quels phénomènes s'agit-il ?

• Je comprends

1 Les différentes phases de la Lune

• Une observation régulière du ciel montre que la Lune change lentement d'aspect jour après jour.
La plupart des calendriers indiquent les dates des quatre phases principales de la Lune à l'aide de symboles.

Nom de la phase	Nouvelle Lune	Premier quartier	Pleine Lune	Dernier quartier
	NL	PQ	PL	DQ
Symbole	●	◐	○	◑
Aspect	Invisible	Demi-disque droit	Disque	Demi-disque gauche

• Un cycle de la Lune s'appelle la lunaison et dure 29 ou 30 jours.
La Lune n'est pas seulement visible la nuit : on peut la voir l'après-midi (en première partie de lunaison) ou dans la matinée (en seconde partie de lunaison).
• Voici un moyen pour se souvenir des quartiers de Lune : prolonge la partie rectiligne de la face éclairée de la Lune avec un trait.

Si la lettre formée est un « p », c'est le premier quartier.
Si la lettre formée est un « d », c'est le dernier quartier.

2 La Lune est l'unique satellite naturel de la Terre

• Au cours d'une lunaison, la Lune fait un tour complet autour de la Terre : c'est le **satellite*** de la Terre. Contrairement au Soleil, la Lune ne produit pas de lumière. Si on voit la Lune, c'est parce qu'elle renvoie la lumière du Soleil qui l'éclaire. De la Terre, nous voyons la Lune sous différents aspects :

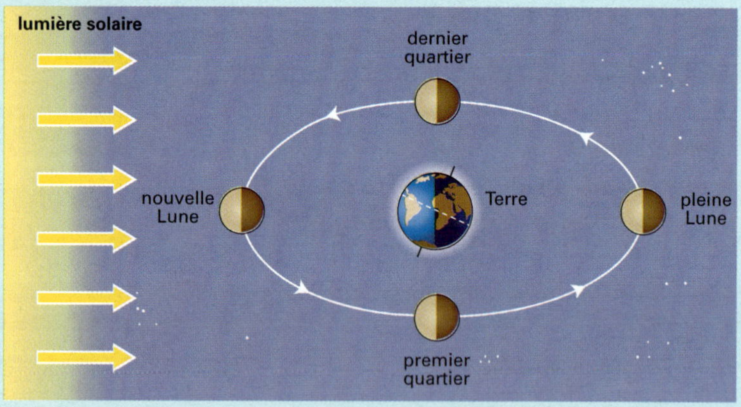

– À la nouvelle Lune, elle tourne vers nous sa face obscure. C'est l'ombre propre de la Lune qui nous fait face. La Lune est donc invisible pour nous la nuit.
– Inversement, à la pleine Lune, elle tourne vers nous sa face éclairée : on voit un disque lumineux visible uniquement de nuit.

mon petit dico

Un **satellite** est un corps qui gravite autour d'une planète de masse plus grande.

Les **météorites** sont des débris rocheux qui errent dans l'espace. Ils peuvent être attirés par une planète et s'écraser sur son sol, provoquant la formation de cratères.

• Je vais plus loin

Christophe Colomb sauvé grâce à une éclipse de Lune

En 1493, après une navigation de plusieurs mois, Christophe Colomb accosta en Jamaïque. Il se heurta alors à l'hostilité des indigènes qui refusaient de lui fournir des vivres. Se souvenant qu'une éclipse de Lune devait se produire dans la nuit du 29 février, il les menaça « d'éteindre » la lumière de la Lune. Quand l'éclipse commença, les Indiens prirent peur et consentirent à aider le navigateur jusqu'à l'arrivée des secours…

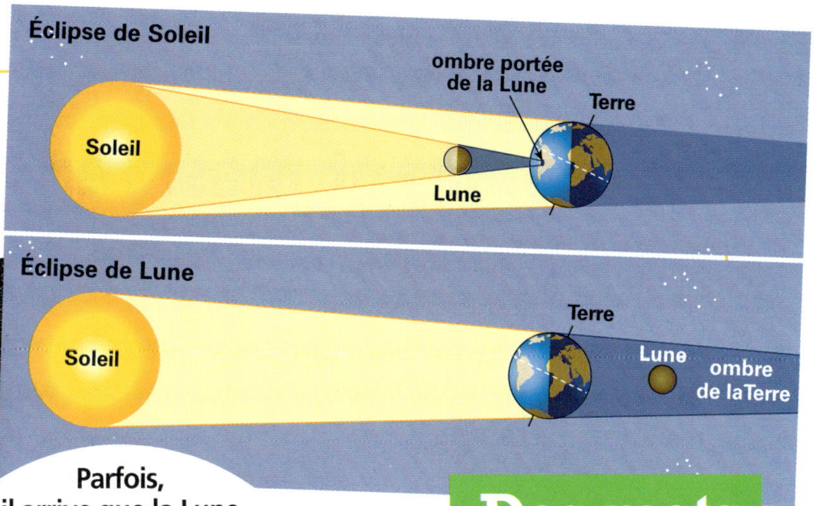

Parfois, il arrive que la Lune passe exactement entre le Soleil et la Terre. La lumière du Soleil est alors arrêtée par la Lune et une zone de la Terre se trouve dans l'ombre portée de la Lune : la nuit tombe brusquement en plein jour : c'est l'éclipse de Soleil. De même, si la Lune passe dans le cône d'ombre de la Terre, la Lune n'est plus éclairée : il y a une éclipse de Lune.

Des mots de «lune»

Retrouve les bonnes définitions:

❶ Être dans la lune
❷ Promettre la lune
❸ Tomber de la lune
❹ Être lunatique

a) Être changeant
b) Être surpris
c) Être distrait
d) Demander l'impossible

Tintin avait raison!

C'est vrai, sur la Lune, il n'y a ni eau, ni atmosphère. C'est pourquoi les astronautes ont besoin d'un équipement adapté. Les taches sombres (appelées « mers » lunaires) que l'on distingue depuis la Terre sont des plaines entourées de montagnes, certaines plus hautes que l'Everest! Sa surface est criblée de cratères formés par des bombardements de météorites*.

Depuis la Lune, on peut voir la Terre

Si tu allais sur la Lune au moment de la nouvelle Lune, tu verrais briller la Terre dans le ciel, comme depuis la Terre tu vois la Lune dans le ciel. Mais ce « clair de Terre » serait bien plus lumineux que le clair de Lune.

10. Comment mesurer le temps ?

• Je m'interroge

Le temps passe très vite quand tu es très occupé(e) et que tu t'amuses, alors qu'il paraît très long quand tu t'ennuies. Avec quels instruments peut-on mesurer le temps ?

1 Quel jour a lieu l'épreuve libre dames des championnats du monde de patinage ? À quelle heure commence l'émission ? Combien de temps dure-t-elle ?

Kiira Korpi, 2007

CHAMPIONNATS DU MONDE
Sport
Libre dames
Samedi 24 – 15 h 50
Durée : 2 h 05
Commentaires : Nelson Monfort, Philippe Candeloro et Annick Dumo.

2 À quoi servent ces objets ?

3 Comment savoir qui va gagner la course ?

Erik Fisher, 2007

Je cherche

1 Comment mesurer une durée ?

une toupie

a On organise, dans la classe, un concours de toupies avec une seule toupie.
Chaque élève essaie de la faire tourner le plus longtemps possible.
Sans utiliser de montre ou d'**horloge***, invente un moyen de savoir qui a fait tourner la toupie le plus longtemps.

un sablier

b Explique comment fonctionne un sablier.
– En quelles occasions l'utilise-t-on ?
À l'aide d'une montre, détermine la **durée*** d'écoulement du sable.
– Pourquoi ne peux-tu pas te servir d'un sablier pour mesurer le temps mis par un camarade pour courir 100 m ?

un chronomètre

c Quelles informations te donne ce chronomètre ?
– Avec quelle précision indique-t-il une durée ?
Utilise un chronomètre pour mesurer le temps mis par un camarade pour courir 100 m.
Sur ton cahier, décris comment tu l'utilises.

d Recherche d'autres instruments qui permettent de mesurer des durées.
– Quand les utiliser ?

2 Comment connaître l'heure ?

a Quelle **heure*** indique ce cadran solaire ?
– Sur quel principe repose son fonctionnement ?
– Quand ne peut-on pas l'utiliser ?

b Quelle différence y a-t-il entre ces 2 montres ?

c Recherche d'autres instruments qui permettent de connaître l'heure.

3 L'heure est-elle la même partout sur Terre ?

– Recherche l'heure qu'il est dans quelques endroits du monde quand il est midi en France.

• Je comprends

1 Mesurer une durée

• Il existe de nombreuses façons de mesurer une durée : le déplacement de l'ombre d'un bâton, un volume d'eau qui s'écoule lentement d'un récipient, du sable qui s'écoule dans un sablier.
Le sablier, comme tous ces autres dispositifs, indique la durée d'une tâche à accomplir.
Son inconvénient est qu'il ne peut mesurer que cette durée.
De nos jours, on l'utilise encore pour mesurer la durée de certaines actions : se laver les dents, cuire des œufs... Tu l'utilises peut-être pour jouer à certains jeux de société.

• Pour mesurer des durées plus précises et surtout pour pouvoir les comparer, on utilise le chronomètre. Il en existe de différents modèles : à aiguilles ou à affichage numérique. L'unité de durée mesurée par un chronomètre est la seconde.
Pour chronométrer une compétition de ski, il faut utiliser un chronomètre électronique très précis capable de départager deux coureurs au 1/100 de seconde près !

2 Connaître l'heure

• Le soleil est la première horloge que les hommes ont utilisée : pour compter les jours puis pour connaître l'heure.

• Le cadran solaire utilise le déplacement de l'ombre au cours de la journée (unité 6).
Il indique l'**heure solaire*** : il est midi quand le soleil est au plus haut de sa course.
L'ombre est alors la plus courte.
Il devient inutilisable la nuit ou quand le soleil est caché par les nuages.

• On définit une heure de référence pour le monde entier. Cette heure est celle du méridien qui passe dans la ville de Greenwich (lieu d'un célèbre observatoire), en Grande-Bretagne. Les pays plus à l'est sont en avance par rapport à cette heure et ceux plus à l'ouest sont en retard.

mon petit dico

Une **horloge** désigne tout instrument capable de mesurer le temps.
L'**heure** est une information qui permet de se situer dans la journée.
En France, l'« heure des montres » (**heure légale**) n'est pas l'**heure solaire**. Il faut ajouter 2 heures en été et 1 heure en hiver à l'heure solaire pour avoir l'heure légale.
L'heure est aussi une unité de **durée**.
En 24 heures, la Terre effectue un tour complet sur elle-même.

• Je vais plus loin

L'heure n'est **pas la même** partout !

Tu as vu (unité 6) que lorsqu'il fait jour en France, il fait nuit dans d'autres pays. Sur Terre, nous n'avons donc pas tous la même heure. Comme la rotation de la Terre est régulière, on a divisé sa surface en 24 fuseaux horaires. À l'intérieur d'un fuseau, l'heure est la même. Il y a un écart d'une heure quand on passe au fuseau voisin (on ajoute 1 heure si l'on va vers l'est, on retranche 1 heure si l'on va vers l'ouest).

D'autres instruments pour **mesurer le temps**

Au fur et à mesure que le temps s'écoule, **la bougie** se consume régulièrement.

La **clepsydre** ou horloge à eau. L'eau contenue dans un vase s'écoule par un petit trou percé au fond. Les graduations marquées à l'intérieur indiquent les heures.

L'horloge à balancier ou horloge à poids. Les oscillations régulières d'un pendule (ou balancier) permettent de décompter le temps. Le poids fournit l'énergie nécessaire au fonctionnement de l'horloge.

UNE PRÉCISION ATOMIQUE !

Ce réveil est piloté par une horloge atomique qui donne l'heure avec une précision de 1 seconde pour 300 ans.

11. Y a-t-il du feu sous la terre ?

• Je m'interroge

**Tu as sûrement déjà vu des photos ou des documentaires d'éruptions volcaniques spectaculaires.
Connais-tu l'origine de ces manifestations violentes ?**

1 Qu'est-ce qu'un volcan ? Tous les volcans se ressemblent-ils ?

Etna, Sicile, 2006

Chaîne des Puys, Auvergne, France

Islamabad, Pakistan, oct. 2005

2 Pourquoi la terre tremble-t-elle parfois ? Les tremblements de terre sont-ils toujours destructeurs et dangereux ? Y a-t-il des zones du monde plus touchées que d'autres ?

• Je cherche

1 Volcan rouge ou volcan gris ?

Le mont Saint-Helens aux États-Unis, en 1980.

Le piton de la Fournaise sur l'île de La Réunion, île de l'océan Indien, près de Madagascar, en 2003.

Observe bien l'éruption de chacun de ces volcans puis recopie et complète ce tableau.

Nom du volcan	Lieu géographique	Description de l'éruption (couleur et forme)	Produits émis par le volcan

– Recopie le tableau sur ton cahier d'expériences puis cherche d'autres volcans et complète le tableau.

2 Que se passe-t-il lors d'un tremblement de terre ?

a Expérience 1
Remplis une bassine d'eau et dépose un petit flotteur en liège ou en polystyrène.
Laisse tomber un caillou au centre de la bassine et observe les mouvements du flotteur.
– Que remarques-tu ?
– Comment expliques-tu ce phénomène ?

b Expérience 2
Pose des morceaux de sucre empilés sur une table.
– Tape doucement puis de plus en plus fort avec ton poing sur cette table. Sur ton cahier, fais un schéma de l'expérience et note tes observations.

Fais de même en remplaçant les morceaux de sucre par un verre rempli d'eau.
– Que constates-tu ?

• Je comprends

1 Il n'y a pas de feu sous la terre

• Il n'y a pas de feu sous la terre, mais l'intérieur du globe terrestre est très chaud. Une partie des roches situées en profondeur fondent : elles forment le **magma***.
• Une éruption volcanique est due à la montée du magma par des fissures jusqu'à la surface de la terre.

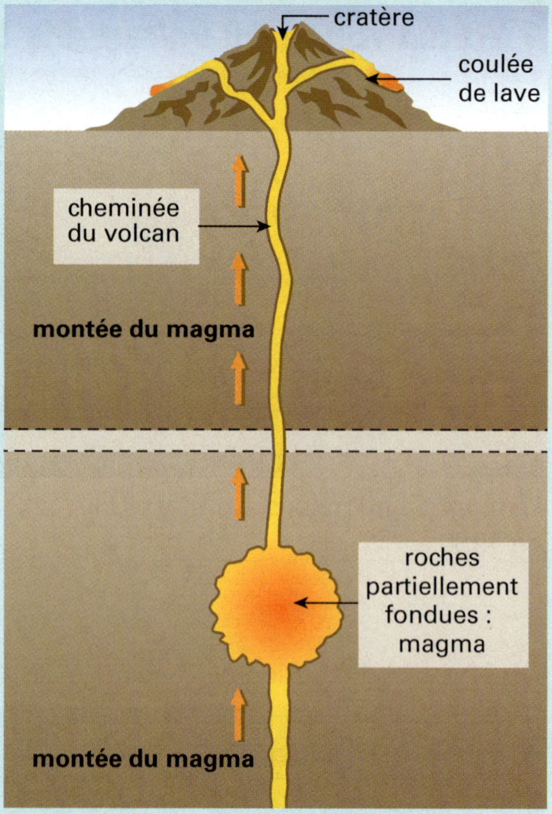

2 Tous les volcans ne se ressemblent pas

• Quand un volcan est en éruption, il crache des gaz, des cendres et des roches en fusion. De la **lave*** brûlante coule parfois sur ses pentes. Toutes ces projections s'accumulent sur les pentes du volcan et lui donnent sa forme : un volcan se fabrique lui-même !
• Il y a 2 sortes de volcans :
– Quand le magma est liquide, la lave s'écoule facilement par les cheminées, comme pour le piton de la Fournaise.
– Quand le magma est plus pâteux et qu'il contient beaucoup de gaz, l'éruption volcanique est explosive, comme ce fut le cas pour le mont Saint-Helens. Les gaz et les cendres brûlantes projetées brusquement lors de ces explosions sont très dangereuses pour la population (nuées ardentes).

3 Quand la terre tremble

• Quand des roches se cassent en profondeur, elles donnent naissance à de fortes vibrations qui se déplacent en provoquant des secousses (comme dans l'eau de la bassine ou dans le bois de la table, expérience 2 page précédente) : ce sont les tremblements de terre ou séismes.
• La terre tremble plusieurs fois par jour, mais la plupart de ces tremblements de terre sont très légers et ne se sentent pas. Les tremblements de terre puissants sont au contraire très destructeurs.

mon petit dico

Magma : mélange de roche fondue et de gaz formant une masse pâteuse en profondeur de la terre.
Lave : nom donné au magma qui sort de la terre par un volcan. En se refroidissant, la lave devient solide et donne une roche volcanique.
Tsunami : nom japonais du raz-de-marée. C'est une vague gigantesque due à un tremblement de terre sous-marin et qui se propage à plusieurs centaines de kilomètres par heure.
Magnitude : puissance d'un séisme.
Séisme : tremblement de terre.
Cheminée sous-marine : source chaude sous-marine qui indique la présence d'un volcan sous-marin.

• Je vais plus loin

Des catastrophes **historiques**

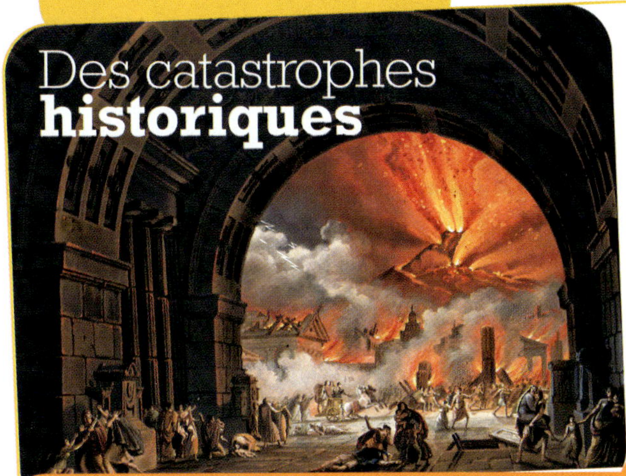

Le Vésuve est un volcan du sud de l'Italie. Lors d'une éruption en 79 après J.-C, il a enseveli sous les cendres la ville de Pompéi, en figeant les lieux et les personnages tels qu'ils étaient au moment de l'éruption.

En 1902, une terrible éruption explosive de la **montagne Pelée,** à la Martinique aux Antilles, a détruit la ville de Saint-Pierre.

Le **tsunami*** du 26 décembre 2004 a provoqué la disparition de milliers de personnes en Asie. Les scientifiques observent et étudient ce récent phénomène pour tenter de le comprendre et d'apprendre comment mieux l'anticiper.

L'échelle de Richter

Mesure la magnitude des séismes**

Magnitude	Effets constatés
0 - 1,9	Détecté seulement par un sismographe
2 - 2,9	Oscillations d'objets suspendus
3 - 3,9	Vibrations comparables au passage d'un camion
4 - 4,9	Bris de verre, chutes de petits objets
5 - 5,9	Meubles déplacés ou renversés, fissures
6 - 6,9	Dégâts importants, destruction des bâtiments les moins solides
7 - 7,9	Edifices coupés de leurs fondations, craquements dans le sous-sol, ruptures de canalisations
8 - 8,9	Ponts détruits, peu de bâtiments encore debout
9 et plus	Destruction quasi totale des bâtiments, secousses visibles à l'œil nu

091005 AFP

Prévoir un tremblement de terre

Les tremblements de terre (ou séismes) peuvent être particulièrement dangereux pour les populations. Les séismes peuvent être mesurés selon une échelle d'intensité ou par rapport à leurs effets. L'échelle de Richter mesure la violence d'un séisme selon l'énergie qui est libérée. Les scientifiques ont cartographié les principales zones à risque dans le monde. Malheureusement, il n'y a actuellement aucune méthode fiable pour prévoir un tremblement de terre.

Dans les zones à risque, on développe la prévention : en favorisant des constructions adaptées, en apprenant à l'école des exercices de sécurité…

Des volcans **sous-marins**

On connaît actuellement plus de 1 000 volcans actifs à la surface de la terre, mais il y a aussi des milliers de volcans sous-marins. Des sous-marins permettent d'observer et de photographier des cheminées **sous-marines*** et des éruptions.

Certains de ces volcans émergent de la mer et forment des îles. Hawaï est ainsi un archipel de l'océan Pacifique constitué d'îles volcaniques.

Le Petit Prince et l'allumeur de réverbères

La cinquième planète était très curieuse. C'était la plus petite de toutes. Il y avait là juste assez de place pour loger un réverbère et un allumeur de réverbères. Le petit prince ne parvenait pas à s'expliquer à quoi pouvaient servir, quelque part dans le ciel, sur une planète sans maison ni population, un réverbère et un allumeur de réverbères. Cependant il se dit en lui-même :

– Peut-être bien que cet homme est absurde. Cependant il est moins absurde que le roi, que le vaniteux, que le businessman et que le buveur. Au moins son travail a-t-il un sens. Quand il allume son réverbère, c'est comme s'il faisait naître une étoile de plus, ou une fleur. Quand il éteint son réverbère, ça endort la fleur ou l'étoile. C'est une occupation très jolie. C'est véritablement utile puisque c'est joli.

Lorsqu'il aborda la planète il salua respectueusement l'allumeur :

– Bonjour. Pourquoi viens-tu d'éteindre ton réverbère ?

– C'est la consigne, répondit l'allumeur. Bonjour.

– Qu'est-ce que la consigne ?

– C'est d'éteindre mon réverbère. Bonsoir.

Et il le ralluma.

– Mais pourquoi viens-tu de le rallumer ?

– C'est la consigne, répondit l'allumeur.

– Je ne comprends pas, dit le petit prince.

– Il n'y a rien à comprendre, dit l'allumeur. La consigne c'est la consigne. Bonjour.

Et il éteignit son réverbère.
Puis il s'épongea le front avec un mouchoir à carreaux rouges.
– Je fais là un métier terrible. C'était raisonnable autrefois. J'éteignais le matin et j'allumais le soir. J'avais le reste du jour pour me reposer, et le reste de la nuit pour dormir...
– Et, depuis cette époque, la consigne a changé ?
– La consigne n'a pas changé, dit l'allumeur. C'est bien là le drame ! La planète d'année en année a tourné de plus en plus vite, et la consigne n'a pas changé !
– Alors ? dit le petit prince.
– Alors maintenant qu'elle fait un tour par minute, je n'ai plus une seconde de repos. J'allume et j'éteins une fois par minute !
– Ça c'est drôle ! Les jours chez toi durent une minute !
– Ce n'est pas drôle du tout, dit l'allumeur. Ça fait déjà un mois que nous parlons ensemble.
– Un mois ?
– Oui. Trente minutes. Trente jours ! Bonsoir.

Et il ralluma son réverbère.
Le petit prince le regarda et il aima cet allumeur qui était tellement fidèle à la consigne.

Antoine de Saint-Exupéry, *Le Petit Prince*

Questions

1. **En quoi consiste le travail de l'allumeur de réverbères ?**
2. **Que fait-il le matin ? Que fait-il le soir ?**
3. **Pourquoi n'a-t-il pas le temps de se reposer ?**
4. **Qu'est-ce qu'une consigne ?**
5. **Sur la planète de l'allumeur de réverbères, combien de temps dure un jour, un mois ? Compare avec la Terre.**
6. **Pourquoi la durée du jour a-t-elle changé ?**

Galilée

Il y a environ dix mois, le bruit parvint à nos oreilles qu'un habitant des Provinces des Pays-Bas avait fabriqué une lunette grâce à laquelle des objets visibles, même situés loin de l'œil de l'observateur, pouvaient être nettement discernés comme s'ils étaient proches. [...] Cette invention, peu après, je l'ai réalisée [...]

Je me suis porté vers l'exploration du Ciel. En premier lieu, je vis la Lune d'aussi près que si elle avait été éloignée d'à peine deux diamètres terrestres. [...] J'ai pu distinguer deux parties : l'une plus claire et l'autre plus obscure[1]. La plus claire semble entourer et infiltrer tout l'hémisphère, tandis que la plus obscure, comme quelque nuage, teinte la face même et l'imprègne de taches. Ces taches, un peu obscures et assez vastes, sont visibles à tout le monde, et toute époque les a aperçues ; c'est pourquoi nous les appellerons les grandes ou anciennes taches, à la différence d'autres, de moindre grandeur, mais tellement nombreuses qu'elles parsèment toute la surface lunaire, et surtout la partie plus brillante. Celles-ci, en vérité, n'ont été observées par personne avant nous. De leur examen plusieurs fois réitéré[2], nous avons déduit que nous pouvons discerner avec certitude que la surface de la Lune n'est pas parfaitement polie, uniforme[3] et très exactement sphérique, comme une armée de philosophes l'ont cru, d'elle et des autres corps célestes ; elle est au contraire inégale, accidentée, constituée de cavités et de protubérances, pas autrement que la face de la Terre elle-même, qui est marquée, de part et d'autre, par les crêtes des montagnes et les profondeurs des vallées.

Galileo Galilei, dit Galilée (1564-1642)
Extrait du *Messager des étoiles* (1610), traduit du latin par Fernand Hallyn

Galilée est un grand savant italien du XVIIe siècle, connu pour ses travaux en mathématiques, en physique mais surtout en astronomie.
Il construit la première lunette astronomique qui lui permet d'observer avec précision la Lune et les planètes.
De ces observations, il déduit que ce n'est pas le Soleil qui tourne autour de la Terre, comme tout le laisse penser, mais la Terre qui tourne autour du Soleil.
Cette position n'est pas acceptée par l'Église, à l'époque toute-puissante. Galilée est condamné à la prison à vie à moins de reconnaître publiquement s'être trompé et affirmer que la Terre est bien au centre du Monde. Ce qu'il fit… mais on dit qu'il aurait murmuré à la fin de sa déclaration : « et pourtant elle tourne ! ».

1. Obscur : sombre
2. Réitérer : recommencer
3. Uniforme : lisse

Questions

1. **Dans ce texte, qui est le narrateur ?**
2. **Quel instrument Galilée a-t-il fabriqué ? À quoi sert-il ?**
3. **Quel astre Galilée observe-t-il en premier ?**
4. **Que distingue-t-il qu'on ne peut voir à l'œil nu ?**
5. **Que déduit Galilée de ses observations ?**
6. **Avant la découverte de Galilée, comment imaginait-on la surface de la Lune ?**

Matière

12. Quand est-ce que l'eau gèle ?

• Je m'interroge

Quand tu dis « il fait froid, j'ai les mains gelées », es-tu sûr(e) qu'elles soient vraiment gelées ?

1 Dans ta région, quand peux-tu voir la neige tomber ou de la glace se former ?
Sur cette photo, où vois-tu de l'eau ?

2 Que vois-tu sur cette photo ?

3 Pourquoi le plastique de la bouteille a-t-il éclaté ?

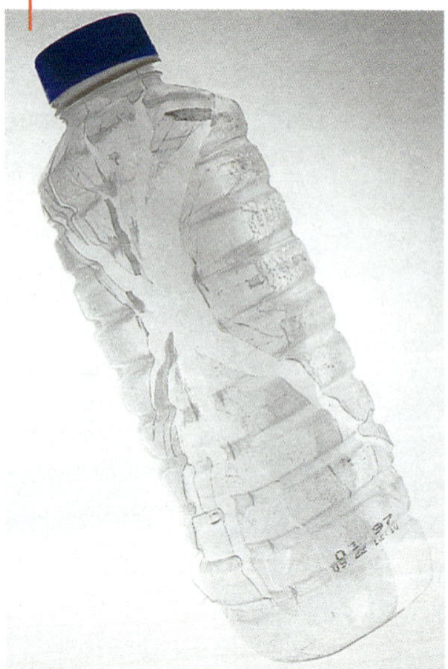

Je cherche

1 Quelle est la température de l'eau qui gèle ?

a Verse un peu d'eau dans un petit pot et plonge un thermomètre dedans. Place le pot dans un congélateur (ou dans un mélange réfrigérant). Observe le pot régulièrement en laissant le **thermomètre*** dedans.

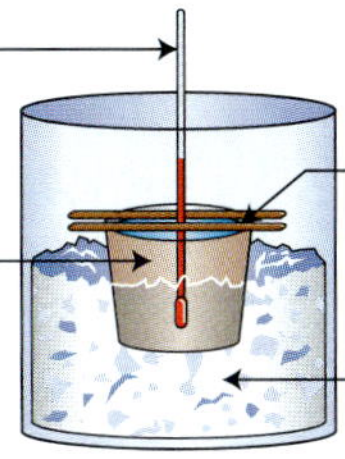

b Recopie et complète ce tableau sur ton cahier.

Temps en minutes	0	3	6	...	...	...	...
Température en degrés Celsius	...	...	...	...	...	...	...
État de l'eau : solide ou liquide ?							

c Comment varie la température ?
– À quelle température l'eau liquide se transforme-t-elle en glace ?

2 Quelle est la température de la glace qui fond ?

a Sors le petit pot du congélateur ou du mélange réfrigérant et laisse-le dans la classe.
– Que peux-tu observer ?

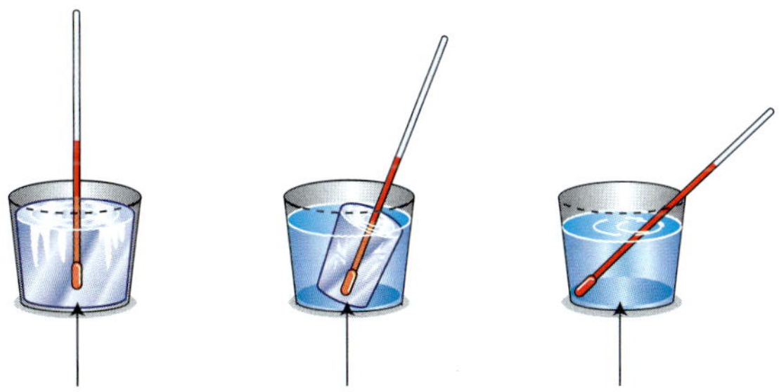

b Recopie et complète ce tableau sur ton cahier.

Temps en minutes	0	5	10	...	...	...	...
Température en degrés Celsius	...	...	...	...	...	...	...
État de l'eau : solide ou liquide ?							

c Comment varie la température ?
– À quelle température la glace se transforme-t-elle en eau liquide ?

3 Que se passe-t-il quand l'eau liquide se transforme en glace ?

a Remplis la moitié d'un verre avec de l'eau et trace un trait au marqueur pour repérer le niveau. Place ce verre au congélateur et attends le lendemain.

b Observe le niveau de la glace dans le verre que tu récupères le lendemain :
– que peux-tu observer ? Qu'est-ce qui a changé ?
– Est-ce la masse ou le volume qui a augmenté ?
– Comment peux-tu le vérifier ?

• Je comprends

1 L'eau change d'état selon la température

• Lorsque la température diminue, l'eau **liquide*** se transforme en eau **solide*** (glace). C'est le gel, la congélation ou la solidification de l'eau.
• Inversement, quand la température augmente, la glace devient liquide. C'est le dégel, la fonte ou la fusion de l'eau.
• La neige est formée de cristaux de glace qui s'assemblent sous forme d'étoile en emprisonnant beaucoup d'air.
• Dans les régions polaires où la température reste très basse toute l'année, la neige s'accumule, se tasse et forme des glaciers qui recouvrent le sol. Sur les côtes, les morceaux qui se détachent de la calotte glacière forment des icebergs (montagnes de glace) qui dérivent sur l'océan.

2 La température de changement d'état de l'eau

• C'est à 0 °C que la glace commence à se former.
• Inversement, la glace commence à fondre à 0 °C.
• Tant qu'il reste dans le récipient de l'eau liquide et de la glace, la température de ce mélange reste à 0 °C. Au-dessus de 0 °C, l'eau est liquide. En dessous de 0 °C, l'eau est solide.

3 L'eau augmente de volume en se congelant

L'eau est une des rares substances qui augmente de volume en se congelant. C'est pourquoi quand il gèle, il est prudent de vidanger les conduites d'eau exposées au froid car elles peuvent éclater, comme la bouteille d'eau placée au congélateur.

Certaines plantes ne résistent pas à l'hiver car l'eau contenue dans la terre augmente de volume, ce qui comprime et blesse les racines. Le gel peut aussi faire éclater leurs cellules qui contiennent de l'eau.

mon petit dico

Quand un corps est **liquide**, il prend la forme du récipient qui le contient.
Au repos, sa surface de séparation avec l'air est plane et horizontale.
Quand un corps est **solide**, on peut le saisir à la main (comme la neige par exemple).

Le **thermomètre** est un appareil qui sert à repérer la température. Les thermomètres que tu utilises sont gradués en degrés Celsius.
La graduation 0 °C correspond à la température de la glace en train de fondre.
La graduation 100 °C correspond à la température de l'eau pure quand elle bout.

• Je vais plus loin

La mer de Glace **va-t-elle disparaître ?**

Le réchauffement climatique a touché de façon spectaculaire les glaciers des Alpes au cours des dernières décennies. Ces deux clichés de la mer de Glace (à Chamonix) ont été pris le même mois, l'un en 1910, l'autre en 2001.

Quelles sont les différences ?

1910

2001

Des glaces **au XVIIe siècle !**

Dans les contes des *Mille et Une Nuits*, on raconte que des sorbets étaient servis aux califes. On mangeait des glaces à la cour de Louis XIV…
Pour les fabriquer, on utilisait le mélange réfrigérant (expérience 1 de la page 63). La glace mélangée au sel était récupérée l'hiver dans la nature et conservée dans des caves souterraines bien isolées de la chaleur, appelées glacières.

Qui suis-je ?

Dans la nature, l'eau à l'état solide peut prendre différentes formes : le givre, la gelée blanche, le verglas, la neige, la grêle. Retrouve, pour chaque terme, la définition qui lui correspond.

1. Je suis constituée d'une multitude de petits cristaux blancs qui s'enchevêtrent et les enfants aiment me mettre en boule.
2. Certains matins d'hiver, on me gratte sur le pare-brise des voitures garées à l'extérieur.
3. J'accompagne souvent les orages. On me redoute car je peux détruire les cultures.
4. Les automobilistes me craignent car je suis responsable de bien des dérapages.
5. Je recouvre l'herbe de très fins cristaux blancs en fin de nuit quand il fait froid.

Des glaçons géants sur l'océan

Aux pôles, des glaciers se forment à partir de l'accumulation de neige pendant des milliers d'années. Chaque nouvelle couche de neige compresse les anciennes jusqu'à ce que de la glace se forme sur des dizaines de mètres d'épaisseur. Quand le bout d'un glacier avance beaucoup dans l'océan, des morceaux se cassent et forment des icebergs.

Les icebergs sont d'énormes glaçons d'eau douce !

13. Pourquoi ça sèche ?

• Je m'interroge

Un objet qui contient de l'eau liquide est mouillé. Quand il a séché, il n'en contient plus. Comment l'eau « disparaît »-elle ?

1 Quand il fait beau, on étend la lessive dehors pour la faire sécher.
Que devient l'eau qui mouillait le linge ?

2 Ce sèche-linge permet de faire sécher une lessive en moins de 2 heures. Qu'est-ce qui fait sécher le linge plus vite ?

3 Pourquoi a-t-on disposé ces fleurs de lavande sur des chevalets, à l'air libre ?

4 Pourquoi ça sent le parfum quand on débouche le flacon ?
Pourquoi faut-il refermer soigneusement le flacon après usage ?

Je cherche

1 L'eau peut-elle disparaître ?

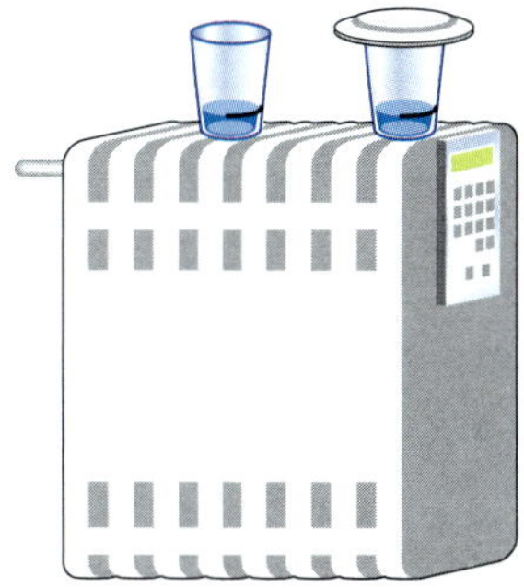

a Verse la même quantité d'eau dans 2 verres identiques. Trace un trait au marqueur pour repérer le niveau sur chacun d'eux.
Place ces verres sur un radiateur ou sur une plaque chauffante réglée au minimum.
Recouvre un des deux verres avec une soucoupe ou par un film plastique transparent.

b Repère le niveau de l'eau dans les verres toutes les heures.
– Que constates-tu ?
– Qu'est devenue l'eau du verre recouvert par la soucoupe ou par le film ?
– Qu'est devenue l'eau du verre ouvert à l'air libre ?
– Comment expliques-tu les différences observées ?

2 Comment accélérer le séchage ?

Tu sais que quand il fait chaud, le linge sèche plus vite.

1 Pour vérifier que la température accélère l'évaporation de l'eau, réalise l'expérience suivante.

a Verse la même quantité d'eau dans 2 verres identiques.
Place un de ces verres sur une table et l'autre sur un radiateur ou sur une plaque chauffante.

b Note le temps nécessaire pour qu'il n'y ait plus d'eau dans chacun des 2 verres.
– Que constates-tu ?

c Pourquoi faut-il prendre la même quantité d'eau ? Quel est le seul élément qui change dans cette expérience ?

2 Quels sont les autres éléments qui accélèrent l'évaporation ?

a Note tes hypothèses dans ton cahier.

b Quelle expérience ferais-tu pour savoir si la vitesse d'évaporation change quand on fait varier la surface de l'eau ?

3 Avec d'autres liquides

– Les autres liquides s'évaporent-ils ?
Réalise une expérience qui te permettrait de savoir si l'alcool s'évapore plus vite ou moins vite que l'eau.

Je comprends

1 L'eau s'évapore

L'eau liquide peut se transformer en vapeur d'eau par évaporation. La vapeur d'eau est un gaz invisible. C'est pour cela que l'on a l'impression que l'eau disparaît.

2 L'eau s'évapore plus ou moins vite

- Du linge humide étendu sèche bien par temps ensoleillé et plus rapidement encore s'il y a du vent.
- Dans un sèche-linge, le séchage est favorisé par un courant d'air chaud qui traverse le linge mouillé.
- La vitesse d'évaporation augmente avec la température, l'aération et la surface en contact avec l'air.

3 Sécher pour conserver

- Pour conserver les fleurs de lavande, il faut les faire sécher le plus rapidement possible : on les suspend par petits bouquets dans un endroit bien ventilé. Le séchage (ou « **déshydratation*** ») est une méthode de conservation très ancienne, utilisée dans l'alimentation pour garder des grains, des fruits, des viandes, des poissons...
- Le but du séchage est d'éliminer l'eau pour empêcher le pourrissement. Quand ils sont secs, les aliments se conservent bien à condition de les protéger de l'**humidité***.

Malaisie

4 D'autres liquides s'évaporent

- Quand on enlève le bouchon du flacon de parfum, l'alcool et les **fragrances*** odorantes contenus dans le parfum s'évaporent rapidement et se transforment en gaz invisible qui se répand dans l'air. On sent l'odeur du parfum parce que ce gaz parvient jusqu'au nez.
- Pour empêcher l'évaporation, il est nécessaire de bien refermer le flacon après usage et de le conserver loin de toute source de chaleur.

mon petit dico

La **déshydratation** d'un corps consiste à évaporer l'eau qu'il contient.

Une **fragrance** est une odeur agréable.

S'il y a beaucoup de vapeur d'eau dans l'air, on dit qu'il y a de l'**humidité**.

L'évaporation **produit du froid**

Tu as sûrement remarqué que si tu mets de l'alcool ou de l'éther sur ta peau, tu as une sensation immédiate de froid. De même quand tu sors de l'eau, tu as froid, surtout s'il y a du vent. C'est parce que l'éther, l'alcool ou les gouttelettes d'eau prennent la chaleur de ton corps pour s'évaporer.

Pour garder une bouteille au frais pendant le repas, on peut utiliser un récipient en terre poreuse que l'on mouille préalablement.

L'eau qui s'évapore maintient le produit frais.

DANGER ! Produits **volatils**

Il est dangereux d'utiliser des liquides inflammables volatils car les vapeurs qui s'en échappent peuvent s'enflammer au contact d'une flamme ! Un logo est obligatoire sur l'étiquette de ces produits pour mettre en garde les utilisateurs.

Des conseils **de jardiniers**

Pour avoir de belles fleurs, il faut les arroser. Mais l'eau est une ressource désormais chère et rare… Voici quelques conseils donnés dans une revue de jardinage pour que l'arrosage soit économique et efficace :

❶ Arrosez le soir, le plus tard possible, de façon que le sol soit refroidi pour éviter une évaporation immédiate à son contact.

❷ Paillez le sol avec des écorces de pin, des déchets de tonte, du carton… Le paillage formera une protection contre les rayons du soleil qui chauffent le sol et permettra de conserver l'humidité en dessous.

14. Comment les nuages se forment-ils ?

• Je m'interroge

La vapeur d'eau invisible contenue dans l'air peut réapparaître… Dans quelles situations ? Pourquoi ?

1 Si tu portes des lunettes, sais-tu pourquoi tu ne vois plus rien quand tu passes d'un endroit frais à un endroit plus chaud ? Que dois-tu faire ?

2 Lorsqu'il fait froid dehors, il est fréquent d'observer de l'eau qui coule sur les vitres à l'intérieur de la pièce. D'où vient cette eau ? As-tu déjà écrit sur une vitre embuée ?

3 Souvent, tu peux observer dans le ciel des nuages qui ont des formes et des aspects bien différents. De quoi sont-ils faits ?

4 Le matin, quand le temps est froid et humide, il se forme du brouillard ; la **rosée*** recouvre l'herbe. Lorsque le soleil paraît, le brouillard se dissipe peu à peu, la rosée « disparaît ». Sais-tu pourquoi ?

Je cherche

1 De la buée apparaît

a À l'école ou à la maison, prends deux bouteilles aux parois bien sèches.
Mets un peu d'eau au fond de la première et ne mets rien dans l'autre.
Place ces deux bouteilles fermées au soleil ou près d'un radiateur.
Observe les deux bouteilles au bout de quelques heures.
– Que remarques-tu sur les parois des bouteilles ?
– Que s'est-il passé ?

b Souffle sur une vitre.
– Que se passe-t-il ?

c Laquelle de ces deux boissons est fraîche ?
– Comment peux-tu le savoir ?
– D'où vient la buée qui s'est déposée sur la bouteille de gauche ?

2 Du brouillard se forme

a Que peux-tu observer quand tu expires l'air de tes poumons et qu'il fait froid ?

b Que vois-tu au-dessus de ce lac ?

c Pour observer toi-même ce phénomène, verse de l'eau bien chaude dans un récipient et place-le dans un endroit frais (dehors, s'il fait froid).
– Que se passe-t-il ?
Note tes observations sur ton cahier d'expériences.

• Je comprends

1 De l'eau dans l'air !

L'air contient de l'eau à l'état gazeux. Lorsque l'air est refroidi, la **vapeur d'eau*** invisible qu'il contient se transforme en fines gouttelettes d'eau liquide :
du brouillard se forme quand tu expires, de la **buée*** apparaît sur tes lunettes ou sur les vitres froides. Ce phénomène s'appelle la **condensation*** de la vapeur d'eau.

2 Le cycle de l'eau dans la nature

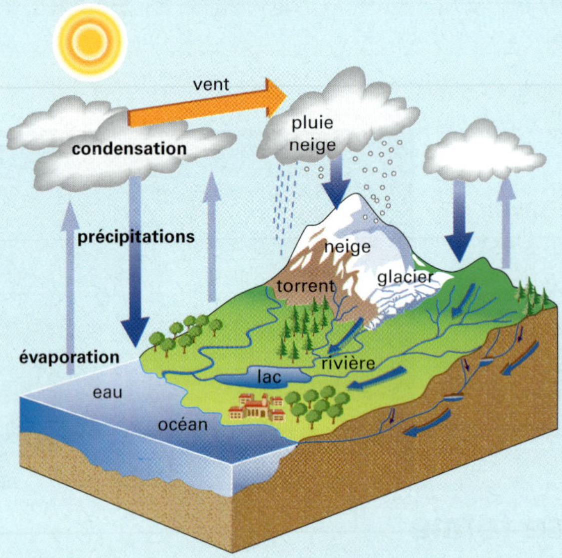

• Sous l'action du soleil et des vents, l'eau à la surface de la terre ainsi que l'eau rejetée par les végétaux et par les animaux s'**évapore*** et devient de la vapeur d'eau invisible qui se mélange à l'air.

• Quand l'air se refroidit, la vapeur d'eau se condense en fines gouttelettes ou en cristaux de glace (selon la température, unité 12) pour former des nuages, de formes et de tailles différentes, du **brouillard*** ou de la **rosée*** au sol.

• Quand il pleut ou qu'il neige, l'eau des nuages retourne à la terre : elle s'infiltre dans les terrains perméables ou ruisselle à la surface du sol et finit par regagner la mer.

Ainsi, dans la nature, l'eau change d'état au cours d'un cycle, mais elle ne disparaît pas. La quantité totale d'eau reste la même : on dit qu'elle se conserve.

mon petit dico

La **vapeur d'eau** est de l'eau à l'état gazeux. Elle est invisible.
Attention : dans le langage courant, on appelle **vapeur** l'eau qui est condensée en fines gouttelettes. C'est pourquoi on parle de vapeur pour désigner ce qui se forme au-dessus d'un récipient d'eau chaude et qui est en fait du brouillard.

La **buée** qui apparaît sur une paroi froide est constituée de petites gouttelettes d'eau liquide. Dans la nature, on l'appelle la **rosée**.
Le **brouillard** est formé de minuscules gouttelettes d'eau liquide en suspension dans l'air. C'est un nuage au ras du sol.
L'**évaporation** et la **condensation** sont des changements d'état : l'eau passe de l'état liquide à l'état gazeux au cours de l'évaporation et de l'état gazeux à l'état liquide au cours de la condensation.

Je vais plus loin

Une question de **santé…**

Le chauffage central est souvent à l'origine d'un excès de sécheresse de l'air. Si l'air est trop sec, on peut l'humidifier en plaçant un saturateur (ou un bol) rempli d'eau sur le radiateur

Pour rester en bonne santé, le degré d'humidité de l'air ne doit pas être trop élevé ni trop bas (entre 40 et 60 %). Pour le mesurer, on utilise un hygromètre.

Le savais-tu ?

Les avions qui volent à très haute altitude laissent parfois derrière eux des traînées blanches qui disparaissent peu à peu… C'est la vapeur d'eau rejetée par les réacteurs qui se condense en petits cristaux de glace.

Qui suis-je **et dans quel état ?**

Dans l'atmosphère, l'eau peut prendre différentes formes : la pluie, le brouillard, la rosée, la vapeur d'eau. Retrouve, pour chaque terme, la définition qui lui correspond !

1. Je suis constitué de minuscules gouttelettes en suspension dans l'air et je suis capable de réduire considérablement la visibilité.
2. En période de sécheresse, on m'espère.
3. Je suis partout mais invisible.
4. Parfois, je mouille l'herbe au petit matin.

Publicité **mensongère**

« Grand jet de vapeur pour le défroissage vertical »
Trouve l'erreur !

15. Qu'est-ce qui salit l'eau ?

• Je m'interroge

Dans l'environnement, l'eau est rarement propre.
Quelles sont les substances qui la rendent trouble et peuvent la polluer ?

1 Pourquoi les eaux de l'Amazone sont-elles de couleurs différentes au confluent du rio Negro ?

2 Après l'orage, pourquoi l'eau a-t-elle pris cette couleur brunâtre ?

3 Quel est le liquide qui flotte sur l'eau ? Comment appelle-t-on cette pollution ?

Je cherche

1 Mélangeons de la terre et de l'eau

1 Remplis un verre avec de l'eau et verse dedans une pincée de terre.

a Agite l'ensemble avec une cuillère et dessine l'aspect du mélange que tu obtiens. La terre est-elle encore visible ?

b Laisse reposer le mélange pendant 1 heure. Dessine l'aspect du mélange obtenu.

2 Ton verre contient un mélange d'eau et de terre.

a Connais-tu une méthode pour enlever la terre et rendre l'eau limpide ?
Dessine sur ton cahier d'expériences ce que tu pourrais faire.

b Réalise cette expérience. As-tu réussi ?

2 Mélangeons de l'huile et de l'eau

1 Remplis un verre avec de l'eau et verse dedans une cuillerée d'huile.

a Agite l'ensemble avec une cuillère et dessine l'aspect du mélange que tu obtiens. L'huile est-elle encore visible ?

b Laisse reposer le mélange pendant 10 minutes. Dessine l'aspect du mélange obtenu.

2 Ton verre contient un mélange d'eau et d'huile.

a Connais-tu une méthode pour enlever l'huile de l'eau ?
Dessine sur ton cahier d'expériences ce que tu pourrais faire.

b Réalise cette expérience. As-tu réussi ?

3 Peut-on mettre l'eau au-dessus de l'huile ?

a Essaie différentes méthodes.
Quelle est ta conclusion ?

b Pourquoi l'huile flotte-t-elle sur l'eau ?
Écris-le sur ton cahier.

c Pose 2 verres identiques sur les 2 plateaux d'une balance. Rétablis l'équilibre s'il le faut puis verse la même quantité d'huile et d'eau dans les 2 verres.

d Qu'observes-tu ? Que peux-tu en déduire ?

Je comprends

1 Certaines matières troublent ou colorent l'eau

L'eau peut contenir des substances insolubles en **suspension***. Ces substances restent visibles dans le mélange.

• Les eaux du rio Negro n'ont pas la même couleur que celles de l'Amazone car ces deux fleuves traversent des régions dont les sols sont différents. Le rio Negro contient des substances noires insolubles dans l'eau et qui lui donnent sa couleur.

• Pendant l'orage, l'eau de pluie ruisselle sur le sol. Elle entraîne avec elle des particules de terre qui lui donnent une couleur marron.

Ces eaux ne sont plus **limpides***.

• Parfois, ces substances sont polluantes et leur présence dans l'eau peut avoir des conséquences graves.
C'est le cas lors d'une marée noire : comme l'huile, le pétrole flotte à la surface de l'eau car il est moins dense que l'eau (photo ci-contre).

2 L'eau sale peut redevenir limpide

L'eau sale peut redevenir limpide naturellement :
– par **décantation*** : si l'eau reste au repos, les particules se déposent au fond, entraînées par leur poids.
– par **filtration*** : si l'eau s'infiltre dans le sol, les couches de terrain qu'elle traverse vont jouer le rôle de filtre, en retenant les impuretés.

Toi aussi, tu peux rendre limpide de l'eau sale par décantation et par filtration. Regarde comment faire sur la page suivante.

mon petit dico

Une eau **limpide** est parfaitement claire et transparente.
Une eau trouble contient des particules en **suspension**.

Au cours d'une **décantation**, les particules insolubles les plus denses tombent au fond du mélange.
Lors d'une **filtration**, les particules en suspension sont retenues par les « mailles » du filtre. Plus le filtre est fin et plus la filtration est efficace.

La ruée **vers l'or**

Pour trouver des paillettes ou des pépites d'or, les chercheurs tamisent les graviers prélevés dans le fond des rivières à l'aide de grandes cuvettes circulaires. Ils cherchent à séparer l'or des graviers en utilisant le fait que l'or est plus lourd (plus dense).

Fabrique **un filtre à sable**

La filtration au sable est une technologie plusieurs fois centenaire qui est utilisée dans les installations de traitement des eaux dans le monde entier.

Tu peux facilement fabriquer un tel filtre :

MATÉRIEL

- 4 bouteilles en plastique coupées en deux dont le fond a été percé de plusieurs trous,
- une petite grille,
- des débris naturels,
- des graviers,
- du sable,
- du charbon de bois.

Les graviers retiennent les particules les plus grosses puis le sable retient les plus fines. Le charbon a une action désinfectante.

Attention : l'eau filtrée ne doit pas être bue ! Bien qu'elle soit limpide, elle peut contenir des substances dissoutes toxiques ou des micro-organismes néfastes pour la santé.

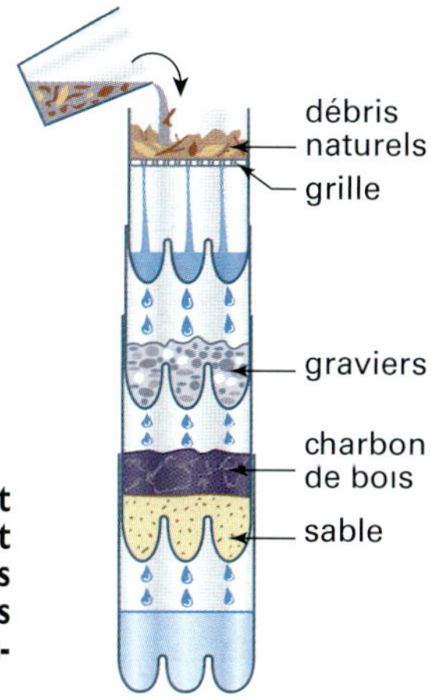

Plages et ramassage des coquillages **interdits**

Naufrage de l'Erika, 1999

Lors du naufrage d'un pétrolier, le pétrole qui se déverse dans la mer peut provoquer une véritable **catastrophe écologique.**

Pourquoi ?

Le pétrole, qui ne se mélange pas à l'eau, forme des nappes noires qui flottent à la surface de l'océan. Poussées par les vents et les courants marins, elles se déplacent et vont s'échouer sur les côtes, provoquant une «marée noire» aux conséquences dramatiques : côtes souillées, faune et flore marines gravement atteintes. Les oiseaux plongeurs s'engluent les ailes et ne peuvent plus voler. On ne peut plus manger les coquillages et les poissons.

16. Une eau limpide est-elle pure ?

• Je m'interroge

« C'est clair comme de l'eau de roche »... Cette expression veut dire que c'est évident. L'image est toute simple : comme l'eau de source est transparente, on peut voir à travers, elle ne cache rien... Mais est-ce bien vrai ?

1 L'eau de ce lac est très limpide. Mais est-elle pure ?

Trento, Italie.

2 Comment s'appellent ces concrétions calcaires ? Comment se forment-elles ?
Pourquoi dit-on parfois que l'eau du robinet est « calcaire » ?

Grotte de Jeita, Liban.

3 Quand on se baigne dans l'eau de mer, on retrouve un goût salé sur ses lèvres : vois-tu le sel dans l'eau de cette mer ?

Corse, France.

Je cherche

1 Mélangeons du sel et de l'eau

1 Remplis un verre avec de l'eau et verse dedans une cuillerée de sel.

a Agite l'ensemble avec une cuillère, qu'observes-tu ?
Le sel est-il encore visible ? Comment peux-tu savoir si le sel est toujours présent ?

b Que se passe-t-il si tu ajoutes 1, 2 ,3… cuillerées de sel ?
Peux-tu dissoudre autant de sel que tu veux ?

2 Ton verre contient un mélange d'eau et de sel.

a Connais-tu une méthode pour séparer le sel et l'eau ?
Dessine sur ton cahier d'expériences ce que tu pourrais faire.

b Réalise cette expérience. As-tu réussi à recueillir tout le sel ?

2 L'eau peut-elle dissoudre d'autres substances ?

Remplis un verre avec de l'eau et verse dedans une cuillerée de sucre en poudre. Agite l'ensemble avec une cuillère, qu'observes-tu ?
Le sucre est-il encore visible ? Le mélange est-il limpide ?

3 L'eau minérale est-elle pure ?

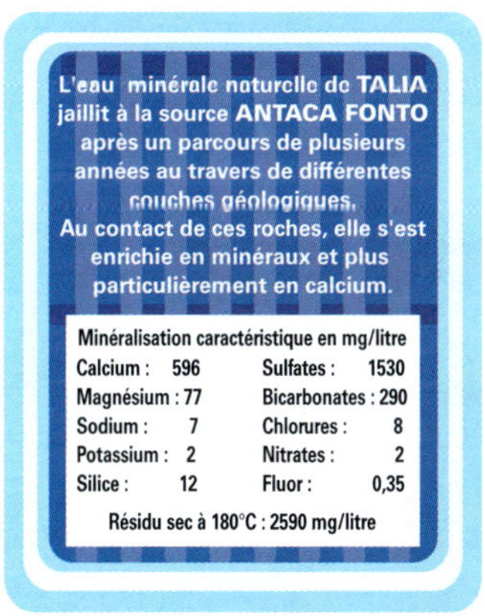

Cette eau minérale contient des sels minéraux dissous en très faible quantité : du calcium, du potassium, du sodium, du magnésium.

a D'où proviennent ces sels minéraux ?

b Comment expliquer que la composition des eaux minérales varie selon la marque ?

4 Pourquoi certaines eaux sont-elles pétillantes ?

a Que se passe-t-il quand tu décapsules une bouteille d'eau gazeuse ?
Comment expliques-tu ce que tu observes ?

b Que va-t-il se passer si tu laisses la bouteille ouverte pendant plusieurs jours ?
L'eau sera-t-elle encore pétillante ?

Je comprends

1 Une eau limpide n'est pas forcément pure

• L'eau peut dissoudre de nombreuses substances. C'est pour cela que l'eau que l'on puise dans la nature n'est jamais **pure*** même si elle est parfaitement limpide.
• Quand une substance est **soluble*** dans l'eau, le mélange obtenu est une solution limpide.
• Il existe une limite à la quantité d'un solide que l'on peut dissoudre dans l'eau. Quand cette limite est atteinte, la dissolution n'est plus possible. On dit que la solution est saturée (par exemple, un litre d'eau ne peut pas dissoudre plus de 350 g de sel).

2 Le chemin de l'eau explique ce qu'elle contient

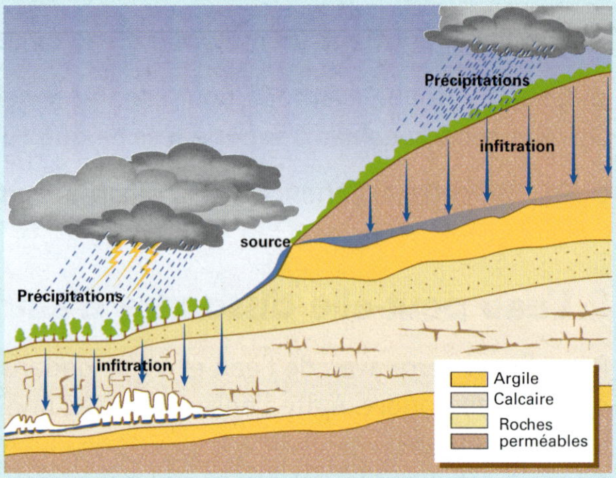

• En arrivant sur terre, une partie de l'eau de pluie s'infiltre lentement dans les terrains perméables. Pendant ce voyage, l'eau dissout des sels minéraux et parfois aussi du dioxyde de carbone.
• Quand l'eau rencontre une couche de roches imperméables, elle stagne et forme une nappe souterraine (**nappe phréatique***) ou elle réapparaît en surface sous forme de source.
• Les eaux minérales ne sont pas pures car elles contiennent des sels minéraux dissous.
Les eaux minérales gazeuses contiennent en plus du dioxyde de carbone.
Une eau riche en sels minéraux est dite « dure » ou « calcaire ».
• Dans les grottes souterraines, le calcaire dissous se dépose très lentement au fil des siècles : il peut former des stalactites et des stalagmites.

3 On peut récupérer les substances dissoutes par évaporation

L'eau de mer est salée.
Dans les marais salants, on extrait le sel dissous en laissant évaporer l'eau sous l'action du soleil et du vent.

mon petit dico

Une eau **pure** est une eau qui ne contient aucun corps dissous ou en suspension.
Attention : dans le langage courant, l'eau « pure » est l'eau propre non polluée.

Une **nappe phréatique** est une réserve d'eau souterraine qui alimente les puits et les sources.
Lorsqu'un solide est **soluble** dans l'eau, on dit qu'il se dissout dans l'eau.
Attention : dans le langage courant on dit « je laisse fondre le sucre dans le café ».
Cette expression n'est pas correcte !

Je vais plus loin

Tu bois peut-être de l'eau non potable !

Pour être en bonne santé, tu dois boire tout au long de la journée. L'eau potable est la boisson qui passe le mieux la soif. Mais attention : pour qu'une eau soit potable, elle ne doit pas dépasser les seuils suivants :

Potassium	12 mg/litre
Magnésium	50 mg/litre
Sodium	150 mg/litre
Sulfates	250 mg/litre
Chlorures	200 mg/litre
Nitrates	50 mg/litre

Cette eau commercialisée peut-elle être considérée comme potable ? Pourquoi ?

Minéralisation caractéristique (mg/L)

CALCIUM : 486	MAGNÉSIUM : 84	Sodium : 9,1	Potassium : 3,2
Sulfate : 1 187	Hydrogéno-carbonate : 403	Nitrate : 9,1	Chlorure : 10

DE L'OXYGÈNE POUR LES POISSONS

Pour vivre, les poissons respirent dans l'eau. Mais pas comme nous dans l'air ! Ils respirent de l'oxygène qui est dissous dans l'eau.

LA MER MORTE EST UNE MINE DE SEL !

La mer Morte est une petite mer fermée située au Moyen-Orient. L'eau y est 6 fois plus salée que celle des océans. On peut s'y baigner mais il ne faut pas oublier de se protéger les yeux et de se doucher dès qu'on sort de l'eau !

Les eaux

Les eaux de source sont issues de sources souterraines saines. Qu'elles soient plates ou gazeuses, elles sont mises en bouteille sans subir de traitement purificateur et doivent se conformer aux mêmes normes de potabilité que l'eau du robinet.

L'eau du robinet provient généralement d'une rivière ou d'une nappe phréatique. Elle subit toute une série de traitements physiques, biologiques et chimiques pour la rendre potable avant de sortir de nos robinets.

Les eaux minérales naturelles sont aussi issues de sources souterraines. Leur composition et leur goût sont toujours les mêmes. Elles ne doivent pas nécessairement respecter tous les critères de potabilité. Elles ont été reconnues d'intérêt public pour la santé par l'Académie de médecine. Certaines sont très riches en minéraux (comme Hépar et Contrex), mais elles s'écartent fortement des critères de potabilité, d'autres au contraire sont pauvres en minéraux (comme Evian).

17. Comment vole une montgolfière ?

• Je m'interroge

Dans le ciel, on peut voir se promener sans bruit des gros ballons colorés appelés montgolfières. Comment peuvent-elles voler ?

1 Une montgolfière a-t-elle un moteur ?

2 Que se passe-t-il quand on allume cette lanterne magique ?
Crois-tu qu'elle est vraiment magique ?

3 Qu'est-ce qui gonfle le ballon ?

Je cherche

1 Comment faire tourner un moulinet

a Construis un moulinet.

– Dans une feuille de papier Canson, découpe un disque de 10 cm de diamètre.
– Plie 3 fois ce disque en 2 puis découpe 8 fentes en suivant les plis marqués. Attention : il ne faut pas aller jusqu'au centre du disque.
– Incline les pales dans le même sens, comme sur la photo.
– Fais un petit trou au centre du disque et insère dedans un capuchon de stylo.
– Place ce moulinet sur une pique plantée dans un support.

b Dispose ce moulinet au-dessus d'une source de chaleur, sur le radiateur par exemple.
– Que peux-tu observer ?
– Propose une explication.

2 Que se passe-t-il quand on chauffe l'air ?

a Gonfle modérément deux ballons de baudruche en t'assurant qu'ils sont gonflés de la même manière (tu peux mesurer leur circonférence). Place un des ballons sur un radiateur chaud ou au soleil et conserve l'autre dans un endroit frais.

Après 1 heure, compare les deux ballons : mesure-les de nouveau.
– Que peux-tu observer ?

b Place le bec d'un ballon de baudruche sur le goulot d'une bouteille.
Plonge la bouteille dans un bac ou une casserole d'eau chaude.
– Que peux-tu observer ?
– Propose une explication.

3 L'air est-il pesant ?

a À ton avis, un ballon de foot bien gonflé est-il plus lourd, moins lourd, ou a-t-il la même masse qu'un ballon dégonflé ?
– Note ton idée sur ton cahier d'expériences et explique ta réponse.

b Pour savoir si tu as raison, pose le ballon de foot très bien gonflé sur un des plateaux d'une balance Roberval. Rétablis l'équilibre. Reprends le ballon, dégonfle-le et replace-le sur le plateau de la balance.
– L'équilibre est-il modifié ? Dans quel sens ?
– Que peux-tu en conclure ?

• Je comprends

1 L'air est pesant

Un ballon plein d'air est plus lourd qu'un ballon dégonflé : l'air, comme toute matière, est pesant. À 20 °C, 1 litre d'air pèse environ 1,2 gramme.

2 L'air chaud pèse moins que l'air froid

• Le ballon de baudruche posé sur le radiateur semble se regonfler tout seul car l'air qu'il contient se **dilate*** en chauffant et occupe plus de place.
L'air chaud est moins **dense*** que l'air froid, donc il monte.

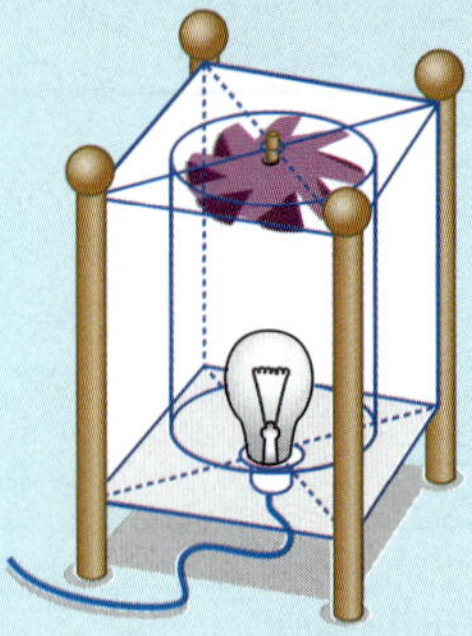

• Quand on place un moulinet au-dessus d'un radiateur ou d'une autre source de chaleur, l'air chaud qui monte appuie sur les pales de la turbine et fait tourner le moulinet.

• Dans la lanterne magique, l'ampoule allumée chauffe l'air qui s'élève et fait tourner l'hélice. Cela fait défiler des images sur l'abat-jour (écran).

• Les montgolfières sont aussi appelées « ballons à air chaud » car leur enveloppe est gonflée avec de l'air chauffé.
Pour gonfler la montgolfière, on souffle de l'air à l'aide d'un ventilateur à l'intérieur, puis on le chauffe avec un chalumeau jusqu'à ce que le ballon se redresse, prêt à décoller.

• Lors du vol, le pilote allume les brûleurs pour chauffer l'air du ballon quand il veut monter. Inversement, s'il veut descendre il éteint les brûleurs pour que l'air du ballon se refroidisse.

• Pour atterrir, il lui suffit d'ouvrir le haut du ballon pour faire partir l'air chaud.
Le contact avec le sol se fait plus ou moins doucement en fonction de la vitesse du vent.

mon petit dico

Se **dilater**, pour un corps, c'est prendre plus de place, de volume.

L'air chaud est moins **dense** que l'air froid car, pour un même volume, il est plus léger que l'air froid.

Un peu d'**histoire**

L'idée de remplir un ballon d'air chaud a été envisagée pour la première fois par les frères Étienne et Joseph de Montgolfier, papetiers à Annonay. D'où le nom de montgolfières donné à ces engins. Le 21 novembre 1783, François Pilâtre de Rozier et le marquis d'Arlandes s'envolent à bord d'un ballon à air chaud : ils sont les premiers hommes à quitter le sol.

Quand la température de l'air n'est pas la même partout, l'air chaud s'élève et l'air froid descend. Des courants de convection s'établissent.

Ce sont ces courants qu'utilisent les pilotes de planeurs et les amateurs de deltaplanes pour prendre de l'altitude.

Ces courants sont aussi à l'origine de la formation des vents. Les tornades (photo ci-dessus) sont dues à de très violents mouvements de convection. La vitesse du vent à l'intérieur d'une tornade peut dépasser 450 km/h ; à cette vitesse, les dégâts sont incroyables.

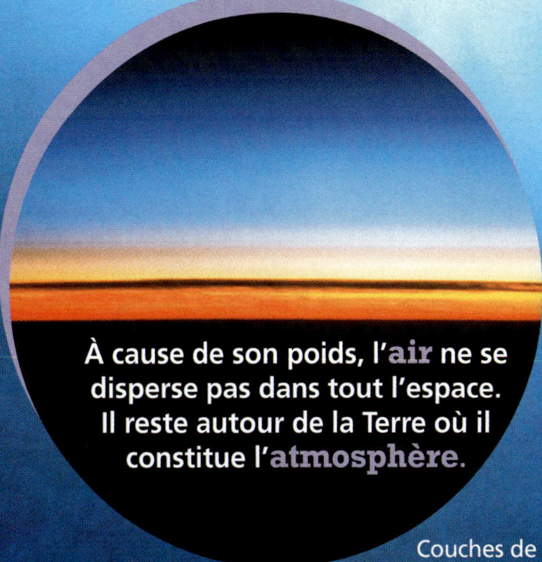

À cause de son poids, l'air ne se disperse pas dans tout l'espace. Il reste autour de la Terre où il constitue l'atmosphère.

Couches de l'atmosphère

Voilà pourquoi l'eau de la mer est salée…

Il y a fort longtemps vivaient en Chine deux frères.

Wang-l'aîné était le plus fort et brimait[1] sans cesse son cadet. À la mort de leur père, les choses ne s'arrangèrent pas et la vie devint intenable pour Wang-cadet. Wang-l'aîné accapara tout l'héritage du père : la belle maison, le buffle, et tout le bien. Wang-cadet n'eut rien du tout et la misère s'installa bientôt dans sa maison.

Un jour, il ne lui resta même plus un seul grain de riz, alors, il se résolut à aller chez son frère aîné. Arrivé sur place, il le salua et dit en ces termes :

– Frère aîné, prête-moi un peu de riz.

Mais son frère, qui était très avare, refusa tout net de l'aider.

Ne sachant que faire, Wang-cadet s'en alla pêcher au bord de la mer Jaune. La chance n'était pas avec lui car il ne parvint même pas à attraper un seul poisson.

Il rentrait chez lui les mains vides, la tête basse, le cœur lourd quand, soudain, il aperçut une meule au milieu de la route. « Ça pourra toujours servir ! » pensa-t-il en ramassant la meule, et il la rapporta à la maison.

Dès qu'elle l'aperçut, sa femme lui demanda :

– As-tu fait bonne pêche ? Rapportes-tu beaucoup de poissons ?

– Non, femme ! Il n'y a pas de poisson. Je t'ai apporté une meule.

– Ah, Wang-cadet, tu sais bien que nous n'avons rien à moudre : il ne reste pas un seul grain à la maison.

Wang-cadet posa la meule par terre et, de dépit, lui donna un coup de pied. La meule se mit à tourner, à tourner et à moudre. Et il en sortait du sel, des quantités de sel. Elle tournait de plus en plus vite et il en sortait de plus en plus de sel. Wang-cadet et sa femme étaient tout contents de cette aubaine mais la meule tournait, tournait et le tas de sel grandissait, grandissait.

Wang-cadet commençait à avoir peur et se demandait comment il pourrait bien arrêter la meule. Il pensait, réfléchissait, calculait, il ne trouvait aucun moyen. Soudain, il eut enfin l'idée de la retourner, et elle s'arrêta.
À partir de ce jour, chaque fois qu'il manquait quelque chose dans la maison, Wang-cadet poussait la meule du pied et obtenait du sel qu'il échangeait avec ses voisins contre ce qui lui était nécessaire. Ils vécurent ainsi à l'abri du besoin, lui et sa femme.
Mais le frère aîné apprit bien vite comment son cadet avait trouvé le bonheur et il fut assailli par l'envie. Il vint voir son frère et dit :
– Frère-cadet, prête-moi donc ta meule.
Le frère cadet aurait préféré garder sa trouvaille pour lui, mais il avait un profond respect pour son frère aîné et il n'osa pas refuser.
Wang-l'aîné était tellement pressé d'emporter la meule que Wang-cadet n'eut pas le temps de lui expliquer comment il fallait faire pour l'arrêter. Lorsqu'il voulut lui parler, ce dernier était déjà loin, emportant l'objet de sa convoitise[2].
Il était très heureux, le frère aîné. Il rapporta la meule chez lui et la poussa du pied. La meule se mit à tourner et à moudre du sel. Elle moulut sans relâche, de plus en plus vite. Le tas de sel grandissait, grandissait sans cesse. Il atteignit bien vite le toit de la maison. Les murs craquèrent. La maison allait s'écrouler.

Wang-l'aîné prit peur. Il ne savait pas comment arrêter la meule. Il eut l'idée de la faire rouler hors de la maison, qui était sur une colline. La meule dévala la pente, roula jusque dans la mer et disparut dans les flots.
Depuis ce temps-là, elle continue à tourner au fond de la mer et à moudre du sel. Personne n'est allé la retourner.
Et voilà pourquoi la mer est salée. ◆

Conte traditionnel chinois.

1. Brimer : maltraiter

2. Convoitise : désir

Questions

1. **Où se passe cette histoire ? Qui met-elle en scène ?**
2. **Pourquoi Wang-cadet n'a-t-il rien à manger ? Son frère va-t-il le secourir ? Pourquoi ?**
3. **Quel pouvoir a la meule qu'il trouve au retour de la pêche ? Comment la mettre en marche ? Comment l'arrêter ?**
4. **Pourquoi Wang-l'aîné prend-il peur après avoir mis la meule en route ? Comment s'en débarrasse-t-il ? Où la meule finit-elle sa course ?**
5. **Que devient le sel qui se déverse dans la mer ?**
6. **Crois-tu que cette histoire soit réelle ?**

Le Roman de Renart

C'était peu de temps avant Noël. Le ciel était parsemé d'étoiles, il faisait grand froid et l'étang où Renart avait conduit son compère était si fortement gelé qu'on aurait pu y danser en toute sécurité. Les vilains[1] du village y avaient ménagé un trou où chaque jour ils menaient boire leurs bêtes et auprès duquel ils avaient laissé un seau.
Renart, montrant l'étang à son compère, lui dit :
– Sire Ysengrin, venez ici. C'est là que se trouvent en quantité les tanches et les anguilles[2], et voici l'engin qui sert à les prendre. (Il montrait le seau.) Il suffit de le laisser quelque temps plongé dans l'eau, puis de l'en tirer quand on sent à son poids qu'il est garni de poissons.
– Je comprends, dit Ysengrin ; et pour bien faire, je crois, qu'il faudrait attacher l'engin à ma queue.
– C'est merveille comme vous comprenez aisément, dit Renart.

Renart, qui connaît tant de ruses, prend le seau et le serre fortement à la queue d'Ysengrin.
– Et maintenant, vous n'avez plus qu'à vous tenir immobile pendant une heure ou deux jusqu'à ce que vous sentiez les poissons arriver en foule dans l'engin.
– Je comprends fort bien.
Renart se place un peu à l'écart, sous un buisson, la tête entre les pieds, les yeux fixés sur son compère. L'autre se tient au bord du trou, la queue en partie plongée dans l'eau, avec le seau qui la retient.

Mais comme le froid est extrême, l'eau ne tarde pas à se figer, puis à se changer en glace autour de la queue.
Le loup qui se sent serré attribue le tiraillement aux poissons qui arrivent. Il fait un mouvement, puis s'arrête, persuadé que plus il attendra, plus il aura de poissons. Enfin, il se décide à tirer le seau, il essaie plusieurs fois, mais ses efforts sont inutiles.

Le Roman de Renart, contes et récits du Moyen Âge.

1. Les vilains : mot ancien qui désigne les paysans.
2. Les tanches et les anguilles : deux sortes de poissons d'eau douce.

Questions

1. **À quelle saison se déroule cette scène ? Quel temps fait-il ?**
2. **Pourquoi peut-on danser sur l'étang ?**
3. **Comment les paysans font-ils boire leurs bêtes ? Quel est l'état de l'eau au fond de l'étang ?**
4. **Comment Ysengrin croit-il pêcher les poissons ?**
5. **Que lui arrive-t-il ?**
6. **Qu'aurait-il dû savoir pour ne pas tomber dans le piège de Renart ?**
7. **Quelle hypothèse peux-tu faire sur la température qu'il fait ?**

ÉNERGIE ET DÉVELOPPEMENT DURABLE

Agriculteur fertilisant un champ avec de l'angrais.

18. Pourrait-on un jour manquer d'eau ?

• Je m'interroge

La Terre ressemble à un gigantesque réservoir d'eau impossible à vider. Pourtant, dans certains pays, l'eau manque cruellement. Comment est-elle répartie ?

1 Pourquoi la Terre est-elle surnommée « la Planète bleue » ?

3 D'où vient l'eau dont tu te sers à la maison? Tout le monde peut-il obtenir de l'eau aussi facilement ?

Malawi, Afrique.

2 Où trouve-t-on de l'eau sur la Terre ? Sous quelle forme ?

Côte, Californie.

Grotte, Mexique.

Glacier, Alaska.

Je cherche

1 Les grands réservoirs d'eau sur notre planète

Voici un tableau et deux camemberts qui donnent la répartition de l'eau sur Terre.

	Pourcentage	Si toute l'eau de la Terre occupait un volume de 100 litres.
Eaux salées (mers et océans)	97,2 %	Un peu plus de 97 litres
Calottes glacières* et glaciers	2,1 %	Un peu plus de 2 litres
Eaux souterraines	0,6 %	60 cl
Lacs et rivières	0,01 %	1 cl
Atmosphère*	0,001 %	1 ml

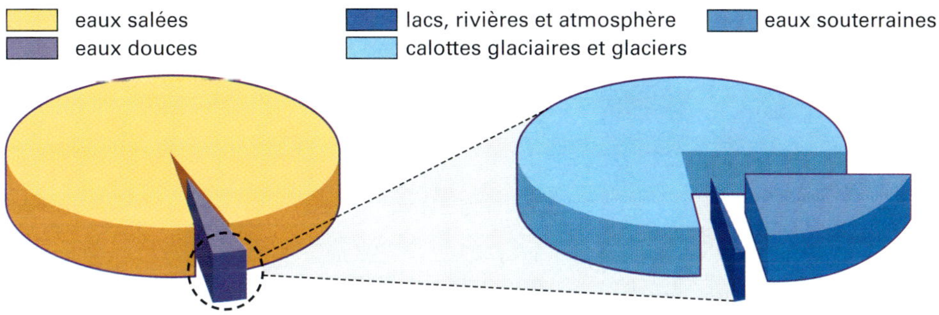

a Quel est le principal réservoir d'eau de notre planète ?
– Peut-on utiliser cette eau pour notre consommation ? Pourquoi ?

b Où trouve-t-on de l'**eau douce*** ?
– Peut-on utiliser toute cette eau pour notre consommation ? Pourquoi ?

c Quelles sont les réserves d'eaux douces facilement utilisables par l'homme ? Compare ces réserves d'eaux douces à la quantité totale d'eau (douce et salée).

2 Chaque jour, tu consommes beaucoup d'eau

a Écris, sur ton cahier, la liste de toutes les situations pendant lesquelles tu consommes de l'eau.

b Grâce à la liste que tu viens d'écrire, évalue la quantité d'eau que tu utilises chaque jour.

c Trouve quelques moyens pour limiter ta consommation.

• Je comprends

1 L'eau sur Terre

• L'eau recouvre les trois quarts de la surface du globe (océans, mers, lacs et rivières). C'est pour cela que la Terre paraît bleue, vue de l'espace.

• Presque toute cette eau est salée, l'eau douce liquide est rare. La part dont nous disposons pour notre consommation est donc très faible.

2 L'eau douce est une richesse très mal répartie

• Dans certains pays, l'eau utilisable est tellement rare que cela crée des conflits ou des catastrophes humanitaires.

Mongolie.

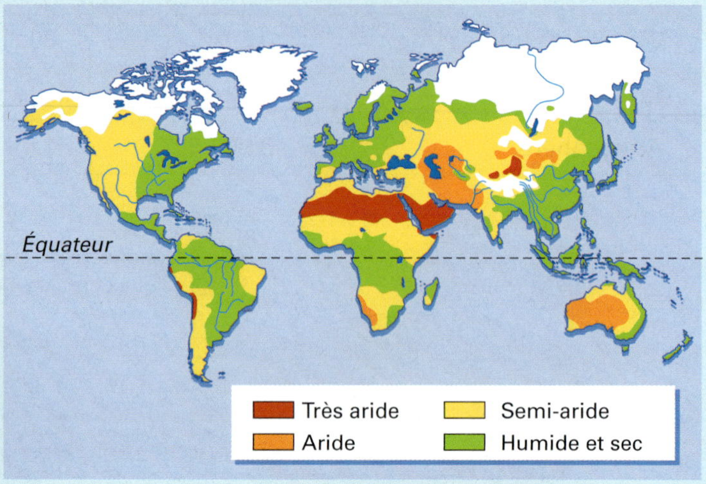

• Dans un même lieu, la quantité d'eau peut varier énormément. Cela peut provoquer des inondations ou d'importantes sécheresses.

Pont du Gard.

Pont du Gard, crue 2002.

3 On pourrait un jour manquer d'eau

La consommation de l'eau ne cesse d'augmenter alors que la quantité disponible reste la même. Si rien n'est fait d'ici 2050, 2 à 7 milliards d'hommes pourraient manquer d'eau (source : **UNESCO***). Chacun doit penser à économiser l'eau.

mon petit dico

L'**atmosphère** est l'enveloppe gazeuse qui entoure la Terre. Entre autres gaz, elle contient de la vapeur d'eau.

La **calotte glaciaire** est la couche de glace qui recouvre les régions polaires.

Une **eau douce** ne contient que très peu de sels dissous (unité 16).

L'Organisation des Nations unies pour l'éducation, la science et la culture (**UNESCO**) a été créée le 16 novembre 1946. Son but est vaste et ambitieux : construire la paix dans l'esprit des hommes à travers l'éducation, la science, la culture et la communication.

De l'eau **pour vivre**

Un homme peut résister sans manger pendant près de 40 jours. Mais, s'il ne boit pas, il meurt au bout d'une quinzaine de jours.

L'eau est indispensable à l'homme dès sa conception. Elle constitue la plus grande partie de l'embryon et du liquide amniotique dans lequel il se développe pendant neuf mois.

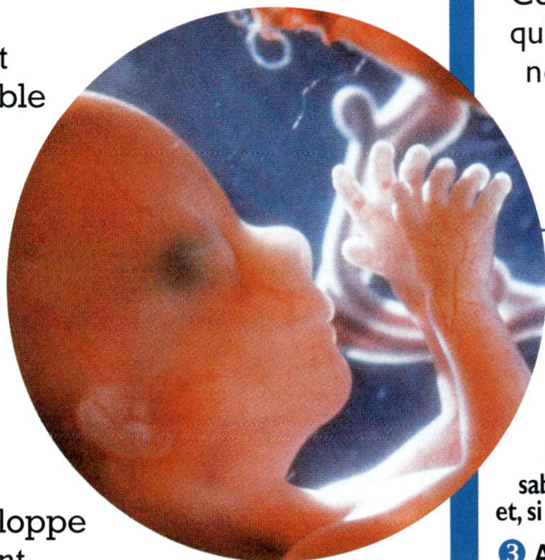

Des lois pour **protéger l'eau**

La loi dit que "l'eau fait partie du patrimoine commun de la Nation". Cela signifie que l'eau appartient à tous, qu'elle fait partie de notre richesse et que nous en sommes tous responsables. Nous l'héritons de tous ceux qui nous ont précédés et nous devons la transmettre à notre descendance.

CHARTE EUROPÉENNE DE L'EAU PROCLAMÉE LE 6 MAI 1986 PAR LE CONSEIL DE L'EUROPE

❶ Il n'y a pas de vie sans eau. C'est un bien précieux, indispensable à toutes les activités humaines.

❷ Les ressources en eau douce ne sont pas inépuisables. Il est indispensable de les préserver, de les contrôler et, si possible, de les accroître.

❸ Altérer la qualité de l'eau, c'est nuire à la vie de l'homme et des autres êtres vivants qui en dépendent.

De l'eau **pour fabriquer**

Une vache boit en moyenne **40 litres d'eau par jour**

Il faut en moyenne **200 à 300 litres d'eau** pour faire pousser **un mètre carré de maïs.**

Pour fabriquer	On utilise
1 litre de lait	5 litres d'eau
1 kg de sucre	100 litres d'eau
1 kg de papier	250 litres d'eau
1 voiture	35000 litres d'eau

Il faut **1 litre d'eau** pour qu'une poule produise **1 œuf!**

19. D'où vient l'eau du robinet ? Où va-t-elle après usage ?

• Je m'interroge

Que signifie « avoir l'eau courante » ? Quand tu as besoin d'eau, il te suffit de tourner le robinet… Sais-tu d'où vient cette eau ?

1 Cette enfant peut-elle boire cette eau sans danger ?

2 À quoi sert cet édifice que l'on rencontre dans de nombreuses communes ?

3 Que peut contenir l'eau rejetée par cette bouche d'égout ? Quelles peuvent être les conséquences de ces rejets sur le milieu naturel ?

4 Quel est le rôle de ces bassins dans cette station d'épuration ?

Je cherche

1 Comment l'eau arrive-t-elle au robinet ?

Pour savoir d'où vient l'eau qui coule au robinet de ton école, tu peux, avec tes camarades de classe, préparer une enquête à mener auprès du service des eaux de la commune. Tu pourras demander par exemple :
– où l'eau est-elle captée ?
– où et comment est-elle traitée pour devenir potable ?
– comment est-elle distribuée dans les habitations ?

2 Quel est le rôle d'un château d'eau ?

Voici le schéma d'un château d'eau.

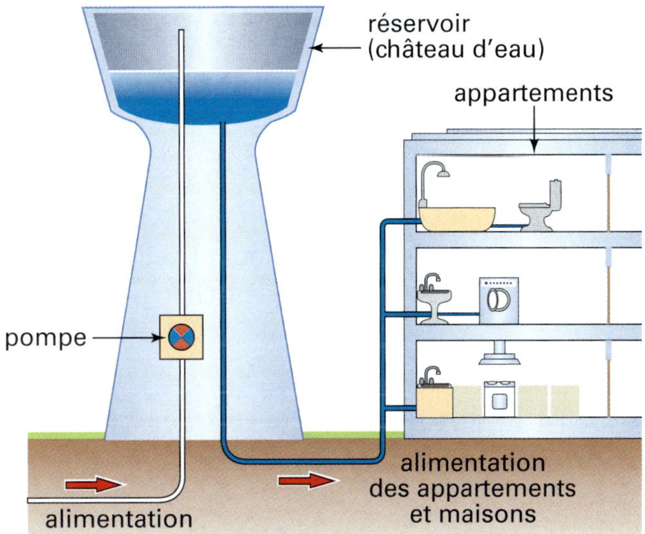

a Comment l'eau peut-elle monter dans le réservoir ?

b Pour comprendre pourquoi le réservoir est placé en hauteur, réalise la maquette d'un château d'eau. Tiens le tuyau souple comme sur le schéma.

c Que se passe-t-il quand on verse de l'eau dans le réservoir ?

d Que se passe-t-il quand on soulève la maquette du château d'eau ?

Matériel :
– 1 bouteille en plastique dont le fond a été découpé
– 1 tuyau souple
– 1 rouleau de papier « essuie-tout » (vide)
– un peu de pâte à modeler

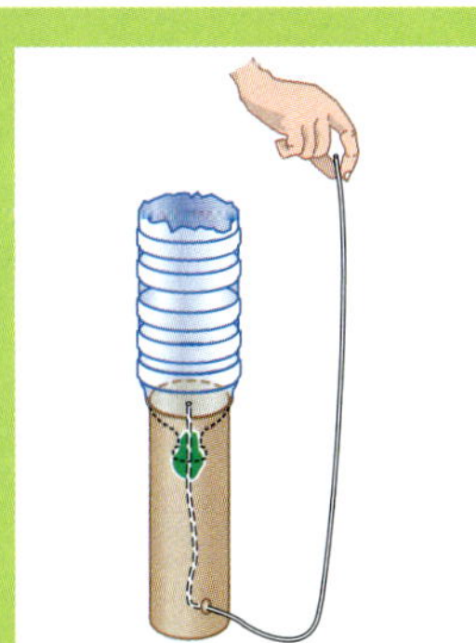

3 Que faire de l'eau sale ?

Dans ton cahier d'expériences, écris les différentes situations où l'**eau domestique*** est sale.
– Essaie de comprendre pourquoi on parle d'eaux « usées ».
– Que devient cette eau ?

• Je comprends

1 La production d'eau potable

• En France, l'eau qui coule au robinet des maisons est potable. On peut la boire sans danger car elle est l'objet de nombreuses vérifications et analyses **chimiques*** et **bactériologiques***.

• La moitié de l'eau que l'on utilise provient de réservoirs souterrains. Le reste est pompé directement dans les lacs, les fleuves et les rivières.
Avant d'arriver dans le robinet, elle doit être rendue potable dans une usine de traitement de l'eau. L'eau pompée dans la rivière passe par les étapes de décantation, filtration et désinfection.

2 La distribution de l'eau potable

• Le château d'eau est un élément essentiel dans la distribution de l'**eau domestique***. Il sert de réserve d'eau potable pour la commune. Une pompe permet de monter l'eau qui arrive de l'usine de traitement dans un réservoir situé en haut de l'édifice.

• Quand on ouvre un robinet, l'eau peut ainsi jaillir avec pression.
Les canalisations (tuyaux) qui acheminent l'eau du château d'eau jusqu'au robinet doivent être régulièrement inspectées et changées.

3 L'évacuation de l'eau usée

• L'eau des toilettes, du bain, de la vaisselle, du lave-linge a été salie : elle devient « usée ». Pour préserver le milieu naturel, il est nécessaire de nettoyer les eaux usées avant de les rejeter dans la nature.

• L'eau sale est conduite par les égouts à la station d'épuration pour être dépolluée.

Circuit de traitement et d'épuration de l'eau

L'eau épurée est limpide mais elle n'est pas potable car elle n'a pas subi de traitement de désinfection et elle contient encore des microbes.

mon petit dico

L'analyse **bactériologique** de l'eau consiste à vérifier si elle ne contient plus de microbes.

L'analyse **chimique** sert à déterminer sa composition.
L'eau qui coule au robinet est appelée **eau domestique**. L'eau qui coule dans la nature est appelée **eau naturelle**.

Je vais plus loin

Les traitements de l'eau dans une **usine d'épuration**

Chaque Français « salit » en moyenne **137 litres d'eau par jour :** ce sont les « eaux usées domestiques ». Ces eaux sont collectées par les égouts et acheminées vers la station d'épuration pour y être **traitées.**

Une pilule **« magique »**

Il existe des cachets pour purifier l'eau : un cachet dans 1 litre d'eau la rend potable en 1 heure ! On peut prendre de l'eau n'importe où (même dans une flaque) sans risquer de tomber malade. Attention : ce cachet magique n'enlève ni le mauvais goût, ni la couleur douteuse de l'eau, mais elle la débarrasse de tous les microbes. Dans beaucoup de pays, l'eau du robinet n'est pas potable. Acheter des bouteilles est trop coûteux. La solution des cachets pour purifier l'eau est pratique et sûre.

Rien ne se perd

On utilise les boues récupérées dans les stations d'épuration comme engrais !

20. Où est cachée l'énergie ?

• Je m'interroge

L'énergie est un peu un mystère : on en parle beaucoup mais on ne la voit jamais vraiment. Comment agit-elle ?

1 Sur ces photos, repère ce qui nécessite de l'énergie et à quoi elle sert.

Une rue de Lyon, France.

• Je cherche

1 Mène l'enquête comme un journaliste !

– À la maison, pose la question suivante à des personnes de ton entourage :
« À votre avis, où y a-t-il de l'énergie ? »
Note les réponses sur une feuille.
– À l'école, recopie l'ensemble des réponses obtenues sur le tableau en essayant de regrouper les réponses qui se ressemblent.
– Avec le maître et les autres élèves, mettez-vous d'accord sur un résumé écrit :
« D'après cette enquête, l'énergie est dans... ».

2 Expérimente comme un scientifique !

Par une journée ensoleillée, choisis un endroit au soleil.

Munis-toi :
– d'un thermomètre ordinaire,
– d'un ou de deux petits miroirs,
– d'une boîte en plastique transparente,
– de supports adaptés qui serviront de cale.

a Pose ton thermomètre et oriente les miroirs pour obtenir la température la plus élevée possible, comme sur le dessin.
Note cette température sur ton cahier.

b Place le thermomètre dans une boîte en plastique transparente.
Note la température atteinte.

c Compare tes mesures de température avec tes camarades puis essaie d'expliquer les différences en précisant la manière dont tu as procédé.

3 Les différentes sources d'énergie

L'homme utilise différentes **sources d'énergie*** comme par exemple : le soleil, le vent, le pétrole, l'eau, le volcanisme...
– Sur ton cahier d'expériences, associe chaque photo à la source d'énergie qui lui correspond.

Je comprends

1 Les sources d'énergie naturelles

• L'énergie est partout : dans la nature et chez les êtres vivants.
C'est en se transformant sans cesse que l'énergie peut modifier l'état des choses, les faire changer de forme, les faire bouger ou les faire fonctionner.

• Aujourd'hui, nous savons utiliser de nombreuses sources d'énergie naturelles : les chutes d'eau, le bois, le vent, le charbon, le gaz, le pétrole, la chaleur de la terre, l'**uranium***, et, bien sûr, le soleil.

2 L'électricité

• L'électricité est une source d'énergie dont on ne peut plus se passer. Contrairement aux sources naturelles, elle ne peut pas se stocker : il faut donc la fabriquer au fur et à mesure de nos besoins.
• Les **centrales thermiques*** et **nucléaires*** produisent de l'énergie électrique en grande quantité, mais ces centrales sont très polluantes. Les centrales thermiques polluent l'atmosphère en générant des gaz à effet de serre ; les centrales nucléaires produisent des déchets qu'il faut stocker et dont on ne sait pas se débarrasser. On cherche donc à développer la production d'énergie électrique à partir de sources d'énergie renouvelables moins polluantes : l'**énergie hydraulique***, celle du vent, celle du soleil, la **géothermie***...

3 Notre société est de plus en plus gourmande en énergie

Charette, 1900.

Train à vapeur, 1936.

TGV, 2007.

• Pendant très longtemps, les hommes se sont contentés d'utiliser l'énergie du soleil, du vent et l'énergie de leurs muscles ou des muscles des animaux pour se déplacer ; l'énergie du bois pour se chauffer et cuire leurs aliments. Puis ils ont construit des moulins à vent ou à eau, avant d'inventer les premières machines fonctionnant au bois et au charbon.
• En se développant, notre société consomme de plus en plus d'énergie. Le pétrole est une des sources d'énergie les plus utilisées (alimentation des moteurs et fabrication des matières plastiques), mais nous espérons le remplacer par d'autres sources d'énergie car il pollue et ses ressources sont limitées.

mon petit dico

Une **source d'énergie** renferme de l'énergie utilisable.
Pour produire de l'électricité, la **centrale nucléaire** utilise la chaleur dégagée par un métal très spécial, l'**uranium**, et la **centrale thermique** brûle du pétrole, du gaz ou du charbon.
L'énergie **hydraulique** vient directement des chutes d'eau, et la **géothermie** de la chaleur de la Terre.

Économisons l'énergie !

L'énergie est précieuse. Certaines sources d'énergie, comme le pétrole, s'épuisent rapidement dans le sous-sol de notre planète.
C'est pourquoi il faut réduire nos consommations en énergie : à ton niveau, tu peux y participer.

Le savais-tu ?

L'énergie est tellement bien cachée qu'autrefois le mot « énergie » n'était pas utilisé. On se servait de mots comme *fluide*, *puissance* ou *feu* pour tenter de traduire les idées de chaleur et de mouvement liées à ce que nous appelons aujourd'hui l'*énergie*.

Une histoire **vraie**

C'est l'histoire d'un jeune homme passionné de sciences qui vivait à Genève il y a environ 250 ans. À 19 ans, il cherche à comprendre d'où vient la chaleur de la Terre. À l'époque, certains scientifiques pensent qu'elle vient de l'intérieur de la Terre et d'autres pensent qu'elle vient du Soleil.
D'après ce jeune homme qui s'appelait Horace Benedict de Saussure, elle est due au rayonnement du soleil, et l'atmosphère qui nous environne agit comme une serre géante.
Pour tenter de le prouver, il fabrique une caisse en bois qu'il recouvre intérieurement de plaques de liège noir ; il place par-dessus trois vitres superposées et il fixe des thermomètres entre chacune d'elles. Les vitres étant transparentes, il peut lire directement la température à l'intérieur de chaque compartiment.
Cette expérience ne lui permet pas de prouver complètement son idée de départ, mais il montre l'extraordinaire capacité du soleil à chauffer. Il a ainsi réussi à faire bouillir de l'eau et s'est même fait cuire un poulet !
Il aura aussi été le premier à faire un modèle en miniature du fameux « effet de serre » qui nous préoccupe aujourd'hui, mais sans lequel la vie sur la Terre ne serait jamais apparue !

Polluons moins !

Éoliennes, Espagne.

Chutes du Niagara, Canada.

La surconsommation d'énergie pollue l'air et contribue au réchauffement de la planète. Nos sociétés s'orientent de plus en plus vers des sources d'énergie renouvelables comme les chutes d'eau, le soleil ou le vent qui non seulement sont inépuisables, mais entraînent moins de pollution.

21. À quoi servent les éoliennes ?

• Je m'interroge

Sur la Terre, les ressources en pétrole s'épuisant, on cherche d'autres moyens pour produire de l'électricité. Les éoliennes permettent d'obtenir du courant électrique, donc de la lumière. Mais comment fait-on de l'électricité avec du vent ?

1 Qu'est-ce qui fait tourner les pales ?

2 Sais-tu quels sont les points communs entre un moulin et une éolienne. Quelles sont les différences ?

3 Pourquoi construit-on de plus en plus d'éoliennes au bord de la mer ou sur la mer ?

• Je cherche

1 Comment l'éolienne capte-t-elle le vent ?

Fabrique ton moulinet en suivant les instructions suivantes :

– démonte le moulinet de ton maître avec précaution ;
– liste sur ton cahier les différents éléments en indiquant leur fonction ;
– reporte les mesures nécessaires ;
– trace et découpe les matériaux ;
– assemble ton moulinet.

– Dans quel sens tourne-t-il ? Pourquoi ?
– Comment pourrais-tu le faire tourner dans l'autre sens ?
– Comment rendre son mouvement plus rapide ?
– Comment le rendre sensible à un vent faible ?

2 Comment l'éolienne fournit-elle de la lumière ?

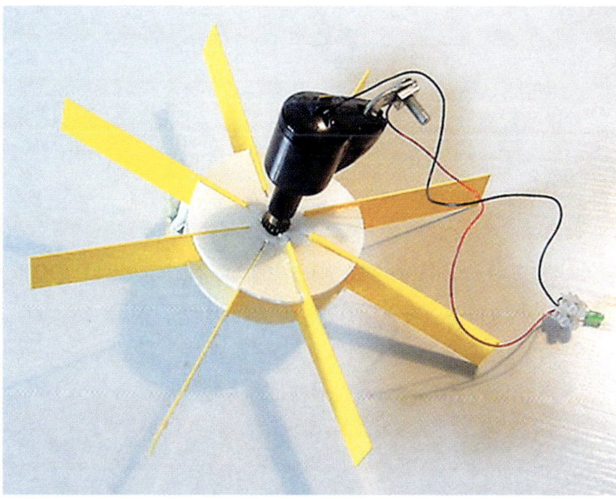

Pour comprendre comment l'éolienne fournit de la lumière, observe cette maquette.

– Décris ce que tu vois. Dresse la liste des éléments.
– Ce circuit ne possède pas de pile.
– Propose un moyen pour faire briller la petite lampe.

3 Comment s'éclaire-t-on sur une bicyclette ?

– Le phare de la bicyclette est-il toujours allumé ?
– Que se passe-t-il quand on roule plus vite ? Quand on roule moins vite ?

• Je comprends

1 Les éoliennes transforment l'énergie du vent en énergie électrique

• C'est le vent qui fait tourner les pales de l'éolienne. Celles-ci sont fixées sur un axe pour pouvoir tourner et sont légèrement inclinées pour offrir la meilleure prise au vent.

• Pour une efficacité maximale, les pales doivent être placées face au vent. C'est pourquoi la tête des éoliennes s'oriente automatiquement.

• En tournant, les pales entraînent l'**alternateur*** qui a le même rôle qu'une dynamo : il produit un courant électrique. Ce courant électrique est conduit par les lignes électriques et peut être utilisé ailleurs (pour faire fonctionner des lampes par exemple).

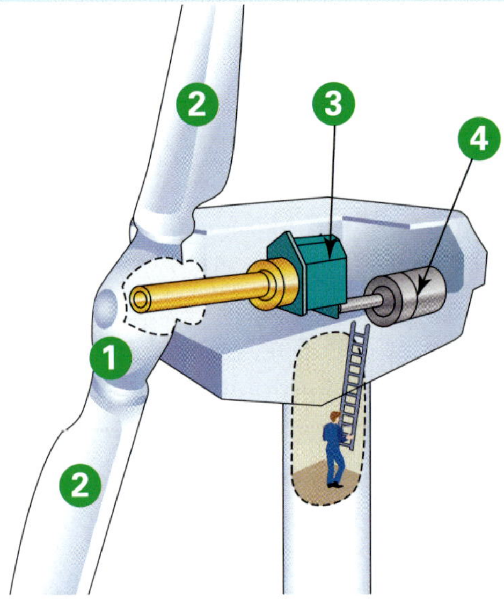

1 axe
2 pale
3 multiplicateur
4 alternateur

2 D'autres formes d'énergie que le vent

• Un **convertisseur*** peut transformer d'autres sources d'énergie propres en courant électrique. Les turbines des barrages ou des usines marémotrices sont également couplées à des alternateurs :

– Le mouvement de l'eau (chute d'eau ou marée) entraîne les pales comme dans l'éolienne.
– La **dynamo*** de la bicyclette produit du courant quand le cycliste pédale.

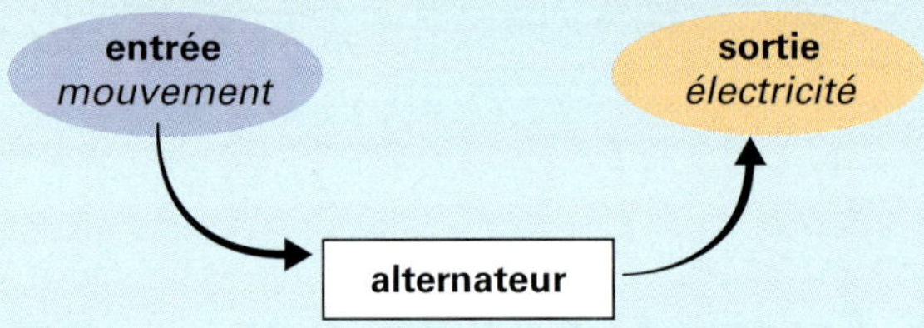

mon petit dico

Un **convertisseur** transforme une forme d'énergie en une autre forme d'énergie.
La **dynamo** d'une bicyclette est un convertisseur qui transforme le mouvement (c'est-à-dire de l'énergie mécanique) en courant électrique. Elle possède un galet qui frotte contre la jante ou le pneu arrière et qui produit le courant électrique.
L'**alternateur** d'une éolienne produit du courant qui est envoyé dans des transformateurs pour obtenir le courant du secteur (celui de la maison).

Le **Dieu Éole**

Fils de Poséidon, Éole est désigné par Zeus pour être l'intendant des vents. Il les tient enfermés et les libère selon sa volonté. Lorsque Ulysse fait escale chez Éole et se plaint que le manque de vent ralentit son voyage, Éole lui offre un pot en lui faisant promettre de ne pas regarder à l'intérieur. Mais Ulysse et ses marins sont curieux et persuadés qu'il contient de l'or ! Ils ôtent le couvercle et tous les vents se déchaînent, précipitant les malheureux vers les abîmes. Depuis, personne ne maîtrise plus les vents !

L'ÉOLIENNE EST L'HÉRITIÈRE DES ANCIENS MOULINS À VENT

Comme dans le moulin, on peut modifier l'orientation des pales des éoliennes (chaque pale sur son axe ou l'ensemble de la tête).

Les zones de **grand vent**

Cette carte indique les zones et les vitesses moyennes du vent correspondant au cours de l'année. Comprends-tu pourquoi on va construire des champs d'éoliennes en mer ? Il y a cependant peu d'éoliennes dans le Midi. Pourquoi ?

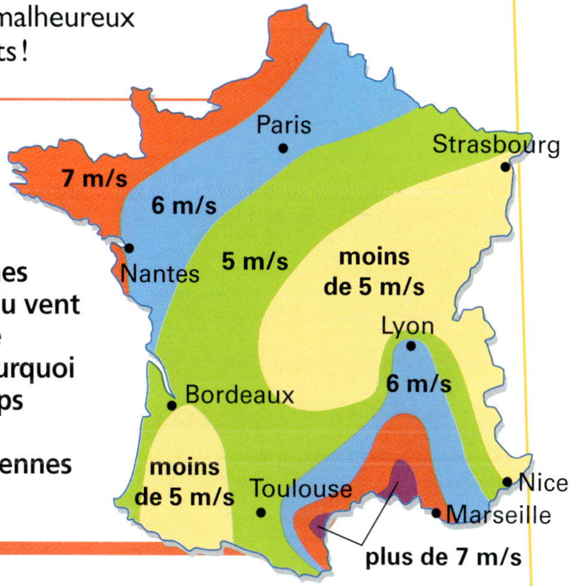

L'éolienne est **écolo !**

Le plus grand parc éolien de France, ouvert en 2005 en Haute-Loire, contient 26 éoliennes. Une éolienne peut alimenter 2 000 foyers en électricité. On favorise l'implantation d'éoliennes car c'est un mode de production d'électricité moins polluant que d'autres (unité 20). Mais, comme toute installation industrielle, les éoliennes induisent des nuisances, en particulier visuelles et sonores.

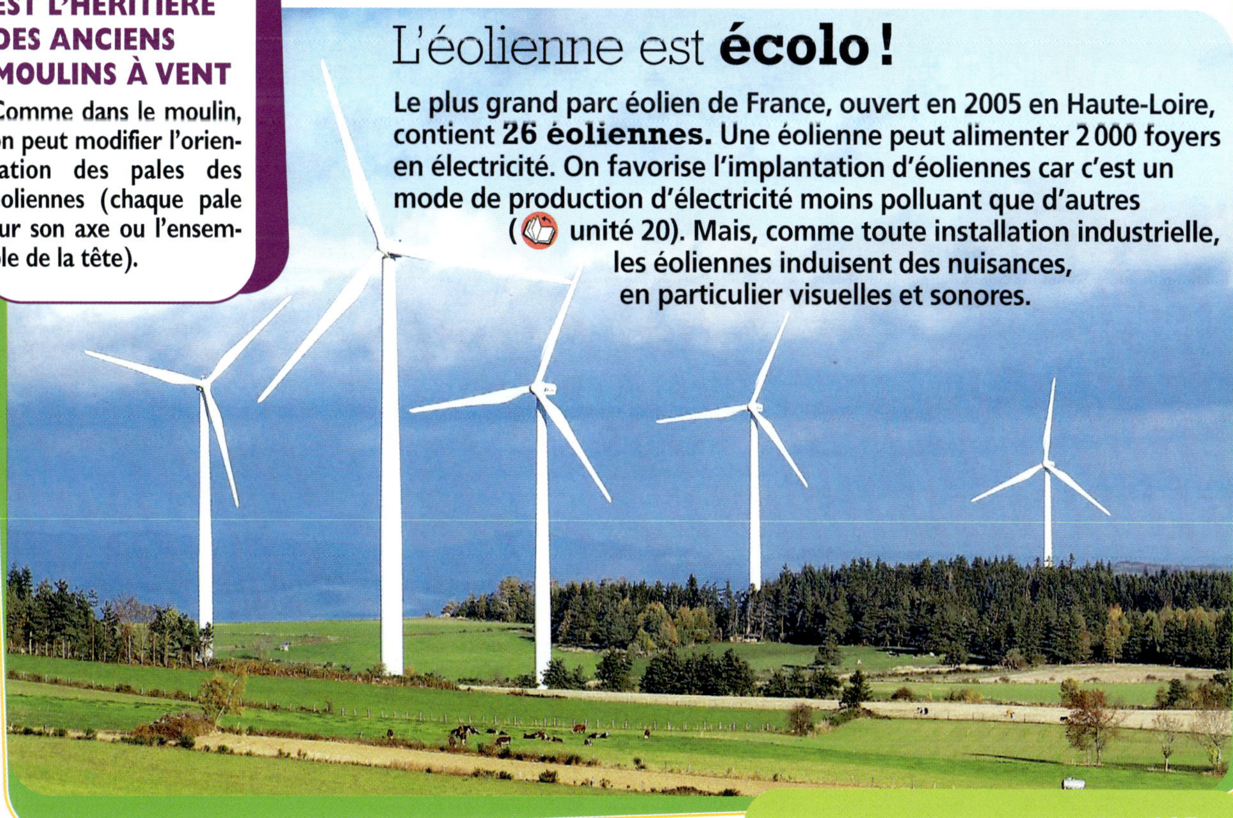

22. Les voitures changent-elles le climat ?

• Je m'interroge

**Depuis l'apparition de la vie sur Terre, le climat a beaucoup changé.
Ces changements semblent s'accélérer depuis ces 150 dernières années.
À cause de quoi ?**

1 En 1960, une voiture moyenne consommait 20 L au 100 km.
Aujourd'hui, elle en consomme moins de la moitié.
Comment peut-on expliquer que la pollution continue d'augmenter ?

1967

2006

2 Y a-t-il des liens entre la pollution, l'effet de serre et les changements climatiques ?

Sécheresse, Chili, 2007.

Inondation, Chine, 2006.

• Je cherche

1 Fabrique ta serre

Matériel :
- un plat à tarte rempli de terre ou de terreau;
- 3 thermomètres;
- 2 bouchons;
- de l'eau;
- un saladier transparent, assez grand pour se placer au-dessus du thermomètre;
- un endroit fermé où tu peux faire ton expérience derrière une vitre bien ensoleillée;
- ... du soleil !

a Mets un thermomètre à l'extérieur de la pièce (par exemple sur le rebord de la fenêtre).
Mets un thermomètre à l'intérieur de la pièce, toujours au soleil.
Mouille bien la terre et enfonce deux bouchons pour poser le troisième thermomètre en équilibre.
Attends pendant environ 20 minutes que toutes les températures des thermomètres se soient stabilisées.
- Qu'observes-tu ?

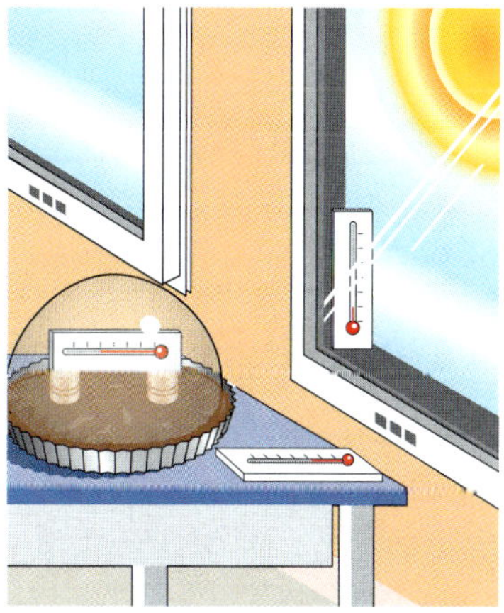

b Place ensuite le saladier au-dessus du thermomètre posé sur les bouchons et attends à nouveau entre 20 et 30 minutes.
- Qu'observes-tu ?

2 Qui « fait » le climat ?

a Sur ton cahier d'expériences, dresse la liste des éléments qui, d'après toi, déterminent le climat :
- la situation géographique (latitude – longitude);
- la topographie (montagne, plaine, bord de mer, etc.);
- la composition de l'atmosphère;
- la distance au Soleil;
- les phases de la Lune;
- les vents;
- les courants marins.

b Comment les voitures pourraient-elles changer le climat ?
- Écris tes hypothèses sur ton cahier.

c Y a-t-il d'autres « choses » qui pourraient le changer ?
- Écris tes hypothèses sur ton cahier.

• Je comprends

1 L'effet de serre : un atout pour la Terre

• En raison de sa distance au Soleil et de son **atmosphère***, la Terre est une planète sur laquelle règne une température qui permet l'existence d'eau liquide.
• L'atmosphère qui entoure la Terre a le même effet que la vitre derrière laquelle tu as réalisé ton expérience. Grâce à certains gaz « à effet de serre (GES) », elle retient la chaleur rayonnée par la Terre. Ces GES sont principalement le dioxyde de carbone (CO_2), le méthane (CH_4), l'ozone et la vapeur d'eau.
• Si l'effet de serre n'existait pas, la Terre aurait une température moyenne de –18 °C. La vie ne serait donc pas possible. Cet effet de serre naturel est indispensable.

2 L'augmentation de l'effet de serre : une menace pour la Terre

• L'augmentation de la quantité de gaz à effet de serre dans l'atmosphère (effet du saladier dans l'expérience) a pour conséquence une augmentation artificielle de la température. Les conséquences de cette augmentation sont importantes : fonte des glaces et élévation du niveau des océans, changement de la quantité de nuages formés, répartition différente des pluies et accentuation des précipitations.
• La circulation automobile est responsable de dégagement de dioxyde de carbone et participe au changement climatique.

3 Les voitures sont loin d'être les seules coupables

• Sur ce graphique, on peut voir que toutes les activités humaines produisent des GES et donc participent aux changements climatiques.
– Les activités industrielles (exploitations de matières premières, transformations, productions) ;
– Les activités liées à notre vie professionnelle ou privée (transports, chauffage, utilisation d'énergies) ;
– Les activités agricoles (défrichement, élevage, cultures).

Émissions de gaz à effet de serre en France en 2006

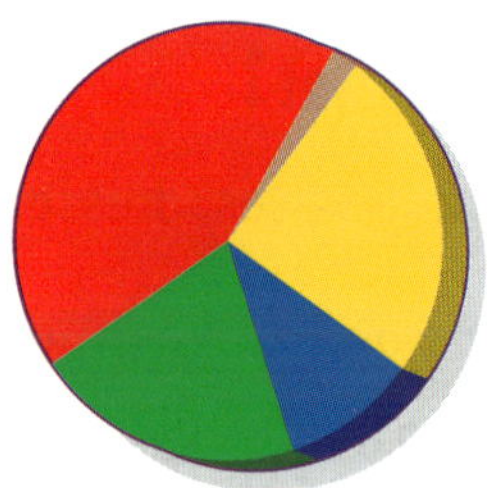

Source : Agence de l'environnement et de la maîtrise de l'énergie, 2006.

mon petit dico

L'**atmosphère** de la Terre est composée de gaz. Parmi ceux-ci on trouve, sans compter la vapeur d'eau, environ 78 % d'azote, 21 % d'oxygène, 1 % d'argon. Le dioxyde de carbone ne s'y trouve qu'à raison de 0,03 %.

Un **pot catalytique** est une « chambre » que traversent les gaz d'échappement avant de sortir par le tuyau d'échappement. Cette chambre est faite en céramique et tapissée de divers métaux précieux qui vont, par un procédé chimique (catalyse), transformer les gaz les plus toxiques en éléments moins toxiques.

• Je vais plus loin

La **voiture** ne pollue pas que l'air !

En France, la voiture pollue depuis sa fabrication jusqu'à sa destruction :

Quelques mesures ont été prises pour limiter ces pollutions :

❶ Installation de pots d'échappement catalytiques* et utilisation d'essence sans plomb pour réduire le dégagement de plomb.

❷ Installation de filtres à particules pour diminuer la production de poussières.

❸ Invention de nouveaux carburants : le biogaz (gaz produit par la décomposition des déchets ou par les élevages), l'électricité, la pile à combustible (hydrogène) ou des biocarburants (biodiesel issu d'huiles végétales ou bioéthanol, alcool issu de la fermentation des plantes).

❹ Des contrôles de vitesse et d'alcoolémie fréquents pour réduire les accidents.

Mais la voiture réellement écologique ne peut pas exister, car le simple fait de la construire pollue ! (unité 3)

La **photosynthèse… notre sauveur ?**

La photosynthèse est le procédé régulateur que la nature a créé pour équilibrer la quantité d'oxygène (O_2) et de dioxyde de carbone (CO_2) à la surface de la Terre. En absorbant du CO_2 et en rejetant de l'O_2, les plantes, y compris le plancton des mers, régulent l'effet de serre. Comme les hommes déforestent énormément tout en créant des voitures, des avions et des industries émettrices de CO_2, l'équilibre n'est plus possible.

Le protocole de **Kyoto**

L'Organisation des Nations unies, réunie à Kyoto, au Japon, en 1997, a fait signer à certains pays membres un accord visant à réduire les émissions de gaz à effet de serre. Malheureusement, aucun pays n'a encore réussi à tenir ses engagements…
Les États-Unis refusent de s'engager et préfèrent acheter des « permis de polluer » aux pays pauvres.
Les pays en développement, comme l'Inde et la Chine, refusent de faire des efforts si les pays riches ne donnent pas l'exemple…

23. Que signifie « être écocitoyen » ?

• Je m'interroge

Imagine un parc ou un jardin public où tu pourrais marcher pieds nus sans avoir peur de te couper sur un bout de verre cassé, et sans entendre des bruits de moteurs. Peut-on réaliser ce rêve ?

1 As-tu déjà pensé à ce que deviennent les déchets ménagers ?

2 Sais-tu comment a été fabriquée la cannette dans laquelle se trouve ta boisson favorite ?

3 Pourquoi choisis-tu de boire de l'eau du robinet ou de l'eau en bouteille ? À cause de son goût, de sa qualité, de son coût écologique, de la mode ?

4 Sais-tu pourquoi il faut économiser l'eau même dans les pays où il pleut beaucoup ?

Je cherche

1 Es-tu un écocitoyen ?

Pour chacune de ces propositions, réponds « moi aussi » ou « moi pas » sur ton cahier.

	moi aussi	moi pas
a Quand je déballe un chocolat dans la rue, je jette le papier par terre. C'est bien, car il y a des gens payés pour balayer et si je ne le fais pas, ils n'auront plus de travail.		
b Quand je me brosse les dents, je laisse couler l'eau car je n'aime pas voir la mousse coller au fond de l'évier.		
c Je n'aime pas aller à vélo ou à pied à l'école car c'est dangereux et fatigant. Je n'aime pas non plus le bus car on y est trop serré et il faut se lever pour les personnes âgées.		
d Je ne trie pas les déchets. C'est compliqué et ça ne sert à rien.		
e Dans ma chambre, ma stéréo est toujours en veille, comme ça je n'ai pas besoin de me déplacer pour l'allumer et l'éteindre, je peux le faire avec la télécommande.		

2 Petits calculs intéressants

1 La quantité d'eau indispensable à la survie d'une personne adulte est de 1 000 litres par an.
Si tu te brosses les dents en laissant couler l'eau, tu gaspilles 15 litres d'eau à chaque fois.
Léo ne ferme jamais le robinet quand il se lave les dents, il se lave les dents le matin et le soir.

a Calcule combien de litres Léo gaspille en 1 an.

b Combien d'années une personne pourrait-elle vivre avec cette eau ?

2 La consommation d'électricité

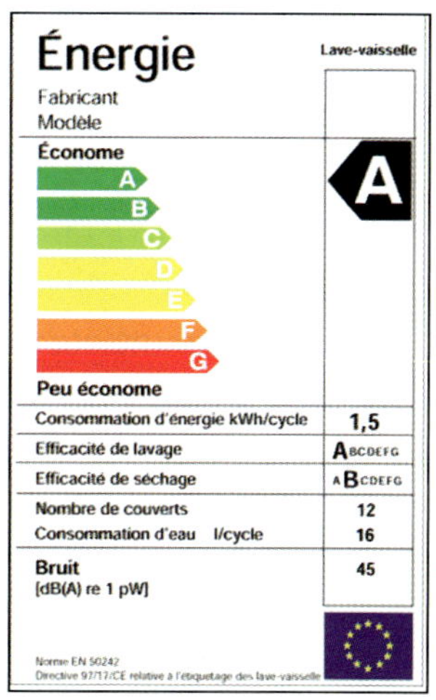

a Compte le nombre d'appareils qui sont en veille chez toi et dresses-en la liste sur ton cahier.

b Est-il vraiment utile de laisser un appareil en veille ?

c Cette étiquette est présente sur tous les appareils ménagers.
• À quelle catégorie appartiennent les appareils les plus économes ?
• D'après toi, pourquoi est-on parfois amené à acheter un appareil moins économe ?

• Je comprends

1 Être citoyen

• Être citoyen, c'est appartenir à une société. Un citoyen a des droits, comme les « droits de l'homme », mais aussi des devoirs. Ses droits lui garantissent une liberté et une reconnaissance. Il peut par exemple élire et voter.
Ses devoirs sont par exemple : se respecter, respecter les autres, être solidaire des autres...

• On ajoute à cette définition la responsabilité : le citoyen doit être conscient des conséquences de ses actions et de ses décisions et doit agir pour le bien du plus grand nombre et pas seulement pour lui.

2 Être écocitoyen

• Être écocitoyen, cela consiste à penser que l'homme est de passage sur la Terre. Il fait attention à son environnement, le protège et le préserve pour le transmettre aux générations futures en bon état.

• Il a conscience que certains gestes, certaines actions ou certaines décisions ont des conséquences négatives (pollutions, dégradations, gaspillage, etc.) et il décide d'agir.
Ces décisions ne portent pas seulement sur la nature, elles ont aussi un impact social et économique.

mon petit dico

Le **PET** (téréphthalate de polyéthylène) est le plastique utilisé pour fabriquer les bouteilles en plastique. Il ne peut pas être recyclé, c'est-à-dire refondu pour en refaire des bouteilles, mais il peut être transformé en matière synthétique, notamment pour fabriquer les « fourrures polaires ».

L'**empreinte écologique :** nos habits, notre technologie, nos transports, notre façon de nous nourrir nécessitent beaucoup de matières premières et d'énergie. Souvent beaucoup plus que ce que la planète peut offrir !
Par exemple, si tous les habitants de la Terre vivaient comme les Français, il faudrait trois Terre ! L'empreinte écologique nous permet d'évaluer la surface terrestre (en hectares productifs) nécessaire à une population pour satisfaire durablement ses besoins et absorber les déchets qu'elle produit.

• Je vais plus loin

Trier pour **recycler**

Actuellement, la majeure partie de ces déchets sont mis en décharge ou incinérés. Pourtant, la moitié est recyclable. Il est donc très important de pratiquer un tri correct pour ne pas perdre les matières premières que ces objets contiennent.

Freiner la consommation

Enfant tisserand, Inde.

Le tri et le recyclage des déchets, c'est bien, mais **la «non-consommation» c'est mieux!**
En effet, la fabrication pollue et exige, dans certains pays, le travail d'enfants mineurs.

PRENONS L'EXEMPLE DE L'EAU MINÉRALE :

On utilise un produit issu du pétrole (**PET***) pour fabriquer les bouteilles.

On utilise des transports pour acheminer les bouteilles.

On construit des hangars pour les stocker… L'eau du robinet est d'excellente qualité et presque gratuite, alors économisons l'énergie et notre argent.

Changer ses **habitudes ?**

Toutes tes actions ont une répercussion sur l'environnement.
Pour savoir si ta manière de vivre est bonne pour la planète Terre, tu peux calculer ton «empreinte écologique*» sur :
www.wwf.fr
www.agir21.org
www.notre-planete.info

Découvre les écogestes que tu peux réaliser chaque jour !
www.ecogestes.com
www.paris.fr/portail/Environnement
www.sipperec.fr

Jean-Louis Étienne, le Robinson de Clipperton

Cinq mois sur une île déserte, en plein Pacifique, à 1 000 km du premier port… L'explorateur a vécu une expérience inédite. Ses motivations ? 100 % écolos.

Pourquoi avez-vous organisé l'expédition Clipperton 2005 ?
Par sa position dans l'océan et l'absence d'occupation humaine, l'île de Clipperton est à la fois unique du point de vue écologique et menacée par la pêche intensive et la pollution. C'est pourquoi j'ai organisé une mission avec une quarantaine de chercheurs, qui se sont relayés et ont réalisé un inventaire complet. […]

Où se situe exactement cet îlot ?
L'îlot de Clipperton est un petit atoll corallien perdu au milieu du Pacifique est. Avant de prendre le nom d'un corsaire anglais qui y aurait caché un trésor, les marins français qui l'ont découvert en 1711 l'avaient baptisé « l'île de la Passion ». Distante, à l'ouest, de 5 000 km de Tahiti, l'île est située à 1 200 km à l'est du port le plus proche : Acapulco, au Mexique. […]

Quels sont les principaux animaux qu'on trouve sur Clipperton ?
L'atoll de Clipperton, c'est le paradis des animaux, notamment des oiseaux marins et des crabes. Frégates noires, sternes, fous de toutes sortes – masqué, à pattes rouges, à pattes vertes. On y voit des centaines de milliers d'oiseaux. Clipperton est l'endroit au monde où nichent le plus grand nombre de fous masqués avec 125 000 couples, de splendides volatiles avec leurs yeux jaunes sous un masque noir.

Comment les oiseaux survivent-ils dans des conditions si arides ?
Les parents sont très organisés. Quand l'un reste pour protéger le poussin des rayons du soleil, l'autre part en mer chercher de la nourriture. En temps normal, il ramène dans son estomac calamars et poissons volants. Mais quand, au large

de Clipperton, il y a surpêche de poissons [...] les fous doivent aller jusqu'à 300 km pour s'alimenter. [...]

Que va devenir Clipperton ?

Cette île est fragile. Ses eaux sont pillées par les pêcheurs de thons, ses plages sont polluées. Il est plus qu'urgent de protéger ce joyau de la nature et de la biodiversité. Aujourd'hui, sa protection se concrétise : désormais, toute pêche est interdite dans une couronne de 6,5 km, et dans une zone de 19,3 km si elle est pratiquée avec de larges filets. Si les pêcheurs la respectent, Clipperton devrait devenir une nurserie protégée. Je m'emploie à chercher des financements pour établir une station de veille écologique. ◆

D'après le texte de Denis Sergent

Questions

1. **De quoi parle ce texte ?**
2. **De quel type de texte s'agit-il ? Qui pose les questions ? De quelle publication est-il extrait ?**
3. **Sais-tu qui est Jean-Louis Etienne ? Sinon, fais une recherche sur Internet ou en bibliothèque.**
4. **Localise l'île de Clipperton sur un planisphère.**
5. **Quels sont les principaux animaux qui habitent Clipperton ? Fais une recherche pour mieux les connaître.**
6. **Explique comment ils nourrissent leurs petits. À quelle difficulté sont-ils parfois confrontés ?**
7. **Quels étaient les dangers qui menaçaient Clipperton ? La situation a-t-elle évolué ?**

Le Père Tire-Bras

Parce qu'il a fait pipi dans son eau, le monstre de la rivière a entraîné Olivier dans son antre...

Le visage du Père Tire-Bras était à moitié pourri, un de ses yeux pendait comme une ampoule à un fil électrique. Il n'avait pas une seule dent, et on aurait dit qu'une souris avait grignoté une de ses oreilles. Il a toussé.

– Je t'en donnerai, moi, du pipi ! Ma rivière n'est pas assez polluée comme ça ?

– Vous… vous êtes le Père Tire-Bras ? (…) Qu'est-ce que vous voulez ?

– Il y a trente ou quarante ans, le problème aurait été vite réglé. Je t'aurais bouffé. Oui, bon, fais pas cette tête. T'es pas au courant ? Le Père Tire-Bras, y boulotte les petits enfants. (…) Ah oui ! Je devrais te becqueter. Mais je peux plus. Je peux plu-u-u-us !

Sa voix s'est cassée, et le monstre s'est mis à pleurer comme un veau.

– La pollution, mon garçon, la pollution ! Avec toutes les saletés qu'ils déversent dans la Beuve, les engrais, les égouts, les pesticides, c'est plus une rivière, c'est un dépotoir… Et voilà dans quel état ça m'a mis. T'as vu ma bouche ? (…)

– Donc vous ne pouvez plus me manger ?

– Tu vas finir par me vexer. Dis tout de suite que ça te plaît pas ! Que c'est pas coquet ! (…)

Le Père Tire-Bras me regardait en ricanant. Ça m'a énervé.

– M'en fiche. Dès que vous ne regarderez pas, je ferai pipi dans votre Beuve, là.

– Je te ferai remarquer, cher ami, que c'est tout ce que tu auras à boire ici, pendant un bail… Enfin, si tu vis assez longtemps pour ça. Cette atmosphère humide, c'est très mauvais pour les bronches d'un petit garçon.

– Père Tire-Bras, j'ai une idée. (…) Vous me faites remonter là-haut, sur la berge, et je jure de tout faire, dans les années à venir, pour combattre la pollution de la Beuve. Je vous rendrai votre eau propre. (…)

Il a tourné, il a grognonné, il a reniflé, et puis il m'a demandé, en criant :

– Tu jures ? Tu jures que tu feras ça ? La Beuve sera propre ?

– J'ai déjà juré. Je n'ai qu'une parole. (…)

Il m'a fallu vingt-trois ans, vingt-trois ans à me démener, à aller voir les maires des villages bordant la Beuve, les patrons des usines, les cultivateurs, vingt-trois ans d'acharnement pour rendre à la rivière sa propreté d'antan. (…)

Je suis revenu au fond du jardin, près de l'eau.

– Père Tire-Bras ? Père Tire-Bras… Pèèère Tire-Bras ?

Pas de réponse. Je me suis senti stupide, moi et mes trente et un ans, à parler tout seul ; tout cela n'avait été qu'un rêve d'enfant. J'ai haussé les épaules, et tourné les talons.

Les mains griffues m'ont rattrapé alors que j'étais déjà loin de la berge.

Il n'avait plus l'œil pendant, ni le visage en marmelade, le Père Tire-Bras. En pleine forme, le monstre. (…)

– Vingt dieux mon gars ! Je pète la santé ! Regarde, je suis pas magnifique ? (…) Dans la semaine, je me boulotte mon premier gamin ! ◆

Jean-François Chabas, *Le Père Tire-Bras*,

Questions

1. **Comment s'appellent les deux personnages de ce texte ? Qui sont-ils ? Qu'est-ce que la Beuve ?**
2. **Quelles sont les deux parties du texte ? Combien y a-t-il d'années entre les deux ?**
3. **Dans la première partie, pourquoi le Père Tire-Bras est-il mal en point ?**
4. **Quel « contrat » Olivier passe-t-il avec le Père Tire-Bras ? Réussit-il dans sa mission ?**
5. **Cette histoire est-elle vraie ? Que veut dire l'auteur ?**

VIVANT ET ENVIRONNEMENT

Abeille butinant une fleur.

24. Comment classer les êtres vivants ?

• Je m'interroge

Au bord de la mer, près d'un étang, dans un jardin à la campagne, en forêt... partout, tu rencontres des êtres vivants très divers. Sais-tu comment les classer ?

1 Qui sont tous les êtres vivants de ces photographies ?
À quel groupe d'êtres vivants appartiennent-ils ?
Y a-t-il des liens de parenté entre eux ?

• Je cherche

1 Identifier des êtres vivants

Identifier un être vivant, c'est rechercher qui il est et lui trouver un nom.

Identifie chacun des êtres vivants représentés sur les photos de la page ci-contre, en les associant à un des noms suivants :

MOUCHE CHAT CHEVAL

POMMIER PIGEON MERLE

2 Utiliser des critères communs

Classer des êtres vivants, c'est les regrouper selon un critère.

a Par petits groupes d'élèves, classez les animaux identifiés dans l'activité 1, selon l'endroit où ils habitent, en écrivant leur nom dans un tableau.
Comparez cette classification avec celle des autres groupes pour corriger et valider puis reproduisez le tableau ci-dessous sur votre cahier.

Animal	Habitat
Cheval	
Chat	
Merle	
Mouche	
Pigeon	

b Par petits groupes d'élèves, classez ces animaux selon ce qu'ils ont en commun.
Pour cela :

- Faites la liste des caractères que vous pouvez observer chez les animaux : poils, plumes, nombre de pattes, museau, bec... ;
- Choisissez des caractères en commun qui permettent de faire des groupes ;
- Écrivez, pour chaque caractère, la liste des animaux ;
- Faites des groupes : attention, chaque animal ne peut être cité qu'une seule fois.

Comparez cette classification avec celle des autres groupes d'élèves pour corriger et valider puis reproduisez le tableau sur votre cahier.

• Je comprends

1 La diversité des êtres vivants

Depuis que l'Homme existe, il cherche à nommer tous les êtres vivants qui l'entourent. On donne le même nom à tous les êtres vivants d'une même **espèce*** (unité 25). Par exemple, la jument, l'étalon et le poulain sont appelés chevaux.
Parfois, il est difficile de penser que des êtres vivants sont de la même espèce car ils se ressemblent peu : par exemple, la grenouille et ses têtards.
En général, des êtres vivants sont de la même espèce s'ils peuvent avoir des petits ensemble. Par exemple il y a une seule espèce de chats (ils peuvent tous se reproduire ensemble) mais il existe des centaines d'espèces de mouches (elles ne peuvent pas toutes se reproduire ensemble).

2 Le classement scientifique des espèces

Il existe des millions d'espèces vivantes animales et végétales : c'est la **biodiversité***. Pour se repérer, les scientifiques classent les êtres vivants dans des groupes (les mammifères, les insectes…). Il existe plusieurs façons de classer les êtres vivants, mais la classification scientifique actuelle utilise l'idée suivante : tous les êtres vivants d'un même groupe partagent des **caractères*** communs.
Par exemple, un chat et un pigeon possèdent un squelette interne fait d'os : ils appartiennent au groupe des vertébrés. Une mouche ne fait pas partie de ce groupe.

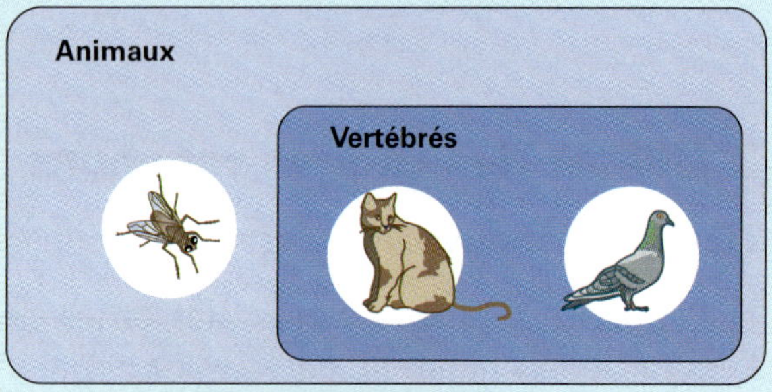

On peut classer les êtres vivants dans des groupes emboîtés.

3 La parenté des êtres vivants

Certains êtres vivants ont plus de points communs entre eux qu'avec les autres. Par exemple, un chat et une vache possèdent un squelette interne fait d'os, ont quatre membres et allaitent leurs petits. Ils appartiennent au groupe des mammifères. Ils sont plus proches entre eux que le chat et le pigeon. On dit qu'ils sont plus proches parents.

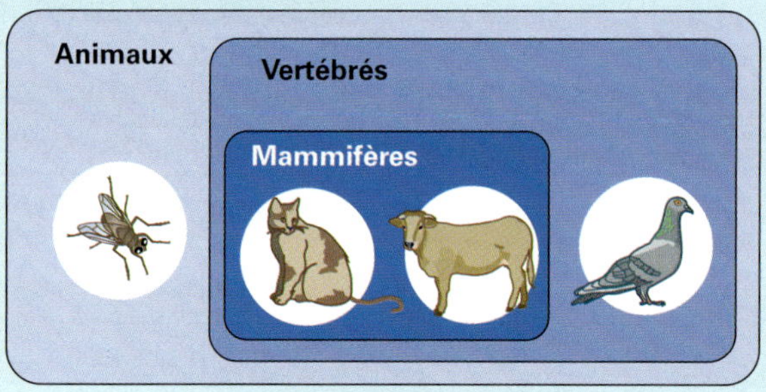

Deux êtres vivants dans une même boîte sont plus proches parents qu'avec les êtres vivants des autres boîtes.

mon petit dico

Espèce : ensemble d'individus semblables par leurs aspects et leurs comportements et qui sont capables de se reproduire entre eux.

Caractère : trait distinctif qui sert à décrire l'animal : par exemple le nombre de pattes, la présence de plumes, la présence de poils.

Biodiversité : *bios* signifie « vie » en grec. La biodiversité est la diversité au sein du monde vivant.

Pullulation : trop importante multiplication d'animaux.

• Je vais plus loin

Des noms scientifiques universels

Cet arbre, vivant dans des endroits humides, a un nom différent en fonction des régions ou des pays : il est appelé verne, berne, gwern, ou aulne. Pour les scientifiques, il n'était pas pratique d'avoir plusieurs noms pour la même plante. C'est pourquoi, depuis le XVIIIe siècle, ils ont mis au point un système d'appellation universel. Chaque plante est désignée par deux mots : un genre spécifié et un nom d'espèce en latin.
Ainsi l'aulne s'appelle l'*Aulna glutinosa* pour tous les scientifiques de tous les pays.

Des noms communs

Les noms des plantes ont parfois une origine charmante.

Le « coucou » fleurit au printemps, au moment où l'oiseau coucou chante.

La campanule a une forme de campanile (un clocher).

Il y a environ 375 000 espèces de plantes, plus de 1 000 000 d'espèces animales, mais il n'y a qu'une seule espèce humaine.

Nous n'avons pas encore découvert toutes les espèces. Grâce à des explorations, les scientifiques continuent à en découvrir, à leur donner un nom et à leur trouver une place dans la classification en les comparant avec d'autres espèces.

Attention danger pour la diversité !

Cet énorme crapaud, à la peau marron et pleine de boutons, pèse plus de 2 kg.
Au XIXe siècle, il a été introduit par les hommes dans différentes îles des Antilles pour lutter contre des coléoptères qui ravageaient la canne à sucre. Il s'y plaît tellement qu'il envahit tout. Il dévore tout sur son passage : des insectes, des rongeurs et même des oisillons car il n'a pas de prédateur naturel dans ces îles (unité 33).
Ces modifications de l'environnement imposées par les hommes peuvent conduire à la disparition de certaines espèces animales et végétales ou à la **pullulation*** d'autres : il y a alors beaucoup moins de diversité.

25. Pourquoi les girafes ont-elles un long cou ?

• Je m'interroge

Les êtres vivants n'ont pas toujours été semblables à ceux qui vivent actuellement ! Chaque espèce a une longue histoire. Quelle est l'histoire de la vie ?

1 Est-ce que les girafes ont toujours eu un long cou ?

2 Ces oiseaux sont-ils tous de la même espèce ?

3 Reconnais-tu les êtres vivants représentés sur ce dessin ? À quelle période vivaient-ils ? Depuis quand existe-t-il de la vie sur la Terre ?

Dans la mer, il y a 530 millions d'années

• Je cherche

1 Un calendrier de l'histoire de la Terre

– Que représentent ces deux documents ?
– Quelle est la différence entre ces deux frises ?

Frise 1 : L'histoire de la vie en un an (1 mois = 300 millions d'années)

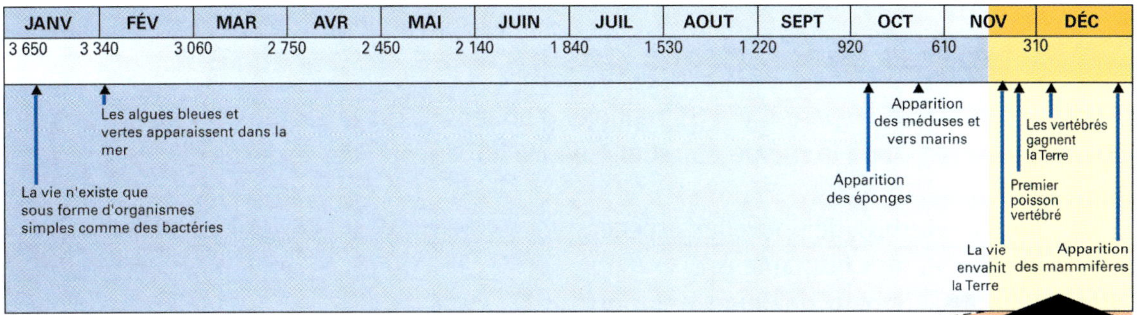

Frise 2 : Les six dernières semaines de cette année (1 jour = 10 millions d'années)

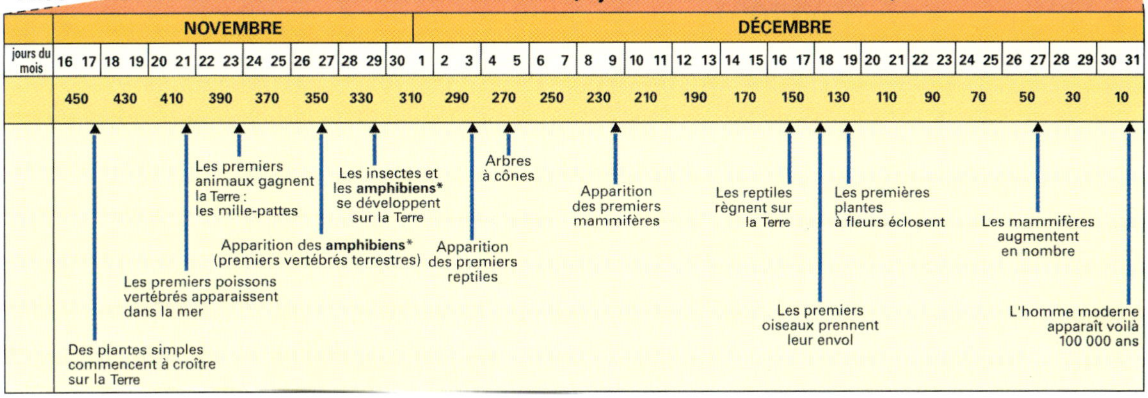

– Grâce aux frises et à la vignette distribuées par le maître, réponds aux questions suivantes :

a **Frise 1 :** De quand datent les formes de vie les plus anciennes ? Dans quel milieu vivaient-elles ?
Le dessin de la page ci-contre représente la vie dans la mer il y a 530 millions d'années.
– Colle la vignette réduite de ce dessin au bon endroit.
– Quel âge ont les plus vieux vertébrés ?
– Entoure en vert le repère indiquant que la vie envahit la Terre.

b **Frise 2 :** Entoure en vert le repère indiquant que la vie végétale est sortie des eaux.
– Entoure en rouge le repère indiquant que la vie animale est sortie des eaux.
– Entoure en jaune le repère indiquant que des amphibiens (premiers vertébrés) ont conquis la Terre.

c Les dinosaures ont disparu il y a 65 millions d'années.
– Écris cette information à la bonne place sur la bonne frise.

d Que penses-tu de l'âge de l'espèce humaine ?

• Je comprends

1 L'histoire de la vie est longue

• La vie sur notre planète existe depuis plus de 3 milliards d'années. Les premiers êtres vivants étaient **microscopiques***, ils peuplaient les océans.
• La plupart des espèces qui occupaient la Terre, il y a 65 millions d'années, n'existent plus aujourd'hui.

2 Des espèces apparaissent, des espèces disparaissent

• Les dinosaures ont disparu il y a 65 millions d'années. C'est le cas de 80 % des espèces qui vivaient avec eux à la même époque. Aujourd'hui encore, des espèces disparaissent régulièrement.
• Dans le même temps, de nouvelles espèces apparaissent. L'espèce humaine est apparue il y a seulement quelques millions d'années, ce qui est très peu par comparaison avec la longue histoire de la vie.

L'histoire de la vie en un an (1 jour = 10 millions d'années)

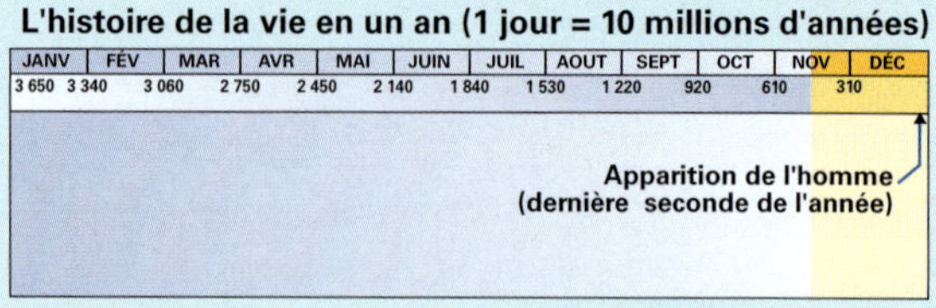

3 Des espèces changent

• Depuis leur apparition, les animaux et les végétaux subissent les changements de leur environnement.
Au fil du temps et des générations, seules les formes vivantes les mieux adaptées subsistent : c'est la sélection naturelle.
Cette sélection conduit à des transformations des espèces : c'est l'évolution biologique.
• On pense qu'il y a 15 millions d'années, les ancêtres des girafes étaient des animaux petits et graciles, ressemblant un peu à l'okapi actuel.
Dans cette **population*** d'individus, certains avaient le cou plus long que d'autres.
Ils furent avantagés pour attraper le feuillage situé sur les branches des arbres.
Ces animaux, qui pouvaient mieux se nourrir, ont été sélectionnés naturellement et se sont reproduits davantage. L'avantage procuré par le long cou a été transmis aux descendants : les animaux des populations successives ont eu le cou de plus en plus long...

mon petit dico

Microscopique : se dit d'un objet ou d'un animal tellement petit qu'il faut un microscope pour pouvoir l'observer.
Amphibien : désigne la classe d'animaux vertébrés qui vivent à la fois dans l'eau et sur les berges, mais se reproduisent uniquement dans l'eau. Les grenouilles et les crapauds sont des amphibiens.
Population : ensemble des animaux ou des végétaux d'une même espèce vivant sur un même territoire.

• Je vais plus loin

L'épopée des reptiles

Les œufs des amphibiens sont fragiles. Leur peau très mince doit être mouillée en permanence. Ces animaux sont dépendants du bord des lacs ou des rivières depuis des millions d'années.
Il y a 330 millions d'années, quelques amphibiens se sont cependant aventurés sur la terre ferme et les plus résistants ont survécu : ce sont les animaux à la peau plus épaisse, avec des œufs protégés par une coquille, qui ont donné naissance aux reptiles. Les reptiles ont ensuite dominé le monde pendant plus de 100 millions d'années (unité 26).

Œuf de bébé dinosaure

QCM

Pourquoi les girafes ont-elles un long cou ?

RÉPONSE A
Parce qu'elles sentent des pieds.

RÉPONSE B
Parce que c'est un avantage pour elles.

RÉPONSE C
Parce que ce sont les ancêtres de girafes au cou plus long qui ont eu plus de descendants.

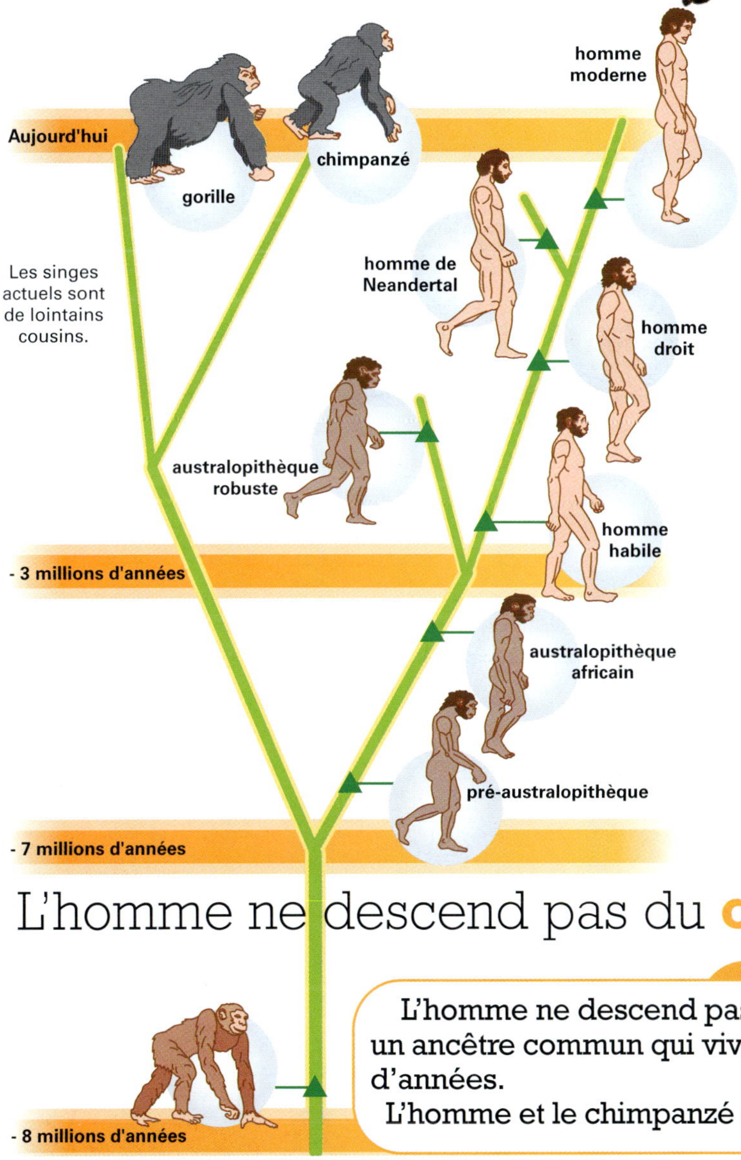

Les singes actuels sont de lointains cousins.

L'homme ne descend pas du chimpanzé

L'homme ne descend pas du chimpanzé, mais ils ont un ancêtre commun qui vivait il y a environ 8 millions d'années.
L'homme et le chimpanzé sont donc de **lointains cousins.**

26. Que lit-on dans les pierres ?

• Je m'interroge

Sur certaines pierres, on peut observer des drôles de traces. Que sont ces traces ? Que racontent-elles ?

1 Que sont ces traces sur cette roche ? D'où proviennent-elles ?

2 Qu'est cette « coquille » photographiée ? En quelle matière est-elle ? Comment se forment des fossiles ?

3 Les dinosaures ont-ils vraiment existé ? Est-ce que des hommes ont pu les rencontrer ?

4 À quel animal ces traces font-elles penser ?

Je cherche

1 Peut-on fabriquer des fossiles ?

a Mélange du plâtre avec de l'eau jusqu'à obtenir un mélange **homogène***.
L'eau représente le milieu de vie des coquillages et le plâtre représente des **particules*** de sable ou d'argile apportées par un fleuve.

Matériel :
- une bouteille d'eau minérale vide coupée au niveau du goulot,
- du plâtre,
- des coquillages,
- des os de poulet ou des branchages.

b Verse un peu du mélange dans la bouteille, puis laisse tomber quelques coquillages. Verse sur ces coquillages une deuxième couche du mélange puis de nouveau des coquillages. Continue autant que tu le peux.

c Laisse sécher 24 heures puis brise ton plâtre durci en morceaux.
Observe les moulages internes et externes de tes coquillages.
En quoi, dans la réalité, les fossiles sont-ils différents des empreintes que tu as réalisées ?

2 Le premier oiseau

L'observation de plusieurs fossiles, comme celui de la page ci-contre, a permis aux scientifiques de reconstituer cet animal. Il a vécu il y a 160 millions d'années et a été baptisé *Archéoptéryx*, qui signifie « ancien oiseau ».

a Observe bien cette représentation.

b Dans ton cahier, écris les points communs et les différences entre cet animal et un oiseau.

• Je comprends

1 Les fossiles : pierres témoins du passé

• Un fossile est le reste ou l'empreinte dans une roche, d'une forme animale ou végétale qui existait à l'époque de la formation de cette roche.
• La plupart des fossiles se sont formés au fond des lacs et des mers. Ainsi, lorsqu'un géologue retrouve des fossiles d'huîtres en pleine montagne, il sait que, dans le passé, cet endroit était un bord de mer.
En page 126, photo **1** : fossile de fougère, photo **2** : ammonite, photo **3** : Jurassic Park, photo **4** : *Archéoptéryx*.

2 La formation des fossiles

1 Des animaux et des végétaux vivent dans l'eau et sur la terre.

2 La plante ou l'animal mort s'est déposé au fond de l'eau. Les parties tendres se sont décomposées. Les parties dures comme les nervures des feuilles, le squelette ou la carapace de l'animal sont restées.

3 Pendant des milliers d'années, ces restes ont été recouverts par plusieurs couches de vase. Puis cette vase contenant les restes de l'animal ou du végétal s'est transformée en roche : un fossile s'est formé.

4 Avec le temps, la mer s'est retirée ou le lac s'est asséché, la roche a émergé du fond. L'**érosion*** a usé cette roche qui protégeait les fossiles.

5 Le scientifique a découvert le site à fossiles. Il extrait avec précaution le fossile et le reconstitue.

mon petit dico

Érosion : L'eau, le vent et le gel usent peu à peu les roches qui sont émergées : c'est l'érosion.

Homogène : dans un mélange homogène, les constituants que l'on ne peut plus distinguer sont répartis de façon uniforme.

Particule : une particule désigne un tout petit grain.

• Je vais plus loin

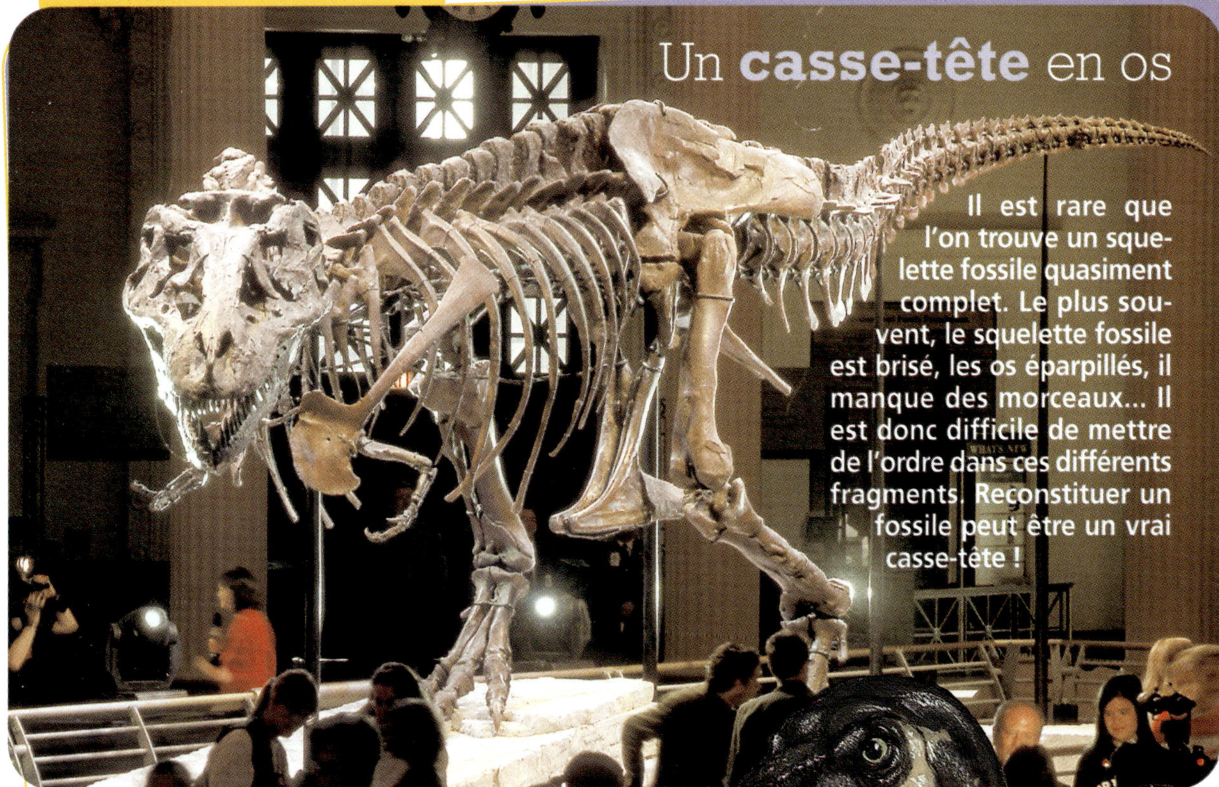

Un **casse-tête** en os

Il est rare que l'on trouve un squelette fossile quasiment complet. Le plus souvent, le squelette fossile est brisé, les os éparpillés, il manque des morceaux... Il est donc difficile de mettre de l'ordre dans ces différents fragments. Reconstituer un fossile peut être un vrai casse-tête !

Squelette fossile de tyrannosaure

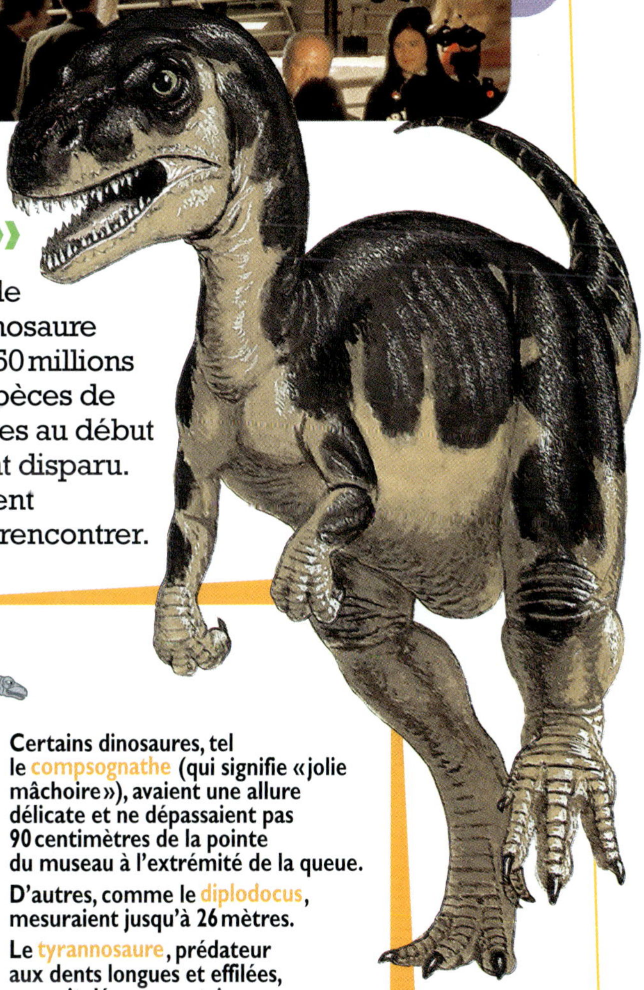

De **« terribles lézards »**

Il y a environ 200 millions d'années, le monde était dominé par les dinosaures. Le nom dinosaure signifie « terribles lézards ». Pendant plus de 150 millions d'années, plusieurs centaines de milliers d'espèces de dinosaures se sont succédé : elles sont apparues au début de l'ère secondaire, se sont épanouies, puis ont disparu. Les premiers hommes, apparus il y a seulement 4 millions d'années, n'ont donc jamais pu les rencontrer.

Le **dinosaure** dans tous ses états

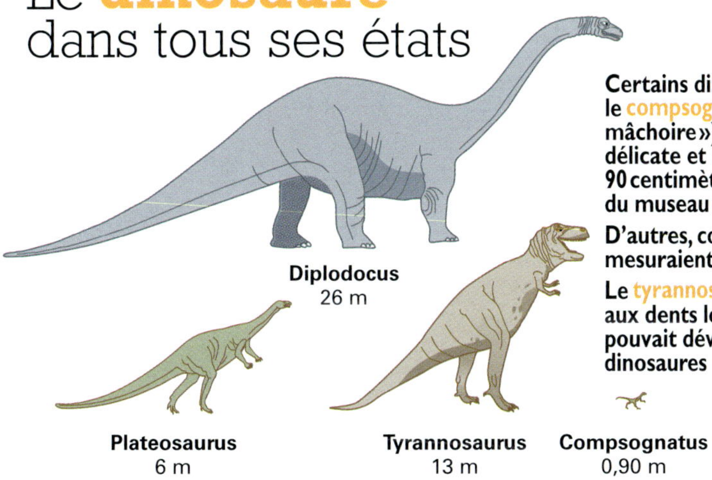

Certains dinosaures, tel le compsognathe (qui signifie « jolie mâchoire »), avaient une allure délicate et ne dépassaient pas 90 centimètres de la pointe du museau à l'extrémité de la queue.

D'autres, comme le diplodocus, mesuraient jusqu'à 26 mètres.

Le tyrannosaure, prédateur aux dents longues et effilées, pouvait dévorer certains dinosaures herbivores géants.

27. Que faut-il pour qu'une plante pousse ?

• Je m'interroge

Une plante est vivante : elle naît, grandit, se reproduit et meurt. Elle a aussi des besoins. De quoi une plante a-t-elle besoin pour bien se porter ?

1 De quoi ces plantes peuvent-elles souffrir ?

2 L'eau est-elle suffisante pour faire pousser une plante ?

3 Pourquoi la lumière est-elle si importante pour les végétaux verts ?

Je cherche

1 Les plantes et l'eau

a Avec quelques rameaux de plantes assez transparentes, comme des branches d'impatiente ou des branches de céleri, et des colorants alimentaires, trouve un moyen de rendre visible le trajet de l'eau dans la plante.
– Que constates-tu au bout de quelques jours ? Par où est passée l'eau ?
– Quand la plante est dans le sol, par où passe l'eau ?
– Sur ton cahier, représente par un schéma le trajet de l'eau dans la plante.

b Enveloppe de façon hermétique les feuilles d'un arbuste ou d'une plante verte avec un petit sachet en plastique.
Sur le même arbuste ou la même plante, enveloppe des rameaux auxquels tu as enlevé les feuilles.
Patiente au moins jusqu'au lendemain.
Compare les sachets qui entourent les rameaux feuillés avec les sachets qui enveloppent les rameaux nus.
– Que constates-tu sur ces sachets ?
– Comment l'expliques-tu ?

2 Les plantes et la lumière

Réalise trois semis de graines.
Fabrique deux caches avec des boîtes en carton dont l'intérieur est peint en noir sur les cinq faces. Perce une fente pour créer une ouverture sur la face de l'une des deux boîtes.
Place un semis sous chaque cache et laisse le troisième dans son environnement habituel.

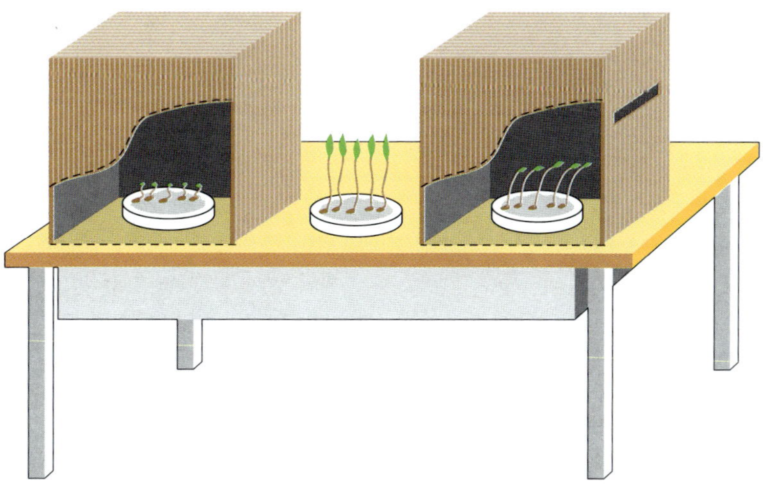

– Au bout de 3 à 5 jours, comment sont les semis sous chacune des boîtes ?
– Change l'orientation des caches, que constates-tu au bout de quelques jours ?

• Je comprends

1 Les plantes ont besoin d'eau, de sels minéraux et d'air

• Les plantes puisent l'eau dans le sol grâce à leurs racines. Cette eau contient de nombreux **sels minéraux*** dissous qui proviennent du sol : elle constitue la **sève brute***.
• La feuille transpire beaucoup. Cette perte d'eau permet l'aspiration de la sève brute par la racine. La sève est alors conduite par la tige à toutes les feuilles. Les plantes qui manquent d'eau se dessèchent et meurent. Les plantes ont aussi besoin des gaz contenus dans l'air comme l'**oxygène** et le **dioxyde de carbone**.

2 Les plantes vertes ont besoin de lumière

• L'extrémité d'une plante se développe verticalement à condition qu'elle soit éclairée de façon égale par tous les côtés. Lorsqu'une pousse présente un côté à la lumière et l'autre à l'obscurité, elle se développe vers la lumière.
• En forêt, les troncs des arbres s'élèvent, les branches basses, privées de lumière, meurent et s'éliminent naturellement : cela conduit au développement de grands fûts, c'est-à-dire de grands troncs sans branches.
• Les feuilles vertes fabriquent de la **sève sucrée*** grâce à la sève brute, aux gaz de l'air et à la lumière (photosynthèse). Cette sève est conduite par des vaisseaux dans les organes de la plante pour permettre leur développement et leur croissance.

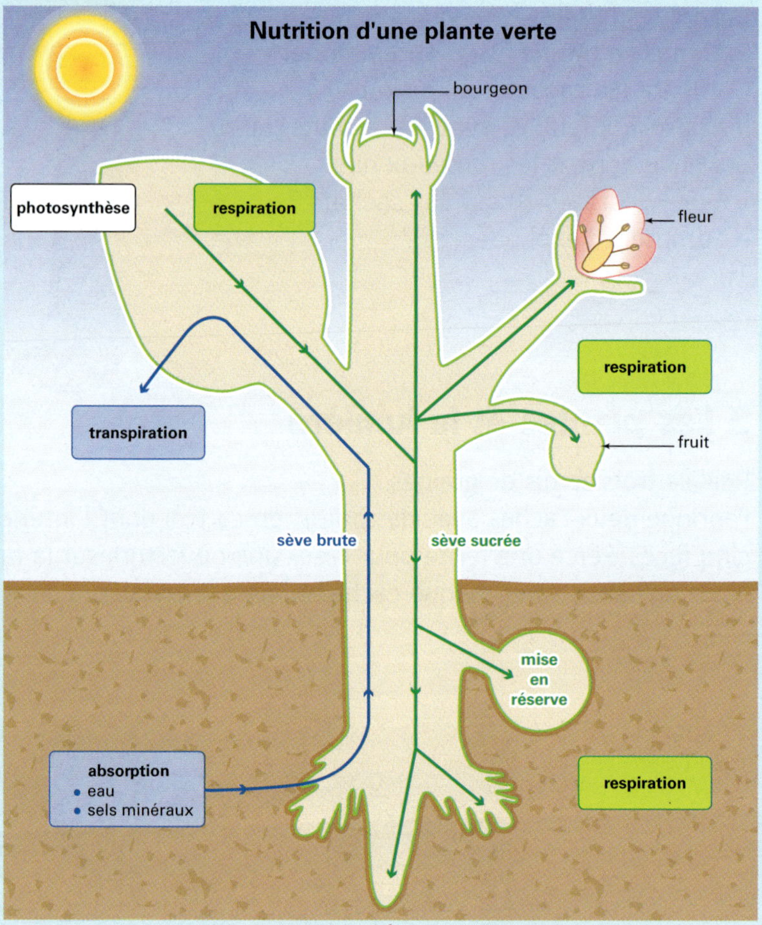

mon petit dico

Sève brute : la sève brute est puisée dans le sol par les racines de la plante. Elle est constituée uniquement d'eau et de sels minéraux dissous.
Sève sucrée : la sève sucrée est fabriquée par les feuilles des végétaux verts placés à l'air et à la lumière. Elle permet le développement de la plante et elle est appréciée des pucerons.
Sels minéraux : la terre contient des sels minéraux qui peuvent se dissoudre dans l'eau et être absorbés par les racines en même temps que l'eau. On peut apporter davantage de sels minéraux aux plantes sous la forme d'engrais achetés dans le commerce.

• Je vais plus loin

La chlorophylle n'a rien à voir avec le chewing-gum !

Dans les chewing-gums à la chlorophylle, c'est la menthe qui donne le goût. La couleur provient des feuilles d'épinard : c'est la chlorophylle que ces feuilles contiennent qui leur donnent une couleur verte. Grâce à cette chlorophylle, les feuilles de tous les végétaux verts placés à la lumière et à l'air élaborent de la sève sucrée.

La sève brute peut monter à la vitesse de **6 mètres par heure** dans les vaisseaux d'un tronc de chêne.

Au printemps, un arbre pompe **chaque jour sa** propre **masse en eau.** Les arbres ont ainsi une action très importante dans la régulation des climats (unité 29).

Transformer la couleur des fleurs ?

On peut transformer la couleur des fleurs. En laissant séjourner des fleurs blanches quelques heures dans de l'eau avec un peu d'encre, tu verras les pétales se colorer peu à peu. Observe bien les bouquets chez un fleuriste ou au marché, tu découvriras que certains d'entre eux contiennent des fleurs qui ont été ainsi colorées en bleu ou en rouge.

Des plantes peuvent pousser sans terre

Dans les forêts tropicales, accrochées aux troncs des arbres, se trouvent des **plantes sans racines** qui vivent grâce à l'humidité de l'air.
Dans certaines serres, tomates, fraises, concombres ou aubergines sont cultivés avec les **racines à nu**. Ces plantes se développent grâce à une technique particulière d'arrosage par goutte-à-goutte directement sur leurs racines. Ce sont des cultures hors sol.

28. À quoi servent les fleurs ?

• Je m'interroge

Au printemps et en été, la nature est fleurie, parfumée. Sais-tu ce qu'est une fleur ? On entend un bourdonnement permanent. Sais-tu pourquoi ?

1 Connais-tu les différentes parties de la fleur ?

Tulipe

2 Que fait cette abeille ?

3 Saurais-tu expliquer ce que ces trois rameaux ont en commun ?

Lierre

Genet

Maronnier d'Inde

Je cherche

1 Voyage au centre d'une fleur

Les rameaux de la page précédente portent tous trois des fleurs.

a Si tu passes ton doigt sur une fleur épanouie (1), il peut devenir tout barbouillé de jaune par l'une des étamines. Sais-tu à quoi correspond cette poussière jaune ?
Au centre de la fleur (2) il y a une petite colonne plus ou moins enflée : c'est le pistil de la fleur.

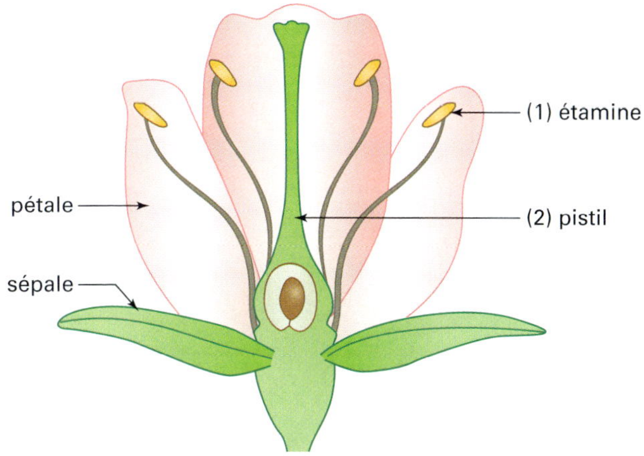

b Munis-toi d'une tulipe et découpe-la pour obtenir toutes les parties qui la constituent.
Colle-les sur ton cahier d'expériences et écris leur nom en dessous.

2 Que deviennent les fleurs ?

a Un bouquet de fleurs coupées se fane. Mais que se passe-t-il dans la nature ?

Observe les transformations successives de la fleur de cerisier du mois d'avril au mois de juin.

b Réponds aux questions suivantes puis discutes-en avec les autres élèves.
Dans la nature, certaines fleurs meurent et disparaissent, d'autres se transforment en fruit.
– Pourquoi toutes les fleurs ne se transforment-elles pas en fruit ?
– Pourquoi la récolte dans les vergers est-elle plus ou moins importante selon les années ?

3 Des fruits et des graines

Rassemble des fruits (secs ou **charnus***) que tu connais et observe les graines à l'intérieur de chacun d'entre eux.

• Je comprends

1 La fleur est une source de graines

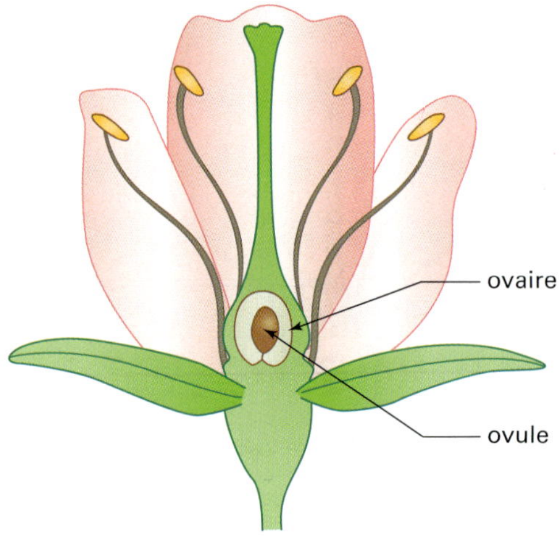

Fleur de cerisier

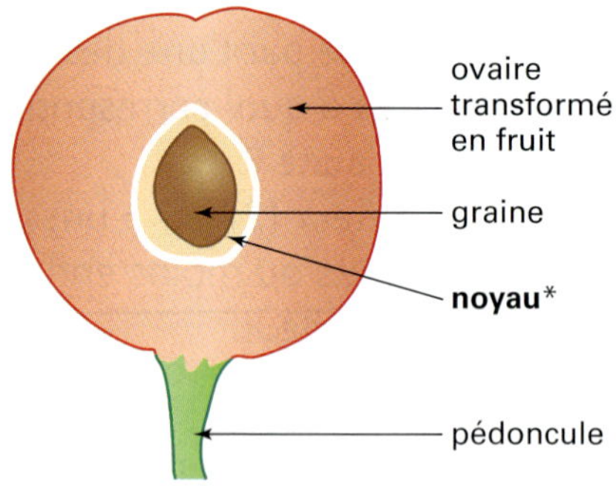

Cerise

• Les fleurs femelles (celles qui contiennent un **pistil***) peuvent se transformer en fruits si la fécondation des ovules a eu lieu. Les ovules de la fleur se transforment en graines. Une fois le **fruit*** bien formé, il pourra libérer ses graines et celles-ci donneront de nouvelles plantes qui produiront à leur tour des fleurs.

2 La pollinisation des fleurs

• Les fleurs n'ont pas toutes des pétales et des sépales mais toutes les fleurs ont au moins un pistil ou des étamines, ou bien encore les deux à la fois.
• Les étamines fabriquent et libèrent du pollen. Les grains de pollen contiennent les spermatozoïdes de la plante.
Si les grains de pollen sont déposés sur le pistil, ils permettent aux spermatozoïdes de rencontrer les ovules. La fleur fabrique alors des graines et l'ovaire se transforme peu à peu en fruit. Les grains de pollen sont très petits et légers. Ils sont transportés par le vent ou par des animaux (le plus souvent des insectes).
• Les fleurs colorées ou odorantes attirent les insectes (par exemple les abeilles, texte p. 164). En allant de fleur en fleur, ils transportent le pollen.
Quand les conditions météorologiques ne sont pas favorables ou quand il n'y pas assez d'insectes pollinisateurs, la pollinisation des fleurs ne se fait pas bien : il y a alors moins de fleurs qui se transforment en fruits et la récolte des vergers est moins bonne.

mon petit dico

Pistil : partie femelle d'une fleur. Il contient un ou plusieurs ovules. Certaines fleurs n'ont pas de pistil.
Fruit : organe plus ou moins creux, sec ou charnu, qui provient de la transformation du pistil et qui contient des graines.
Fruit charnu : fruit à chair épaisse et molle qui contient des pépins ou un noyau.
Pépin : graine de petite taille contenue dans un fruit charnu (pépin de citron, de raisin, de pomme…).
Noyau : partie dure et centrale d'un fruit charnu qui renferme la graine (noyau de cerise, de pêche, d'olive…).
Graminées : famille de plantes aux fleurs peu apparentes et groupées en épis.

• Je vais plus loin

Enquête

Cite la partie de la plante que tu manges (fleur, fruit, graine, tige ou racine) quand tu consommes :

un ananas
un petit pois
un chou-fleur
une carotte
une tomate
un artichaut
une prune
une noix

Saison des **fleurs** = Saison des **rhumes**

Les grains de pollen qui voyagent dans les airs au moment de la pollinisation entrent dans tes narines et peuvent provoquer une réaction allergique : tu éternues beaucoup et ton nez coule. Le rhume allergique le plus connu est le rhume des foins provoqué par le pollen des graminées* au mois de juin.

Le **savais-tu ?**

Les fleurs s'épanouissent selon les saisons. As-tu déjà noté l'époque de la floraison des plantes dans ta région ?

1 : saule	**8** : muguet	**15** : tilleul
2 : noisetier	**9** : pommier	**16** : dahlia
3 : jonquille	**10** : iris	**17** : colchique
4 : primevère	**11** : chêne	**18** : lierre
5 : pervenche	**12** : coquelicot	**19** : chrysanthème
6 : jacinthe	**13** : trèfle	
7 : violette	**14** : graminée	

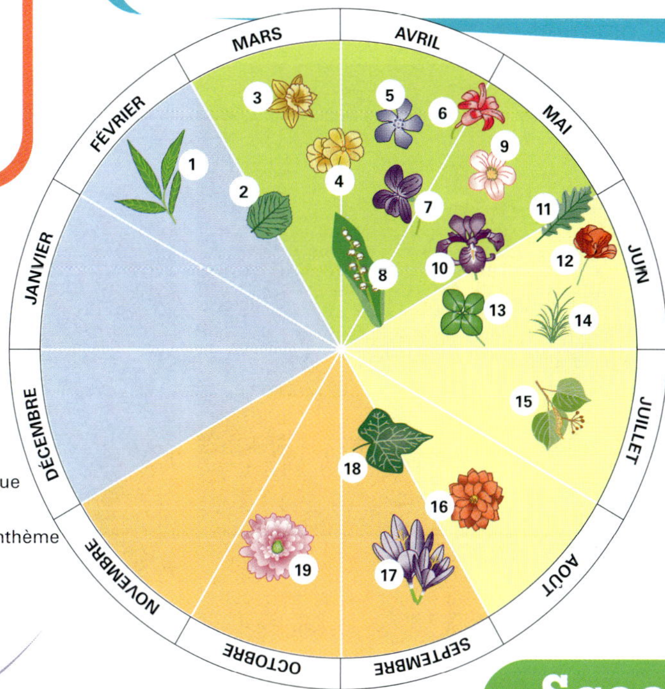

Scoop

Passagers clandestins ! Des boules de gui sont transportés incognito d'arbre en arbre par les oiseaux. En se collant aux pattes des oiseaux venus se percher sur les arbres, les baies blanches et gluantes du gui trouvent ainsi un moyen de dispersion des graines très efficace.

Graines de **carottes**

Les plants de carotte vivent deux ans. La première année, les plants de carotte fabriquent de la nourriture, qui est stockée dans une grosse racine orange. C'est la partie de la plante que l'on mange. La seconde année, le plant de carotte utilise cette réserve de nourriture pour fabriquer des fleurs, puis des fruits qui contiennent des graines. Comme on récolte les carottes dès la première année, il est rare de voir ces plantes en fleurs.

29. Les arbres racontent-ils des histoires ?

• Je m'interroge

Dans de nombreux pays, des arbres anciens et majestueux sont préservés et honorés. Comment un arbre peut-il grandir, grossir et vivre aussi longtemps ?

1 Comment un arbre peut-il grandir autant ? Est-il possible de connaître l'âge d'un arbre ?

2 Quels changements observes-tu sur les deux photos de ces mêmes arbres ?

3 Qu'est-ce que ces arbres, photographiés en hiver, ont de différent de ceux des autres photos ?

• Je cherche

1 Enquête sur un tronc d'arbre

Quand on coupe un arbre, on observe plusieurs cernes ou cercles successifs.
– Peux-tu les compter sur ce tronc d'arbre ?
– À quoi correspondent-ils ?

2 Lire dans un rameau

En climat tempéré, des boules apparaissent à la fin de l'été sur les rameaux des arbres.
– Que sont ces boules ? Que contiennent-elles ? À quoi servent-elles ?
À quoi correspondent les cicatrices sur les rameaux ?
– Sais-tu comment connaître l'âge d'un rameau ?

• Je comprends

1 Les arbres racontent le temps qui passe

• Le tronc de l'arbre s'épaissit par la fabrication d'une couche supplémentaire de bois chaque année.
Le bois jeune, plus clair, est situé à la périphérie.
Les couches de bois plus âgées sont au centre.
Les cercles successifs que l'on observe sur une coupe transversale de tronc ou de branches correspondent à la croissance en épaisseur de chaque année : en comptant les cernes du tronc, on obtient l'âge de l'arbre.
• Dans les climats tempérés, la croissance des arbres est en relation avec les saisons.
Chaque année au printemps, les **bourgeons*** s'ouvrent et de jeunes rameaux portant des feuilles se développent.
Vers la fin de l'été, ce développement cesse, un nouveau bourgeon se forme et s'endort jusqu'au retour des beaux jours. Il est possible de retrouver, sur les rameaux qui ne sont pas trop âgés, les cicatrices des anciennes écailles de bourgeon.
• La croissance des arbres se prolonge tout au long de leur vie. Certains d'entre eux peuvent atteindre de très grandes tailles.

Coupe d'un tronc d'arbre

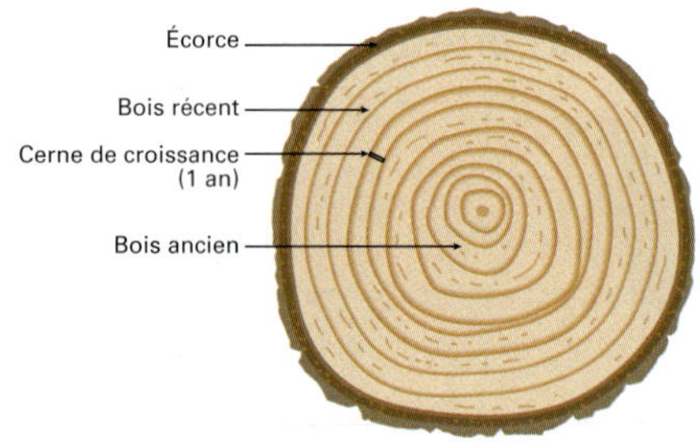

Croissance des arbres

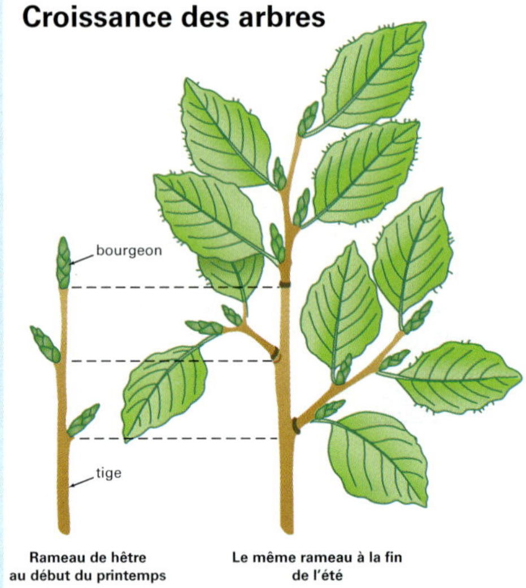

2 Les arbres racontent le temps qu'il fait

• Chez de nombreuses espèces d'arbre et d'arbuste, les feuilles, sorties au printemps, tombent à l'automne : ce sont des feuilles dites caduques.
• Chez d'autres espèces (pin, épicéa,...), elles vivent plusieurs années et ne tombent pas toutes à la fois : ce sont des feuilles dites persistantes.
• Quand les conditions de vie sont difficiles pour l'arbre, par exemple en cas de sécheresse, de grand froid ou d'importante pollution, la couche de bois fabriquée est très mince.

Il est donc possible, en observant la coupe d'un tronc, de repérer les conditions de vie de l'arbre selon les années et donc les variations du climat au cours du temps.

mon petit dico

Bourgeon : un bourgeon contient la future petite tige feuillée. Parfois cette petite tige porte des fleurs : c'est un bourgeon à fleur. La substance collante qui recouvre les bourgeons a une fonction protectrice.

Bourgeon terminal : bourgeon situé à l'extrémité d'un rameau et qui permettra sa croissance en longueur.
Bourgeon axillaire : bourgeon situé sur l'axe d'un rameau, à la base de chaque feuille. Un bourgeon axillaire, en se développant, permet la ramification.

● Je vais plus loin

Les arbres détiennent des **records**

Les arbres sont les êtres vivants qui possèdent la plus grande **longévité** : 3 siècles pour les hêtres, les chênes ou les cèdres, 6 siècles pour les châtaigniers, 10 siècles pour les oliviers méditerranéens, 20 siècles pour les baobabs du Sénégal et même 25 siècles pour les séquoias géants de Californie !

La **croissance** des arbres se prolongeant tout au long de leur vie, ils peuvent atteindre une hauteur et une épaisseur impressionnantes : des baobabs en Afrique mesurent 30 mètres de circonférence à la base, des séquoias de Californie atteignent 130 mètres de hauteur, et des eucalyptus d'Australie, 150 mètres. Attention, cependant, les plus grands arbres ne sont pas forcément les plus vieux !

Deviens un **curieux** de la nature

Observe les transformations des arbres tout au long des saisons. Sois attentif à l'ouverture des premiers bourgeons au printemps. Suis la transformation de leurs fleurs en fruits.
Fais germer des glands ou des châtaignes à l'automne.
Commence un herbier de feuilles…
Tu deviendras bien vite un passionné de la nature.

Les **hommes** et les arbres

Les hommes ont toujours établi des relations privilégiées avec les arbres : des relations utilitaires mais aussi des relations symboliques et religieuses.
Presque partout dans le monde, le paysage a été profondément modifié et modelé par l'intervention de l'homme : les forêts ont été défrichées pour développer l'agriculture et pour installer villes et villages, des arbres fruitiers ont été plantés dans des vergers, des arbres exotiques ont été importés et adaptés.

30. Comment fonctionne une forêt ?

• Je m'interroge

La forêt, on va s'y promener, y faire du vélo ou un pique-nique… Comment ce milieu où vivent une multitude d'animaux et de végétaux est-il organisé ?

1 Qui se cache dans la forêt ?

2 On peut jouer à construire des forêts virtuelles avec des ordinateurs ou construire des maquettes de forêt.
Peut-on construire une mini-forêt pour de vrai ?

3 Comment évolue une forêt au cours du temps ?

Je cherche

1 Une sortie en forêt

a Avant de partir en forêt, discute avec tes camarades des questions suivantes :

– Que doit-on rapporter pour construire une « mini-forêt » ?
– Comment une forêt est-elle organisée ?
– Est-ce qu'on y trouve beaucoup d'animaux ? Où vivent-ils ? Se ressemblent-ils ?
– Est-ce qu'on y trouve beaucoup de plantes ? Où poussent-elles ? Se ressemblent-elles ?
– Comment ramasser les plantes et les animaux ? Comment les transporter pour qu'ils soient en bon état et en bonne santé par la suite ?

b De retour de la forêt

Voici quelques animaux que tu pourras trouver dans les feuilles mortes ou dans la terre.

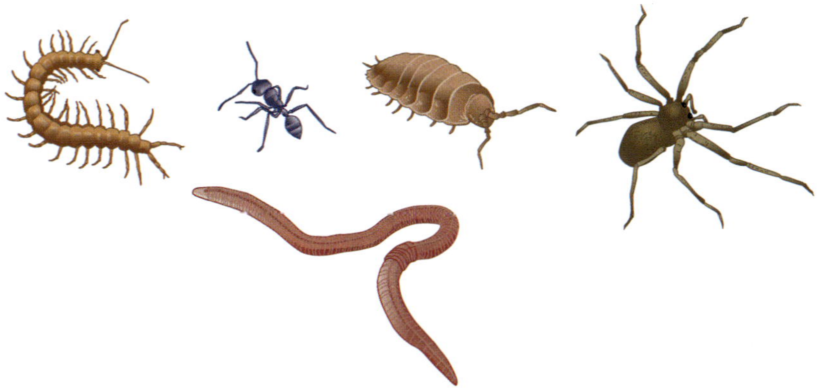

– Comment s'appellent ces animaux ?
Écris la liste de ce qui a été rapporté par tous les élèves de la classe, puis recherche une façon de les classer. Compare ton classement avec ceux des autres.

2 Construction d'une mini-forêt

a Avant de construire la mini-forêt, discute avec tes camarades des questions suivantes :
– À quel endroit précis de l'école ou de la classe la mini-forêt va-t-elle être placée ?
– Va-t-on mettre des grandes plantes et des gros animaux dans cette mini-forêt ?
– Comment reconstituer le sol ?
– Doit-on fermer cette mini-forêt ?

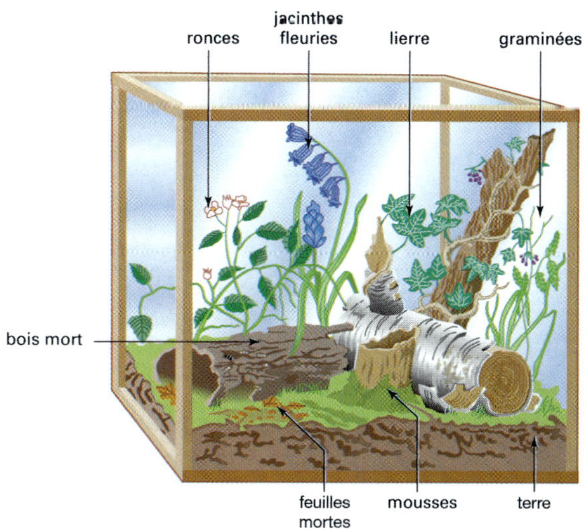

b Réalise la mini-forêt

Après l'avoir arrosé légèrement, n'oublie pas de recouvrir la mini-forêt d'un couvercle hermétique (une plaque de verre ou une feuille en plastique transparent bien fixée).
Sur ton cahier, dessine de façon simplifiée la « mini-forêt » en indiquant la date.
Observe ensuite régulièrement cette « mini-forêt » et note les transformations.

• Je comprends

1 L'organisation d'une forêt

Une forêt est organisée en couches superposées avec de bas en haut : le sol, un mélange de matières minérales et de matières organiques en décomposition (l'humus), les mousses, les herbes, les fougères, les arbustes et les arbres. Ces différentes couches abritent de nombreux animaux.

2 La vie dans la forêt : animaux et végétaux

• Des animaux vivent et meurent. Des œufs d'escargots ou de limaces qui étaient cachés dans les feuilles mortes éclosent. Des plantes sont mangées.
• Grâce à l'humidité, des champignons peuvent se développer sur le bois mort.

3 Une forêt change avec le temps

• Les **décomposeurs*** : les champignons, les cloportes et les vers de terre accomplissent un travail de décomposition. Peu à peu les feuilles mortes, les déchets et les cadavres d'animaux sont décomposés.
• Cette décomposition libère dans le sol des éléments minéraux indispensables à la nutrition des plantes.

4 Une mini-forêt est-elle une forêt ?

• Dans la mini-forêt, il n'y a pas d'arbres ou de gros animaux. Les animaux et les végétaux sont très petits et des relations alimentaires s'établissent.
• Dans la forêt, il pleut régulièrement, tandis qu'il n'est pas utile d'arroser la mini-forêt : la transpiration des plantes et l'évaporation de l'eau du sol se condensent sur les vitres et ruissellent jusqu'aux racines des plantes.
C'est le couvercle de la boîte qui assure le cycle de l'eau.

mon petit dico

Décomposeur : les décomposeurs se nourrissent de débris, de déchets et de restes d'animaux et de végétaux morts. Ils favorisent ainsi le retour dans le sol d'éléments minéraux indispensables à la nutrition des plantes.

Je vais plus loin

DEVINETTE

La plupart des gens ne nous aiment pas et trouvent que nous sommes dégoûtants. Nous sommes pourtant très importants. Plus d'un million d'entre nous vivent dans chaque hectare de forêt. Tels des petits laboureurs, nous aérons le sol et enfouissons les feuilles mortes. En les mangeant et en les digérant, nous participons à leur décomposition.

Qui sommes-nous ?

Réponse : Nous sommes les vers de terre, appelés aussi lombrics.

Une maxi-forêt crie **au secours**

La forêt amazonienne est en danger : chaque heure, un nouvel hectare est rasé. Depuis 1970, l'homme a ainsi dévasté une surface de forêt amazonienne plus importante que la taille de la France.

Chaque jour, la forêt amazonienne stocke plus d'un quart du dioxyde de carbone de la planète. Avec sa réduction, la quantité de dioxyde de carbone dans l'air augmente. Ceci accentue encore les perturbations climatiques liées à l'effet de serre et le réchauffement de la Terre.

La forêt n'a pas besoin d'**engrais**

Dans la nature, les feuilles mortes et les débris d'animaux et de végétaux se décomposent et redonnent au sol des éléments minéraux.

C'est quand l'homme retire une plante de son milieu naturel (cueillette ou récolte) qu'un complément nutritif sous forme d'engrais devient utile.

Des **lombrics** très puissants

Sur un hectare de sol, les lombrics déplacent chaque année l'équivalent de 30 wagons de débris végétaux. Ils y creusent l'équivalent de 3 500 km de galeries.

31. Quels changements au cours d'une vie ?

• Je m'interroge

Parfois il y a peu de différences entre le petit et l'adulte d'une même espèce, parfois il y en a beaucoup. Que se passe-t-il au cours d'une vie ?

1 Comment a fait le poussin pour entrer dans l'œuf ?

2 Est-ce toujours le même animal ?

• Je cherche

1 Bien au chaud dans une couveuse

La poule couve et retourne ses œufs pendant 21 jours avant que ses poussins ne sortent de l'œuf.
On peut aussi faire éclore des œufs dans une couveuse.

a Tous les œufs ne donnent pas forcément des poussins. Qu'est-ce qui est indispensable ?

b Voici le schéma d'une couveuse facile à réaliser.
À quoi servent les lampes ?

Couveuse

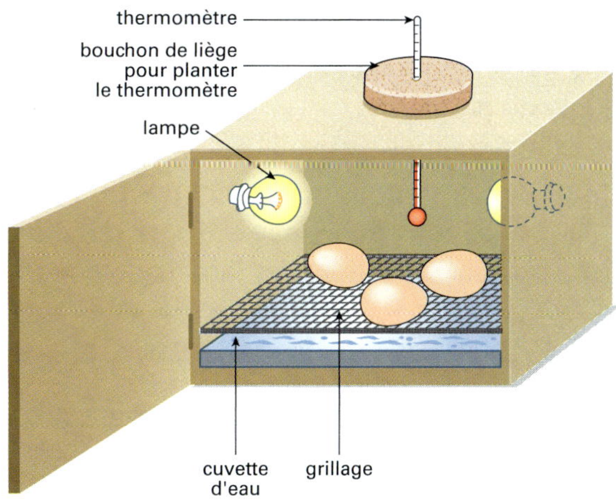

c Si tu peux assister à la naissance d'un poussin, note dans ton cahier tout ce qu'il se passe. Tu peux prendre soin du poussin pendant quelques jours en le conservant bien à l'abri et en le nourrissant avec une farine d'élevage.
Pèse-le régulièrement pour vérifier s'il grossit bien.

Compare le poussin à la naissance avec l'oiseau adulte et note dans ton cahier tous les changements.

2 De la chenille au papillon

a Observe les photos de la larve, de la **chenille**, de la **chrysalide*** et du **papillon** sur la page de gauche.

b Cherche des informations (dans une « ferme à papillons », dans une encyclopédie, sur Internet...) sur ces trois étapes de vie pour renseigner le tableau après l'avoir recopié sur ton cahier.

	Chenille	Chrysalide	Papillon
Forme			
Domicile			
Façon de se déplacer			
Nourriture			

Je comprends

1 Les poussins ne rentrent pas dans l'œuf !

• Quand une poule s'accouple avec un coq, son **ovule*** (unité 41) peut être fécondé. L'ovule fécondé (ou **œuf***) est ensuite recouvert d'une coquille qui durcit avant que la poule ne ponde.

• La poule pond puis couve l'œuf. Le poussin s'y développe en se nourrissant du jaune. Au bout de 21 jours, le développement du poussin est terminé : il casse la coquille et sort. La poule pond son ovule entouré de sa coquille même s'il n'a pas été fécondé, mais cet « œuf » ne donnera jamais de poussin. Ce sont ces œufs-là que tu manges.

2 Des changements au cours de la vie

• Tous les animaux se transforment et grandissent de la naissance à l'âge adulte. Certains animaux ont, au cours de leur développement, une période de vie larvaire avant de se métamorphoser en adulte.

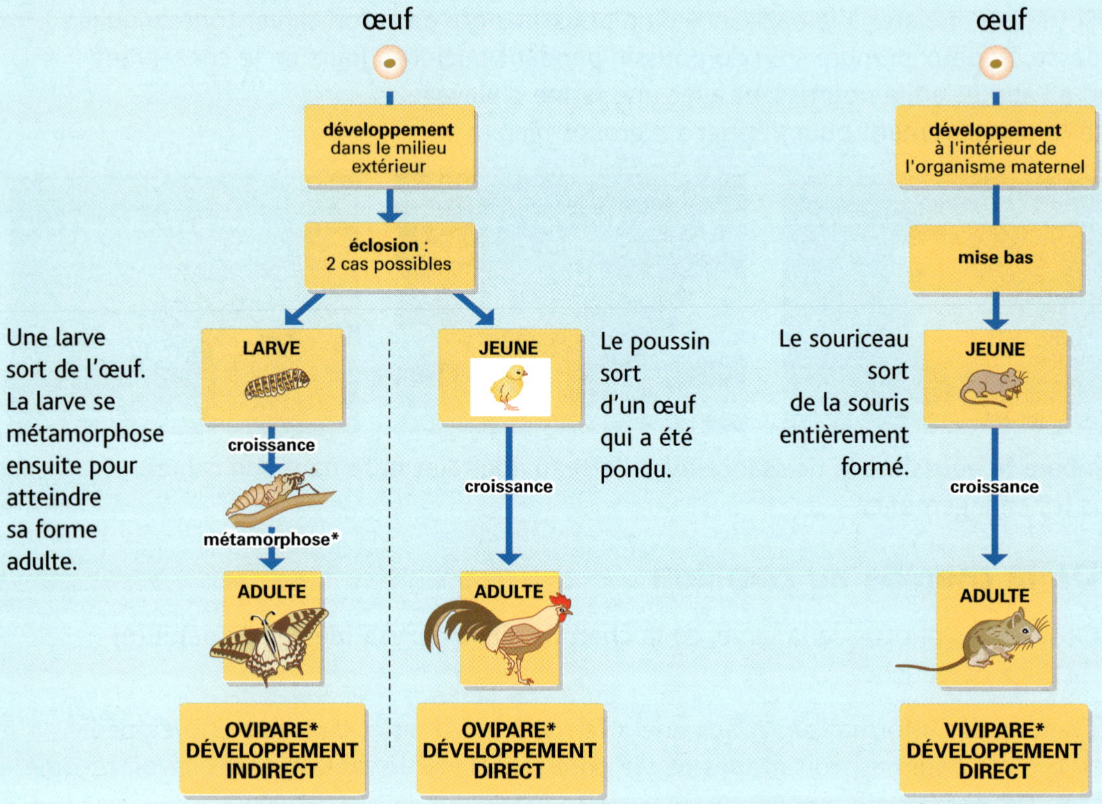

mon petit dico

Ovipare : quand les petits sortent d'un œuf qui a été pondu par la mère après une période d'incubation.

Vivipare : quand les petits sortent de la mère entièrement formés, comme chez les mammifères.

Métamorphose : chez certains animaux, c'est une larve très différente de l'adulte qui sort de l'œuf. La métamorphose est la transformation de cette larve en adulte.

Ovule : cellule reproductrice de la femelle destinée à être fécondée par une cellule reproductrice du mâle ou spermatozoïde.

Œuf : en science, l'œuf désigne l'ovule fécondé et qui donnera un petit. Dans la vie de tous les jours, un œuf peut désigner tout ce qui est pondu par une femelle.
L'œuf que l'on mange est un ovule qui n'a pas été fécondé et qui ne se développera donc jamais.

Chrysalide : stade intermédiaire entre la chenille et le papillon.

• Je vais plus loin

Comment se forme un **coquillage ?**

La moule est un animal à corps mou qui vit protégé par une coquille à deux valves.
À l'âge adulte, les moules vivent fixées à un rocher ou à un piquet. Mais, avant d'être adulte, la moule est un petit œuf parmi des milliards (une moule femelle pond jusqu'à vingt-cinq millions d'œufs chaque année). Cet œuf se développe en une minuscule larve, sans coquille, transportée avec d'autres larves parmi le plancton marin. Ce voyage est périlleux, le plancton est une nourriture appréciée par de nombreux poissons. Quand la larve arrive à un endroit qui lui convient, elle se fixe. Une fois fixée, la larve se transforme, elle se métamorphose en un adulte et fabrique une coquille qui entoure tout son corps.

DEVINETTE

• Il y a quatre périodes distinctes dans ma vie.
• Dans ma deuxième période de vie, je ne suis pas apprécié des jardiniers ni des cultivateurs.
• Mon troisième stade de vie est plutôt immobile et discret.
• À l'âge adulte, je suis un très bon pollinisateur. Je suis aussi un magnifique représentant coloré de la faune et je porte souvent un joli nom, tel Paon du jour ou Argus.
Qui suis-je ?
Quelles sont mes quatre périodes successives de vie ?

Réponse : Je suis un papillon. Je suis successivement œuf, chenille, chrysalide puis papillon.

Bébé kangourou

À la naissance, le bébé kangourou est minuscule. Il pèse **moins d'un gramme** et n'a **pas de pelage.** Il grimpe tout seul jusqu'à la poche ventrale de sa mère où il s'installe bien au chaud et fixe sa bouche à un mamelon qui lui distribue du lait.
Au bout de **190 jours,** le bébé kangourou a bien grandi, son corps s'est couvert de poils et il commence à sortir un peu de la poche.
À **235 jours,** le jeune kangourou pèse entre 3 et 4 kg et quitte définitivement la poche maternelle.

32. Y a-t-il toujours des mâles et des femelles ?

• Je m'interroge

« Cet animal est-il un mâle ou une femelle ? » : il n'est pas toujours facile de répondre à cette question. Comment font-ils pour se reconnaître ?

1 Y a-t-il toujours des mâles et des femelles ?

2 Pourquoi certains animaux se font-ils la cour ?

3 Pourquoi le cerf brame-t-il ?

Je cherche

1 Les signaux des cigognes blanches et noires

Voici un texte sur la **cour*** des cigognes :

Dans un jardin zoologique, une cigogne noire mâle a un jour commencé à faire la cour à une cigogne blanche femelle. Elles étaient dans la même cage, ce qui aurait pu conduire à ce qu'elles s'accouplent. Mais, lors de sa cour, la cigogne noire décrivait des mouvements sinueux du cou tandis que la cigogne blanche répondait en renversant son cou sur son dos et en faisant claquer son bec. Les deux cigognes ne comprirent pas leurs signaux respectifs et elles ne s'accouplèrent jamais.

a Note dans ton cahier les signaux qui peuvent servir aux cigognes à se reconnaître.

b Cette cigogne blanche et cette cigogne noire ont-elles pu avoir des petits ensemble ? Sont-elles de la même espèce ?

c Cette rencontre aurait-elle pu avoir lieu dans la nature ?

2 Les signaux des pic-coucous mâle et femelle

Pour montrer l'importance des signaux qui servent à cet oiseau d'Amérique à indiquer son sexe, une expérience a été réalisée.

Le mâle porte une paire de taches rouges sur la gorge, comme une sorte de « moustache ». Quand on colle deux taches, imitant cette moustache, sur la femelle, aussitôt le pic-coucou mâle la traite comme un mâle et l'expulse de son territoire. En revanche, si on lui enlève ses « fausses moustaches », elle est de nouveau courtisée par le mâle.

Note dans ton cahier les signaux qui peuvent servir au pic-coucou mâle et au pic-coucou femelle à se reconnaître.

3 Les comportements animaux

Recherche des informations sur des animaux dont le comportement change au moment de la reproduction. Note dans ton cahier tout ce qui change chez eux : le poids, l'aspect, la nourriture, les activités...

• Je comprends

1 Mâle ou femelle ?

- Les différences **morphologiques*** entre les mâles et les femelles d'une même **espèce*** sont plus ou moins marquées.Ces différences sont, par exemple, bien visibles chez le lion, le canard, le coq, le paon... Elles sont beaucoup plus discrètes chez le lapin ou le rouge-gorge.
- Elles n'existent pas chez les animaux **hermaphrodites***, tel l'escargot ou le ver de terre, car ils possèdent les deux sexes à la fois : lors d'un accouplement, chaque animal est à la fois le mâle et la femelle de son partenaire.

2 Parade de séduction

- La reproduction sexuée nécessite souvent la rencontre d'un mâle et d'une femelle. Au printemps, les oiseaux chantent à tue-tête. En été, les papillons et les libellules dansent des figures amoureuses dans les airs. En automne, les cerfs brament dans les bois. Ces changements (chants, odeurs, couleurs) permettent aux animaux de reconnaître leur sexe : ils peuvent alors se reproduire.

PARADE NUPTIALE DES GRÈBES HUPPÉS

1. Cérémonie de reconnaissance
2. Accueil et salut
3. Offrande de cadeaux

mon petit dico

La cour : « faire la cour », façon dont le mâle fait le beau pour attirer la femelle pendant la saison des amours.

Morphologique : désigne tout ce qui a un rapport avec l'aspect d'un être vivant (sa forme, sa taille, sa couleur).

Espèce : ensemble d'individus semblables par leurs aspects et leurs comportements et qui sont capables de se reproduire entre eux.

Hermaphrodite : animal ou plante sur lequel sont réunis les organes reproducteurs des deux sexes.

• Je vais plus loin

Reproduction sexuée **sans accouplement**

De nombreux animaux comme les poissons, les oursins ou les coquillages ne s'accouplent pas. Ils abandonnent ovules et spermatozoïdes dans l'eau. La rencontre des cellules reproductrices et la fécondation sont alors laissées au hasard.

Des animaux qui **changent de sexe**

Le sexe de certains animaux dépend des conditions d'incubation de l'œuf. Des œufs de l'alligator d'Amérique qui se développent à moins de 30 °C donneront des femelles. En revanche, si la température dépasse 34 °C, les jeunes seront tous des mâles.

D'autres animaux changent de sexe au cours de leur vie. La dorade est un poisson qui vit dans l'océan. Quand la dorade est jeune et de petite taille, elle est une femelle. Quand sa taille dépasse 35 centimètres, vers l'âge de 8 ans, elle se transforme en mâle.

Histoires de **couples**

Les manchots mâles de l'Antarctique passent tout l'hiver séparés des femelles. Au printemps, ils retrouvent leur nid et leur partenaire. Dans plus de 80 % des cas, ils forment un **même couple plus de 10 ans de suite.**

Les taupes, ces petits mammifères qui habitent dans des galeries souterraines, vivent en **solitaire.** Les taupes mâles et femelles ne se rencontrent que pour s'accoupler.
À la fin de l'hiver, le mâle part à la recherche d'une femelle en creusant des galeries : il n'y a que **deux ou trois jours par an** durant lesquels une **taupe femelle accepte de s'accoupler !**
Après l'accouplement, le couple se sépare rapidement. Une trentaine de jours plus tard, la femelle donnera naissance à 3 ou à 4 petits qu'elle élèvera seule.

33. Qu'est-ce qu'une chaîne alimentaire ?

• Je m'interroge

**Les plantes et les animaux qui vivent dans un milieu établissent de nombreuses relations entre eux.
Manger ou être mangé : est-ce la principale loi de la nature ?**

1 Que mange ce pic ?

2 Comment savoir ce que mangent les animaux ?

3 Pourquoi parle-t-on de « chaînes alimentaires » ? Les êtres vivants sont-ils attachés les uns aux autres ?

● Je cherche

1 Comment connaître le menu d'un animal ?

Pour savoir ce que mange un animal, il faudrait pouvoir assister à tous ses repas, mais l'observation directe n'est pas toujours facile ou suffisante.
On recherche donc les restes de son repas.

Après chaque repas, un rapace rejette par le bec une petite pelote. Chacune de ces pelotes contient les restes non digérés (os, poils ou plumes) des proies qu'il a consommées.

a Cette pelote de rejection d'une chouette contient différents os dont des crânes de petits mammifères. Distingues-tu un petit crâne ?

b On peut reconnaître un crâne de petit mamifère. Est-il celui d'une musaraigne (insectivore) ou plutôt celui d'un mulot (rongeur) ?

Dans ton cahier, commence deux schémas en reliant le nom de chacune de ces deux **proies*** (musaraigne et mulot) avec celle d'un de leurs **prédateurs*** (chouette) par une flèche signifiant « est mangé par ».

2 Qui mange qui ?

Voici le menu de quelques êtres vivants qui vivent dans une forêt de chênes.

Animal	Nourriture
chenille	feuilles
insectes sous les écorces	bois
vers de terre	feuilles mortes
musaraigne	insectes, vers de terre
mulot	graines et glands
pic-vert	insectes sous les écorces
taupe	vers de terre, insectes
lapin	herbe, bourgeons
autour	mulots, lapins, oiseaux
chouette	mulots, musaraignes, taupes
sanglier	glands, racines, insectes, mulots

a Recherche, dans le tableau ci-dessus, ce qui est mangé par les musaraignes et ce qui est mangé par les mulots. Complète alors les deux schémas de ton cahier.

b Écris, pour chaque animal du tableau, s'il est **végétarien***, **carnassier*** ou décomposeur.

c Écris une chaîne alimentaire courte, puis une autre chaîne alimentaire plus longue.

d Comparez les différentes chaînes alimentaires entre élèves.
Qu'est-ce qui constitue toujours le point de départ d'une chaîne alimentaire ?

• Je comprends

1 Les êtres vivants dépendent les uns des autres

• Tous les êtres vivants ont besoin de se nourrir. Ils trouvent leur nourriture dans leur milieu de vie. Les animaux se nourrissent de végétaux, d'animaux ou bien des deux. Les animaux dépendent donc d'autres êtres vivants pour leur alimentation.
• Une chouette, par exemple, dépend des mulots qu'elle capture ; les mulots dépendent eux-mêmes de plantes dont ils mangent les graines.
• On peut représenter les relations alimentaires entre les êtres vivants par des chaînes alimentaires.

2 Les êtres vivants sont reliés par des chaînes alimentaires

• Une chaîne alimentaire est un schéma qui représente le trajet de la nourriture depuis la plante verte jusqu'au plus grand prédateur, sous la forme simplifiée d'une chaîne dans laquelle chaque espèce se nourrit de celle qui précède.
Voici quelques exemples de chaînes alimentaires d'une forêt de chênes.

gland			⇨	mulot	⇨	chouette
feuilles mortes	⇨	vers de terre	⇨	musaraigne	⇨	chouette
bois	⇨	insectes sous les écorces	⇨	pic-vert	⇨	épervier

• Dans une chaîne alimentaire, chaque flèche signifie « est consommé par ». Beaucoup d'autres chaînes alimentaires, plus ou moins longues, existent mais elles ont toutes plusieurs chaînons.

3 Tous producteurs, tous consommateurs

• Le 1er maillon d'une chaîne alimentaire est toujours un végétal vert.
Ce végétal vert (unité 28) est appelé **producteur primaire*** et sert de nourriture aux animaux végétariens.

• Situés au 2e maillon, les animaux végétariens sont les **producteurs secondaires***.

• Certains de ces animaux végétariens sont la **proie*** d'animaux prédateurs. Ces prédateurs, placés au 3e maillon, sont aussi des producteurs secondaires.

Bien entendu, tous les êtres vivants situés le long d'une chaîne alimentaire sont aussi des consommateurs.

mon petit dico

Proie : animal qu'un autre animal essaie d'attraper pour le manger.
Prédateur : animal qui chasse une proie animale pour se nourrir. Il est **carnassier**.
Producteur primaire : être vivant qui produit sa propre matière vivante uniquement à partir de substances minérales (ex. : un arbre produit des feuilles à partir de lumière, d'eau, de sels minéraux et d'air).
Végétarien : qui ne mange pas de viande.
Producteur secondaire : être vivant qui produit sa propre matière à partir d'autres êtres vivants qu'il consomme.

Je vais plus loin

Des perturbations **à distance**

Comme dans un jeu de dominos, une perturbation sur un maillon peut aboutir, par des réactions en cascade, à un dérèglement sur l'ensemble de la chaîne alimentaire.
Par exemple, **la disparition des rapaces** entraîne une prolifération des rongeurs (souris, mulots, campagnols…) et cette prolifération cause de grandes destructions de plantes de cultures.
La disparition de la population d'un maillon a des conséquences sur l'espèce du maillon précédent et sur celle du maillon suivant.

Le sanglier : un **opportuniste ?**

La nourriture du sanglier comporte à la fois des végétaux et des animaux. Il est considéré comme omnivore. Ce régime représente une certaine flexibilité dans une chaîne alimentaire : quand certaines des proies sont absentes ou difficiles à attraper, les sangliers se rabattent sur les végétaux (et réciproquement).

Diversité et **richesse**

Plus un milieu présente une diversité animale et végétale, plus les relations alimentaires sont complexes. Par exemple, un vieux chêne en forêt peut abriter jusqu'à 200 espèces d'insectes, et plusieurs dizaines d'oiseaux et de mammifères différents. Racines, tronc, branches basses ou bouquets élevés de feuillage : chaque étage de l'arbre a ses propres habitants, avec une organisation complexe de l'espace.
Ainsi la larve du hanneton se nourrit pendant trois ans des racines de l'arbre ; une fois devenue adulte, elle s'attaque à son feuillage. Des fourmis circulent entre la fourmilière, située au pied de l'arbre, et les jeunes feuilles. Sur les jeunes feuilles les fourmis attirent les pucerons dont elles se nourrissent des sécrétions provenant de la sève sucrée.
Voici un exemple de chaîne alimentaire dans cet arbre :
sève sucrée ⇨ sécrétions du puceron ⇨ fourmi ⇨ musaraigne ⇨ chouette

34. Faut-il avoir peur du loup ?

• Je m'interroge

Y a-t-il actuellement des loups qui vivent en France ?
Comment savoir où ils vivent ? Peut-on facilement les observer ?
Sont-ils une menace pour nous ?

1 Où vivent les loups ?
Comment savoir combien ils sont ?

2 Que mangent les loups ?

3 Pourquoi a-t-on peur du loup ?

• Je cherche

1 Loup… où es-tu ?

a Sur cette carte, tu peux voir la présence du loup en Europe aujourd'hui.

– Dans quelles régions de France et dans quels pays d'Europe vivent actuellement des loups ?

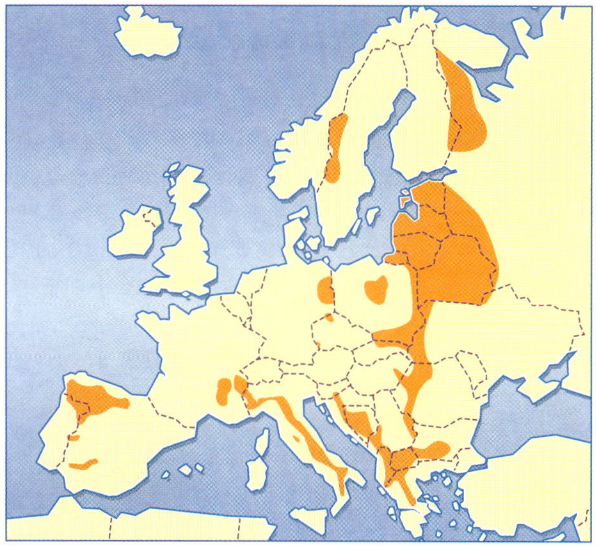

présence des loups en Europe en 2008

2 Loup… que manges-tu ?

a Le loup est carnivore, mais il se nourrit aussi d'insectes et de fruits. Il a besoin d'environ 4 kg de viande par jour et les proies qu'il chasse sont variées.

b Ce dessin représente les proies du loup. Observe-le et réponds aux questions suivantes :
– Certaines proies du loup sont des animaux d'élevage. Lesquelles ?
– D'autres sont des animaux chassés par l'homme. Lesquels ?
– De quoi se nourrissent le plus fréquemment les proies du loup ?
– Construis une chaîne alimentaire (unité 33).
– Compare-la avec celles construites par tes voisins.

• Je comprends

1 Le loup en France

• À l'origine, le loup était un mammifère très répandu dans tout l'hémisphère Nord. Chassé et exterminé par l'homme, sa population avait beaucoup diminué.
• Depuis une vingtaine d'années, le loup est protégé dans de nombreux pays, et le nombre de loups augmente. En France, le loup avait complètement disparu entre 1940 et 1990 ; aujourd'hui, une cinquantaine de loups vivent dans les montagnes des Alpes-Maritimes, de la Drôme, de l'Isère et de la Savoie.

2 La surveillance des loups

• Il n'est pas facile de dénombrer les loups car ce sont des animaux qui craignent l'homme et ne se laissent pas facilement approcher. Les loups vivent en petit groupe familial (appelé **meute***).
• Quand ils se déplacent, à « la queue leu leu », chaque loup avance, en plaçant ses pattes dans les traces de celui qui le précède : on ne voit donc qu'une seule trace au sol. Heureusement, les animaux s'écartent dans les courbes, ce qui permet d'évaluer leur nombre.

3 Le loup : un concurrent pour l'homme

• Le loup a mauvaise réputation à cause des contes et des légendes : on l'imagine dévoreur de gibier, d'animaux domestiques et surtout de chair humaine.
• Aujourd'hui, on sait que le loup n'est pas un danger pour l'homme. Cependant, le loup est craint des bergers en montagne car il peut s'attaquer aux animaux élevés par l'homme. Le loup a eu une place importante dans la **chaîne alimentaire*** car il empêchait qu'il y ait trop d'animaux herbivores. Comme l'homme, le loup est au dernier chaînon de la chaîne alimentaire. Le loup et l'homme se nourrissent des mêmes animaux, ils sont donc concurrents. Mais le loup ne mange pas l'homme !

mon petit dico

Meute : groupe d'animaux organisés autour d'un chef.
Chaîne alimentaire : schéma qui représente le trajet de la nourriture depuis les plantes jusqu'aux animaux carnivores sous la forme simplifiée d'une chaîne dans laquelle chaque espèce mange celle qui précède (unité 33).
Recensement : utilisation de différentes méthodes pour estimer le nombre d'animaux (par exemple, le nombre de loups).

Je vais plus loin

Entre **150 000 et 500 000 moutons** sont **tués chaque année** par des **chiens errants,** des **loups** ou dans des **accidents** divers.
Selon le ministère de l'Écologie, les mesures de protection (chien de berger, présence humaine) permettent de faire chuter le nombre des attaques bien que le nombre de loups augmente.

Enquête sur les loups

La nuit est tombée depuis longtemps sur le massif de Belledonne.
Une vingtaine d'agents de l'Office national de la chasse et de la faune sauvage et de l'Office national des forêts partent se poster sur les hauteurs du village de La Rochette pour procéder à un **recensement*** peu ordinaire. C'est la dernière tentative de l'été pour savoir si des louveteaux sont nés cette année. Au signal, cinq hommes brandissent des cônes d'autoroute en guise de porte-voix et imitent le hurlement du loup. De l'autre côté de la vallée, les autres équipes tendent l'oreille. Tous

espèrent une réponse de la meute identifiée, les années passées, sur ce secteur. Objectif : distinguer les éventuels glapissements de louveteaux nés fin mai, début juin. «*Il faut avoir un peu d'expérience pour distinguer un jeune d'un adulte, il pousse les mêmes cris qu'un chiot de 4 mois*», explique Christophe Duchamp, biologiste.

Massif de Belledonne, envoyé spécial (*Libération*, 24 septembre 2005).

«Plan Loup» du ministère de l'Écologie

Ce plan (2004-2008) doit permettre au loup et à l'élevage de moutons d'exister ensemble en montagne.
Ce plan propose :

- **la protection des troupeaux par des chiens dressés,**
- **la construction d'enclos de nuit pour le bétail,**
- **l'aménagement de maisons de bergers en altitude, la présence permanente de l'homme pour garder les troupeaux,**
- **le remboursement des bêtes blessées ou tuées.**
- **les préfets sont autorisés à faire abattre, par des gardes, un nombre désigné de loups dans les secteurs où plusieurs attaques ont eu lieu malgré ces moyens de protection.**

Une grenouille raconte

Je me présente : Grisette, petite grenouille grise, née dans une classe de Paris, très loin du calme de la campagne. Je vous raconte ci-dessous mon aventure mais… attention ! mon récit est dans le désordre, à toi de le remettre dans le bon ordre.

A. J'avais un mois et demi quand j'ai senti pousser deux pattes entre ma tête et ma queue. Elles ressemblaient aux pattes de derrière des grenouilles. Une semaine plus tard, deux autres pattes courtes ont poussé en avant : j'étais presque une petite grenouille, mais j'avais toujours ma queue. Je pouvais déjà bondir sur les feuilles des plantes d'eau et vivre hors de l'eau.

B. J'étais d'abord un œuf, petit point noir entouré d'une boule transparente collé à d'autres œufs. Nous formions une grosse boule gluante qui flottait à la surface de l'eau d'une mare où notre mère nous a pondus.
Un jour quelqu'un est venu, nous a ramassés puis enfermés dans un seau plein d'eau et… en route pour Paris.
On nous a mis dans un aquarium avec des plantes d'eau. Quelques jours après, tous les œufs ont éclos, je suis sortie de

la boule transparente qui m'entourait. J'étais une petite larve noire allongée et fragile. Je suis allée m'accrocher aux plantes, avec mes frères et mes sœurs.
J'ai nagé avec ma petite queue pour visiter notre maison. Mes frères m'ont dit que j'avais une sorte de moustache de chaque côté de la tête. Les enfants de la classe ont appelé cela des branchies.

C. Alors j'ai quitté ma maison, on m'a enfermée dans un vivarium en compagnie de quelques frères et sœurs.
Chaque jour, ma queue raccourcissait. Un matin, j'ai été très étonnée de sentir que je n'avais plus de queue. J'étais heureuse de n'avoir plus à subir de métamorphose. Les enfants entouraient ma maison et j'ai entendu : « Maîtresse, il y a une vraie grenouille dans le vivarium ! Plouf, elle a plongé ! Comme elle nage bien ! »

D. Au bout de trois jours, elles avaient disparu ! Pourquoi ? Comment ? Je me le demande.
J'avais faim et j'ai commencé à grignoter les plantes d'eau. J'ai grossi, j'ai grandi, j'ai nagé de mieux en mieux. J'avais une longue queue et une énorme tête. J'ai entendu les élèves dire que j'étais un têtard de grenouille, à cause de ma grosse tête sûrement !
Alors, on m'a donné des morceaux de carotte, des vers de terre et j'ai même mangé des têtards morts.

D'après Victor Host, *Recherches pédagogiques* n° 86, INRP, D.R.

Questions

1. **Remets le récit dans le bon ordre.**
2. **Après l'avoir remis dans le bon ordre, relis le récit et note au fur et à mesure de la lecture tous les changements de Grisette dans sa jeunesse.**
3. **Qu'est-ce que des « branchies » ? À quoi servent-elles ?**
4. **Qu'est-ce qu'une « larve » ?**
5. **Quel nom est donné à la larve de grenouille ?**

Échanges de bons procédés

Imaginez que vous soyez une fleur. Une fleur de cerisier par exemple.

Vos étamines sont bien mûres, bien couvertes de pollen, vous attendez que toute cette bonne marchandise tombe dans votre pistil et féconde vos ovaires qui grossiront et deviendront bientôt de splendides cerises luisantes, dodues et juteuses… Et juste à ce moment-là, catastrophe ! Voilà une grosse abeille ouvrière qui arrive et qui, sans même vous dire bonjour, sort ses peignes, ses brosses, ses paniers, tout son petit matériel et allons-y… plus de pollen, plus rien !

Apparemment, cela ne fait pas très civilisé… Mais en y regardant d'un peu plus près, voyez-vous, on s'aperçoit que, tout compte fait, la fleur a intérêt à attirer les abeilles chez elle, quitte à leur sacrifier en échange une bonne partie de son pollen. En effet, sans l'intervention d'un insecte, le pollen des étamines a toutes les chances de tomber ailleurs que sur le pistil (…).

Voyons maintenant ce qui se passe au moment de la visite de l'abeille. En faisant sa petite cueillette, la voleuse qui est, comme vous le savez, couverte de longs poils, va immanquablement tacher sa fourrure d'un peu de la précieuse poussière.

Puis elle s'envolera jusqu'à une autre fleur et là – sans le faire exprès, bien sûr – elle aura toutes les chances de frotter le pistil en passant et d'y laisser quelques grains de pollen. Oh ! Pas grand-chose… mais bien suffisamment tout de même pour permettre la fécondation des ovules.

Texte *La Hulotte* n°s 28-29, pp. 13-15, 1978.
lahulotte.fr

Question

1. **De quelle fleur est-il question dans ce texte ?**
2. **Qu'est-ce que le « pistil » ?**
3. **Pourquoi le pollen est une « bonne marchandise » ou bien une « précieuse poussière » pour la fleur ?**
4. **Quels sont les « outils » de l'abeille pour récolter le pollen des étamines ?**
5. **Sais-tu pourquoi l'abeille récolte le pollen ?**
6. **Explique comment l'abeille et la fleur trouvent chacune leur compte dans ces « échanges de bons procédés ».**

Corps et santé

35. Pourquoi ma jambe se plie-t-elle en deux quand je cours ?

• Je m'interroge

Tu cours sans réfléchir, mais sais-tu...
Pourquoi, quand tu cours, ton membre inférieur se plie-t-il ?
Que se passerait-il si tu n'avais pas d'os ? Comment tes muscles font-ils bouger ton corps ? Qui commande tes muscles ?

1 Que fait ta jambe quand tu marches ou quand tu cours ?

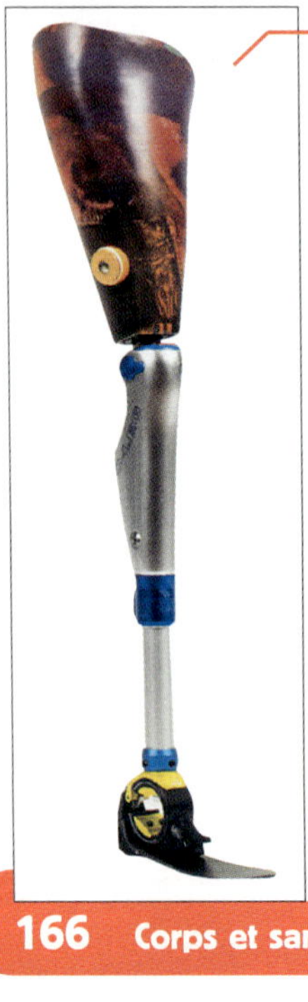

2 Quelles ressemblances et quelles différences entre ta jambe et cette jambe artificielle ?

3 Comment les jambes de ce coureur sont-elles informées qu'elles devront se plier après le saut ?

• Je cherche

1 À la découverte de ton membre inférieur

a Dessine et explique, en t'aidant de la silhouette ci-contre, ce qu'il se passe dans ton **membre*** inférieur quand tu plies la jambe.

b Dans ta **jambe***, essaie de repérer :
– les parties qui peuvent bouger,
– les articulations,
– les muscles,
– les points d'attache des muscles aux os.

2 Comment ça marche ?

a Parmi les maquettes suivantes, laquelle ou lesquelles correspondent le mieux au fonctionnement de ton membre inférieur ?
Les parties en carton correspondent aux os, les ficelles aux muscles.

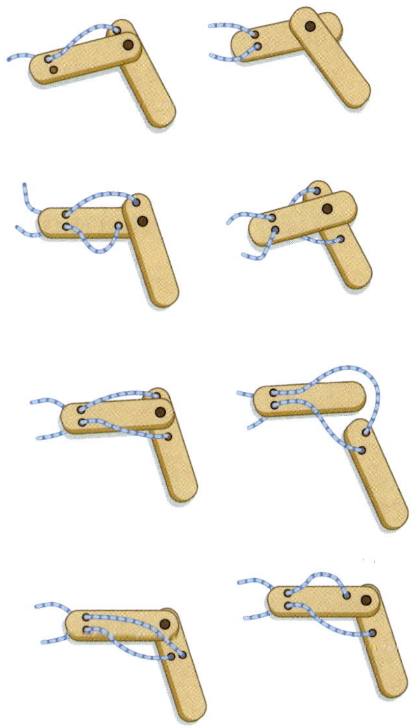

b Fabrique ta propre maquette montrant comment bougent respectivement les différentes parties l'une par rapport à l'autre : la cuisse, la jambe et le pied.

Matériel au choix :
– cartons, tubes, morceaux de bois,
– punaises, attaches parisiennes, scotch,
– élastiques, rubans, rubans extensibles, pâte à modeler,...

3 Qui informe tes membres ?

Fabrique un petit sac de graines (lentilles ou riz) de 5 centimètres de diamètre. Demande à un camarade de t'envoyer ce petit sac sur le pied et essaie de jongler avec, le plus de fois possible.
– Qu'est-ce qui commande les muscles de ta jambe et de ta cuisse ?

Recommence l'opération en fermant les yeux (ton camarade doit dire « Top » quand il envoie le petit sac).

• Je comprends

1 Les muscles tirent sur les os

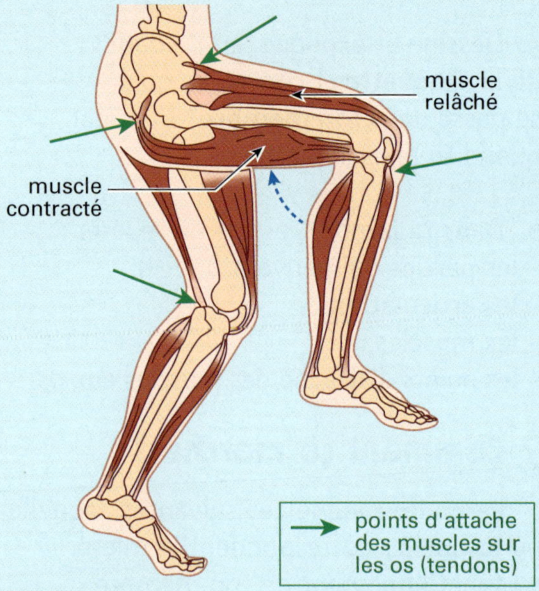

• Un muscle est toujours attaché à deux os.
• Quand un muscle se contracte, il se raccourcit et tire sur les os auxquels il est attaché.
• Comme ces os sont reliés de façon mobile par une articulation, ils bougent l'un par rapport à l'autre.
• Certaines articulations permettent des mouvements dans tous les sens (la hanche permet de lancer la jambe en avant, mais aussi de l'écarter).
D'autres articulations, comme le genou, n'autorisent qu'un seul type de mouvement.

2 Les muscles fonctionnent deux par deux

Pour réaliser un mouvement, il faut au moins deux muscles. Par exemple, un muscle permet de tendre la jambe et un autre de la plier. Quand un muscle est contracté, l'autre est relâché (voir dessin ci-dessus).

3 Le cerveau commande les muscles

Notre cerveau envoie des messages aux muscles. Ces messages circulent par les **nerfs*** et ils commandent aux muscles de se contracter plus ou moins.

mon petit dico

Le mot **jambe** est ambigu : il n'a pas le même sens en anatomie et dans la vie courante. En anatomie, il correspond seulement à la partie située entre le genou et le pied.

Un **membre** est l'une des quatre parties du corps qui s'attachent au tronc. Le membre inférieur comprend la cuisse, la jambe et le pied.
Les **nerfs** moteurs conduisent les informations du cerveau aux muscles.

Les phases de la course

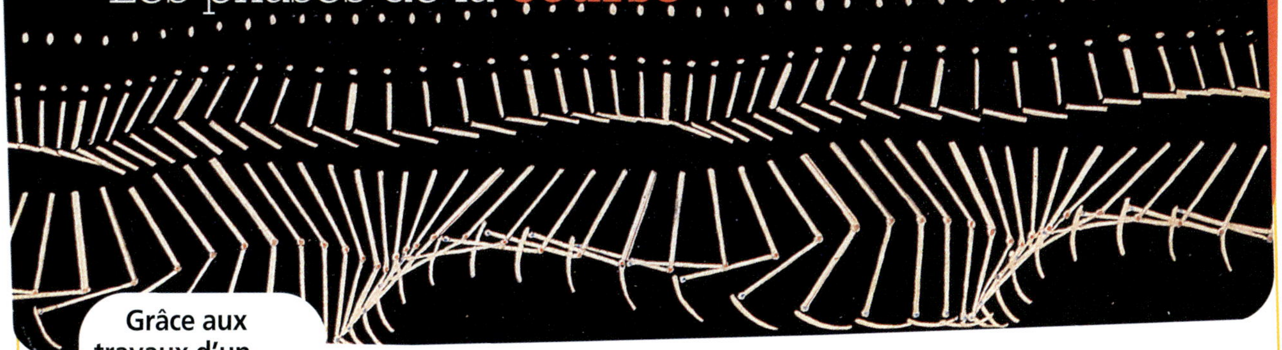

Grâce aux travaux d'un physiologiste photographe de la fin du XIXe siècle, Étienne Jules Marey, on a pu repérer les trois phases de la course :
- appui sur un pied ;
- appui sur l'autre pied ;
- entre les deux le corps est complètement en l'air.

Le dopage se banalise

« Mettons que les sportifs arrêtent le doping, on aura l'air malin, nous, devant nos téléviseurs à attendre qu'ils battent les records » (Coluche)

Les affaires de dopage se sont multipliées dans le milieu du sport ces dernières années :

Les **anabolisants** sont dérivés de l'hormone sexuelle mâle. Ils développent les muscles et permettent d'augmenter la force, la puissance, l'endurance, l'agressivité et aussi la vitesse de récupération après une blessure.

Les **corticostéroïdes** sont des substances antifatigues qui permettent de poursuivre un effort qui serait insupportable dans des conditions normales.

Toutes ces substances, comme les drogues, entraînent une dépendance, mais aussi des dépressions, une diminution de la concentration et de la capacité de coordination et surtout des cancers.

Records dans la nature

Les humains les plus rapides sont largement battus par de nombreux animaux :

Le **zèbre** galope à **75 km/h**.

• Le record est détenu par **le guépard** avec ses **110 km/h**, mais seulement **sur 400 mètres.**

L'autruche court à **70 km/h** grâce à ses pattes puissantes et ses genoux flexibles et souples.

Même **l'éléphant** atteint **40 km/h** sur de très courtes distances !
L'homme est également battu par plus petit que lui : **un lapin** prend la fuite à **38 km/h** alors que **nos meilleurs sprinters** courent à **36,8 km/h !**

36. Pourquoi mon pipi est-il jaune même si je bois de la menthe ?

• Je m'interroge

As-tu remarqué que quoi que tu manges et quoi que tu boives, ton pipi est toujours jaune ?
Sais-tu d'où vient le pipi et de quoi il est constitué ?

1 Pourquoi les urines sont-elles toujours jaunes quelle que soit la couleur de ce que tu avales ?

2 Le liquide que l'on boit va-t-il directement dans les urines ?

• Je cherche

1 Quelle est la couleur du pipi au cours de la journée ?

Victor a noté sur un cahier la couleur du pipi (ses urines) qu'il a fait en une journée ainsi que ce qu'il a mangé et bu :

Heure	Couleur	Ce que j'ai mangé ou bu avant
8 h 00	Jaune foncé	Pamplemousse Steak haché Salade, fruit
11 h 00	Jaune	Chocolat au lait Tartine à la confiture de cerises
13 h 00	Jaune clair	Eau
15 h 30 min	Jaune	Blanc de poulet Pâtes aux tomates Glace aux fraises

a Que remarques-tu concernant la couleur de l'urine ?

b Penses-tu que la couleur de l'urine dépend de ce que l'on boit ou de ce que l'on mange ? Justifie ta réponse.

2 Pourquoi ne fait-on pas pipi vert ?

Essaie de te documenter pour découvrir de quoi sont faites les urines et comment elles sont fabriquées.

3 Par où passe l'eau dans ton corps ?

a Sur ton cahier, dessine une silhouette et trace le trajet de l'eau que tu bois.

b Trois élèves ont fait comme toi et voici leurs propositions : y en a-t-il une d'exacte ? Pourquoi ?

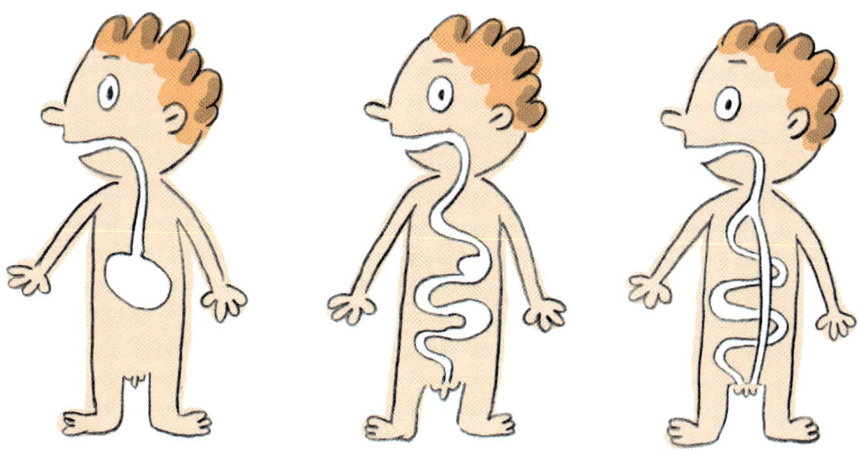

• Je comprends

1 La fabrication de l'urine

Le sang recueille tous les déchets des organes de notre corps. Le sang est filtré en permanence par les reins : le sang propre repart dans le corps et les déchets dissous sont évacués par l'urine.

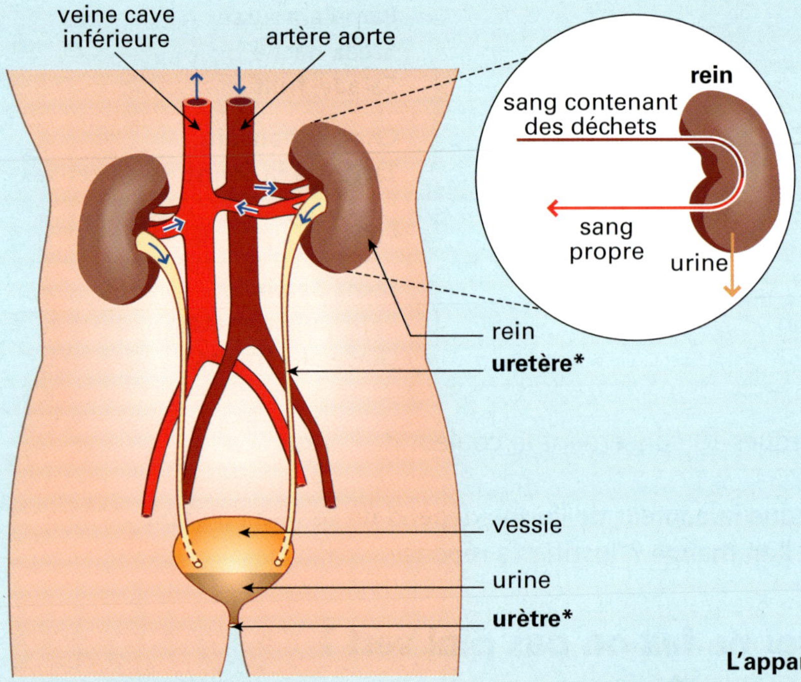

L'appareil urinaire

2 La couleur de l'urine

- L'eau du corps ne va pas directement de la bouche à la vessie.
Elle est absorbée dans les intestins et passe dans le sang.
Les différents colorants alimentaires ont disparu, ils n'ont pas été absorbés par la paroi de l'intestin et ont été évacués avec les autres excréments par l'anus.
- Les urines sont toujours jaunes parce qu'elles contiennent des déchets jaunes : les pigments biliaires et l'urée fabriqués par le foie.
Le seul colorant qui se retrouve dans l'urine est celui de la betterave. C'est ainsi que tes urines sont rougeâtres quand tu manges de la betterave rouge.

mon petit dico

L'**uretère** est le tuyau qui conduit les urines du rein à la vessie. Il y a deux uretères : un pour chaque rein. Ne pas confondre avec l'urètre.
L'**urètre** permet l'évacuation de l'urine vers l'extérieur. Chez la femme, il est court (environ 4 centimètres) et part directement de la vessie jusqu'à la vulve. Chez l'homme, il mesure environ 20 centimètres. Il passe par la verge et il permet d'évacuer aussi le sperme.

Je vais plus loin

Sais-tu pourquoi ?

Peut-être as-tu remarqué qu'il est écrit dans les pages précédentes : « les urines » et non l'urine ! Jusqu'au XIXᵉ siècle, les chercheurs pensaient qu'il existait deux sortes d'urines qui se mélangeaient dans la vessie : celle que l'on connaît, fabriquée par les reins, et une autre provenant du cerveau et descendant par la moelle épinière !

Bois-tu assez ?

Il suffit d'observer la couleur de tes urines : si elles sont jaune clair, c'est que tu bois assez. Sinon, il faut boire davantage.

Drôles de goûteurs…

Les médecins de la Renaissance **humaient et goûtaient les urines.** Pour eux, l'urine était le **« reflet du corps ».** Par exemple des urines sucrées indiquaient une maladie précise : le diabète. Aujourd'hui, on fait encore des analyses d'urine pour connaître son état de santé.

Connais-tu l'amaroli ?

Amaroli ou urinothérapie : **guérir par l'urine.**
L'urine a des vertus désinfectantes car c'est un liquide sans microbes. Certaines personnes s'en servent pour désinfecter leur peau ou la boivent pour purifier leur corps.

37. Pourquoi a-t-on soif ?

• Je m'interroge

Boire de l'eau est indispensable à la vie. Sans une goutte d'eau, tu ne survivrais qu'une quinzaine de jours au maximum. Pourquoi as-tu besoin d'eau ? À quoi sert-elle dans ton corps ? Par où la perds-tu ? Que signifie « avoir soif » ?

1 Pourquoi cet enfant boit-il ?

2 Qu'est-ce qui s'échappe de la bouche de cette enfant ?

3 Connais-tu toutes les manières de perdre l'eau de ton corps ?

• Je cherche

1 D'où vient l'eau que tu bois ?

Cherche à calculer la quantité d'eau que tu absorbes dans une journée : il y a le liquide que tu bois, mais aussi l'eau contenue dans les aliments que tu manges. Tu peux t'aider du tableau ci-contre :

Tableau des aliments
(quantité d'eau pour 100 g d'aliments)

Viande	60 g
Pain	20 g
Pâtes/riz	50 g
Salade	99 g
Légumes	85 g
Fruits	90 g
Beurre	2 g

2 Par où perds-tu ton eau ?

De quelles manières ton corps peut-il perdre de l'eau ? Note-les sur ton cahier. Recopie le schéma ci-contre et mets des flèches.
Quelques pistes pour t'aider :
– que se passe-t-il sur ta peau quand il fait chaud ou que tu as couru ?
– que se passe-t-il quand tu souffles sur une glace en hiver ?
– que se passe-t-il quand tu fais pipi ou que tu pleures ?

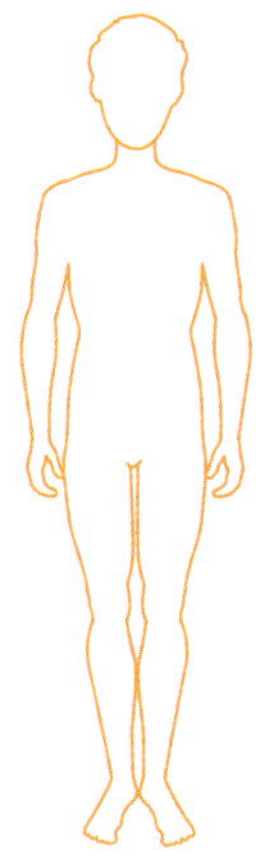

3 Que d'eau, que d'eau !

Si cette enfant pèse 30 kg, combien son corps contient-il d'eau ? (1 litre d'eau pèse 1 kg).

– Cite un organe très riche en eau et un organe plutôt pauvre en eau.

Je comprends

1 Nous avons besoin d'eau

- De l'eau, il en existe dans tous les organes : cerveau, poumons, cœur, estomac, reins, muscles, sang et même dans les os.
- L'eau a de nombreux usages :
  - dans le sang, elle sert à transporter la nourriture et les déchets dissous ;
  - elle régule la température de ton corps. La transpiration, c'est-à-dire l'évaporation de l'eau à la surface de la peau, utilise la chaleur du corps, ce qui le rafraîchit ;
  - elle organise la forme de tes **cellules*** et permet l'existence des influx nerveux qui te permettent de sentir ou de penser.

2 Le corps perd de l'eau en permanence

- L'**organisme*** élimine l'eau de diverses manières : l'urine, la transpiration, l'air des poumons et les selles.
- Chaque jour, 2,5 litres d'eau sortent du corps.
- Pour éviter la déshydratation, il faut faire entrer autant d'eau qu'il en sort. Ce sont les aliments qui apportent la majorité de l'eau mais il faut boire au minimum 1 litre par jour pour atteindre un apport en eau suffisant ; et beaucoup plus lorsqu'il fait chaud car on transpire beaucoup.

3 On boit quand on a soif

- La soif n'est qu'un signal qu'envoie ton corps pour que tu prennes conscience qu'il manque d'eau. Mieux vaut donc boire avant d'avoir soif !
- Un des premiers signes du manque d'eau est la fatigue. L'eau est indispensable à ta vie. Les deux tiers de ton corps sont composés d'eau. Si tu pèses 30 kg, sans eau tu pèserais 10 kg !

mon petit dico

Les cellules : sont des éléments minuscules qui constituent tes organes. C'est dans les cellules que se déroulent les processus vivants : fabrication des produits de ton corps, utilisation de l'énergie…

L'organisme : est l'ensemble des organes qui constituent un être vivant.

L'eau est **désaltérante !**

L'eau passe la soif sans donner soif. C'est tout le contraire de certains sodas qui contiennent de la caféine et beaucoup de sucres : plus on en boit, plus on a soif. C'est pourquoi il faudrait toujours boire au moins un verre d'eau avec chaque verre de soda.
L'eau du robinet est la boisson qui passe le mieux la soif.
À la fois désaltérante et saine, elle se distingue par sa qualité. Et qui plus est, à un prix imbattable.

Parfois, l'eau du robinet a un petit goût de chlore, un produit que l'on met pour la désinfecter… tu peux alors la mettre dans une carafe et la boire deux heures après. Le chlore se sera volatilisé.

Si tu es sportif, tu dois boire beaucoup mais aussi **consommer du sel**

Quand tu fais du sport, tu transpires. Tu perds de l'eau mais aussi du sel. Ta peau n'a-t-elle pas un goût salé lorsque tu as transpiré ? Si tu ne fais que boire, tu as encore plus soif : il faut également prendre du sel. Il suffit de manger des fruits ou de boire des jus de fruits et des bouillons ou d'avaler trois grains de sel de cuisine.

Un **économe** d'eau

Les chameaux peuvent vivre sans eau pendant 8 jours par une température de 50 °C. Pendant cette période, l'animal perd un quart de sa masse. Il peut survivre plus longtemps, et jusqu'à perdre presque la moitié de l'eau de son corps. En réalité, les bosses du chameau contiennent essentiellement de la graisse qui est transformée en eau selon les besoins.
Le chameau peut retarder la transpiration de son corps en augmentant sa température corporelle jusqu'à 41 °C, empêchant ainsi la perte d'eau.

38. Pourquoi les bonbons sont-ils sucrés et les chips salées ?

• Je m'interroge

C'est agréable de manger. Mais comment peux-tu distinguer un aliment salé d'un aliment sucré ? Qu'est-ce qui te permet de les distinguer ?

1 Quelle est la principale différence au goût entre ces 2 aliments ?

2 Quelle est la principale différence au goût entre ces 2 aliments ?

3 À quoi sert la langue ?

4 Puis-je goûter sans mon nez ? Et sans mes yeux ?

Je cherche

1 Dégustations

a Goûte en prenant le temps :
– de la confiture (prends une petite cuillère de confiture) ;
– des chips (prends une seule chips) ;
– un jus de citron (presse un citron sans rien ajouter) ;
– du chocolat à 70 % de cacao.

b Entre chaque aliment dégusté, réponds aux questions suivantes et bois un peu d'eau pour te « rincer » la bouche.

– Cet aliment est-il : sucré, salé, acide, amer ?
– En le goûtant, ressens-tu d'autres sensations ?
– Où les ressens-tu :
dans la bouche, sur la lèvre, les joues, les mâchoires, au fond ?
– Que ressens-tu si tu souffles ensuite par le nez ?
– Que ressens-tu si tu te bouches le nez ?

2 Le jeu des familles

Essaie de trouver d'autres aliments qui ont chaque goût écrit dans le tableau : Recopie ce tableau sur ton cahier d'expériences et complète-le.

Goût	Aliments
sucré	
salé	
acide	
amer	

3 À quoi servent les yeux ?

Prends trois yaourts sans sucre, ajoute à chacun d'eux un colorant alimentaire : un jaune, un rouge et un vert puis fais-les goûter à un camarade (sans qu'il le voie). Demande-lui de dire à quel parfum est chacun de ces yaourts. Explique pourquoi il s'est trompé.

• Je comprends

1 La langue sert à goûter

• La langue est un organe qui permet de sentir les goûts des différents aliments. Elle possède à sa surface de nombreuses **papilles*** très sensibles (photo au **microscope électronique***). Certaines sont visibles en tirant la langue devant une glace.

• Les papilles reçoivent la saveur de ce que l'on mange et envoient l'information au cerveau qui reconnaît les goûts. La langue est sensible principalement à quatre saveurs : le goût sucré, le goût salé, le goût acide et le goût amer.

Papilles du goût au microscope

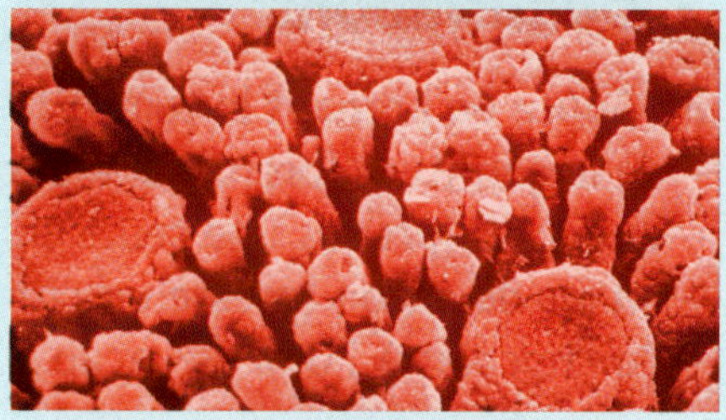

Voici les zones de la langue qui sont plus ou moins sensibles à ces 4 goûts :

Parties sensibles

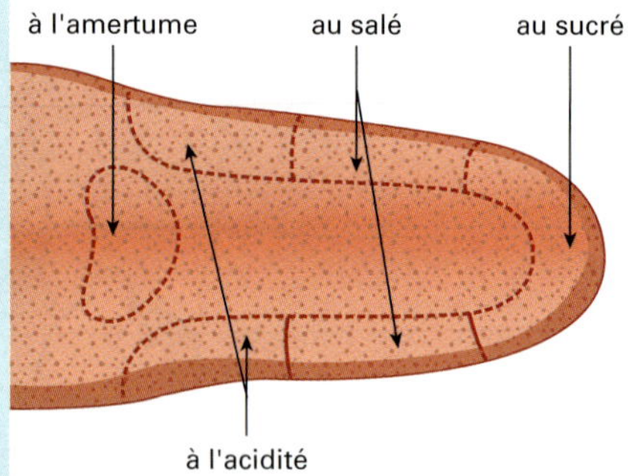

2 Le nez sert aussi à savourer

• Le nez permet de sentir les odeurs des aliments dans la bouche car il y a un conduit entre la bouche et l'intérieur du nez.
Lorsqu'on a le nez bouché, les aliments n'ont pas du tout le même goût.
• Les odeurs des aliments provoquent d'autres sensations qui font aimer ou ne pas aimer les aliments. On les appelle les **flaveurs***.
• Le goût et l'odorat sont difficilement dissociables ; ces deux sens sont sollicités ensemble lors de l'alimentation.

3 C'est le cerveau qui goûte !

• Un yaourt coloré en jaune semblera avoir le goût du citron, seulement à cause de la couleur.
En effet, le cerveau traite toutes les informations en même temps : odeurs, saveurs et couleurs des aliments.
• Chez l'être humain, la vision domine souvent l'odorat : de l'eau avec un colorant vert semblera avoir le goût de menthe.

mon petit dico

Flaveur : sensation produite par le fond de ta bouche et de ton nez ; elle est un mélange d'odeurs et de saveurs.

Microscope électronique : microscope qui permet de grossir beaucoup plus que le microscope optique « normal ». Il n'utilise pas la lumière mais un rayon de particules (des électrons).

Papilles : petits renflements en forme de cônes sur la langue renfermant les terminaisons des nerfs.

• Je vais plus loin

Un petit déjeuner…

… chez les Japonais

… chez les Anglais

… chez les Indiens

… chez les Français

Pourquoi déguster ?

Le goût du chocolat du matin ou celui de l'exceptionnelle tarte aux fraises s'inscrivent dans notre cerveau. Le goût est une sensation élaborée par chacun d'entre nous à partir des stimulations que le cerveau reçoit de nos sens, ici les papilles de la langue.

Apprenons à goûter, et aussi à sentir l'odeur ou la consistance des aliments que nous mangeons : c'est-à-dire à mieux utiliser nos sens.

Un monde d'odeurs, de saveurs et de textures se révélera petit à petit.

Pour bien déguster, il faut prendre très peu de nourriture, puis la laisser dans la bouche en mâchant et noter tout ce que l'on ressent…

C'est encore mieux si l'on ferme les yeux.

(Manger ! **Encore manger !**)

Pour vivre, mon corps traite environ **un kilo à un kilo et demi d'aliments par jour.** Cela semble peu, mais **en une vie,** j'ingurgite quand même, en bon Européen carnivore, quatre bœufs, vingt porcs, huit moutons, quatre cents poulets, deux cent cinquante kilos de poisson, trois mille kilos de pain, de pâtes ou de riz, sept mille kilos de fruits et de légumes, six cents kilos de beurre, d'huile ou de margarine… Soit **environ quarante tonnes**, l'équivalent d'un semi-remorque aux normes européennes.

Extrait de *Mon corps, la première merveille du monde*, André Giordan, Lattès, 2000.

39. Que deviennent les aliments que nous mangeons ?

• Je m'interroge

Au fait, pourquoi mange-t-on ? On dit : « parce qu'on a faim », « pour vivre », « pour avoir de l'énergie... » mais est-ce vraiment la « bonne » explication ?

1 À quoi cela sert-il de manger ?

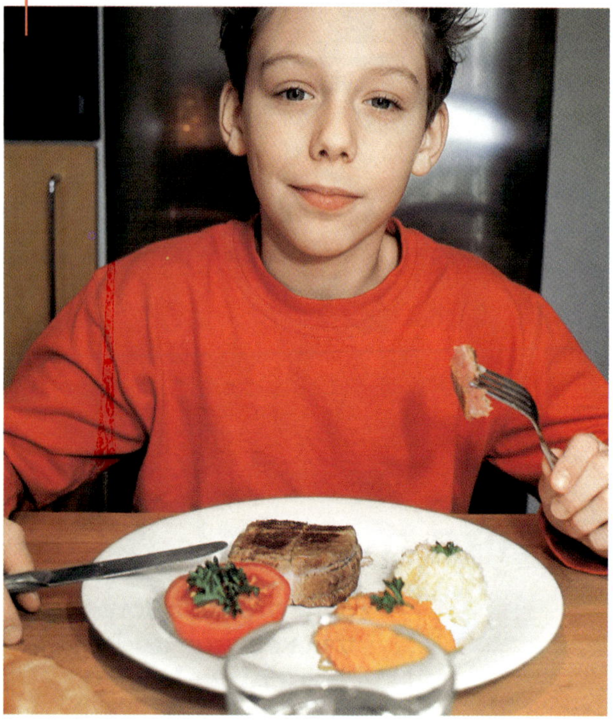

2 Quel chemin va suivre un morceau de pain dans son corps ? Quelles transformations va-t-il subir ?

3 Comment le bébé peut-il grandir en buvant seulement du lait ?

4 Pourquoi ne peut-on pas boire et manger seulement les aliments qui nous font plaisir ?

Je cherche

1 Et si l'on avale un chewing-gum ?

Si tu avales un chewing-gum, par où va-t-il passer dans ton corps ?
Parmi ces dessins d'enfants, y en a-t-il un d'exact ? Sur ton cahier, essaie d'en réaliser un qui soit correct et indique le trajet du chewing-gum avalé.

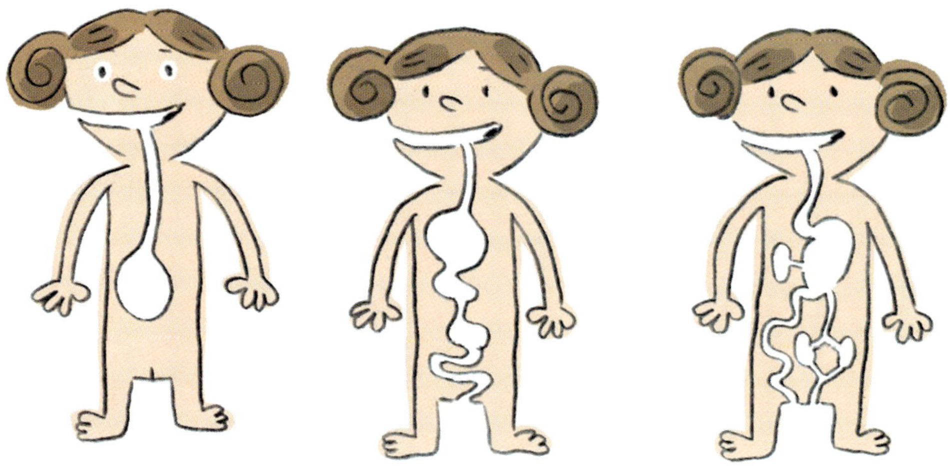

2 Que se passe-t-il dans ta bouche ?

Prends un morceau de pain, commence à le mâcher puis réponds aux questions suivantes :

- Comment est le pain au début ?
- Que ressens-tu au niveau des dents ?
- Comment devient le pain au bout d'une minute ?
- Que ressens-tu comme goût :
  - sur ta langue ?
  - au fond de ta gorge ?
- Pendant combien de temps ressens-tu un goût ?
- D'où provient ce liquide qui coule dans ta bouche quand tu mâches ?
- Qu'est-ce qui te permet de mâcher ?

3 Les transformations de ce que tu manges

a On estime qu'un être humain ingurgite environ 1 kg d'aliments par jour, en moyenne.
– Calcule combien de kilogrammes d'aliments un être humain aura ingurgité à l'âge de 18 ans.

b En moyenne, un être humain de 18 ans pèse entre 50 et 80 kg.
– Que sont devenus tous les aliments qu'il a mangés ?

• Je comprends

1 Le trajet et les transformations des aliments

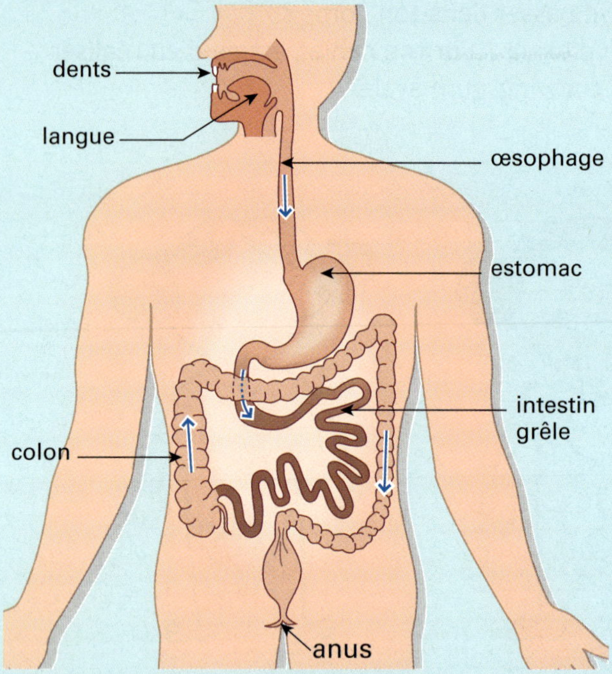

Le système digestif*

• Après avoir été bien mâchés (c'est très important) et entourés de salive, les aliments sont conduits par l'œsophage jusqu'à l'estomac. Ils y sont brassés et ils subissent des transformations chimiques.

• Lorsqu'ils sont sous forme d'une pâte épaisse, ils sont envoyés par l'estomac dans l'intestin grêle. Ils sont alors arrosés par d'autres **sucs digestifs*** qui les transforment en une bouillie liquide.

• En fait, cette bouillie contient les éléments essentiels des aliments : les nutriments.
Tout au long du tube digestif, les aliments sont donc transformés : ils sont digérés.

2 Ce que deviennent les nutriments

• Les nutriments passent dans le sang qui circule autour de l'intestin grêle.
Ces nutriments nous apportent de l'énergie mais aussi la matière de notre corps.
En permanence nos muscles, notre sang, notre cerveau sont complètement refabriqués grâce à ce que nous mangeons... Ce que nous mangeons devient nous !

• Comment le poulet, les frites, la salade ou la glace au chocolat « fabriquent »-ils le corps ?
Le système digestif « démonte » les aliments en petits éléments pour qu'ils puissent traverser la paroi de l'intestin grêle vers le sang puis vers tous les organes du corps.
Ensuite, ces petits éléments (sucres, graisses, protéines, eau et sels minéraux) seront « remontés » pour fabriquer la chair et les os.

3 Pour une alimentation équilibrée

Notre corps a besoin en permanence de sucres, de graisses, de protéines, d'eau et de sels minéraux mais pas en n'importe quelle quantité. Si l'on consomme trop de graisses, de sucre et de sel, cela perturbe le fonctionnement des organes et peut provoquer des maladies graves (diabète, maladies cardiovasculaires).

mon petit dico

Le **système digestif** est l'ensemble des organes qui s'occupent de la digestion.
Un **suc** est un liquide secrété par le corps.
Les **sucs digestifs** contiennent notamment des enzymes, des sortes de « ciseaux microscopiques » pour découper les aliments.
La **diététique** est la science de l'alimentation équilibrée.

• Je vais plus loin

Des mots **plein la bouche**

Relie ces expressions à leur signification

Avoir l'estomac dans les talons	1	a	Faire de gros efforts pour arriver à faire quelque chose.
Ne pas être dans son assiette	2	b	Prendre quelque chose à quelqu'un juste au moment où il en profite.
Mettre les bouchées doubles	3	c	Ne pas se sentir bien.
Retirer le pain de la bouche à quelqu'un	4	d	Quelque chose de difficile à faire.
C'est pas de la tarte !	5	e	Avoir très faim.

Des produits **pas si allégés…**

Selon le règlement européen, un produit est allégé ou « light » s'il contient au moins 30 % de nutriments en moins (gras et sucre) par rapport au produit normal. Toutes les autres mentions sur les étiquettes du type : « sans sucre ajouté », « 0 % de matières grasses », etc. ne veulent rien dire.

Presque pas de lipides (le gras) mais presque autant de sucre qu'un yaourt normal !

Yaourt aux fruits 0%
Calories : 66 kCal
Protides : 5,60 g
Lipides : 0,13 g
Glucides : 10,60 g

Yaourt aux fruits
Calories : 93 kCal
Protides : 3,20 g
Lipides : 3,10 g
Glucides : 13,10 g

L'équilibre alimentaire sur les doigts de la main

Nul besoin d'être un spécialiste en **diététique*** pour savoir si tu manges équilibré : il suffit de savoir compter sur ses doigts. En effet, les aliments peuvent être classés en cinq groupes selon ce qu'ils apportent. Au cours d'une journée, vérifie si tu as bien consommé des aliments de chaque groupe. Et, surtout, n'oublie pas : l'eau est la seule boisson alimentaire.

40. Pourquoi mon cœur bat-il plus vite quand j'ai couru ?

• Je m'interroge

Surprenant, ce cœur qui bat en permanence dans la poitrine ! Qu'est-ce qui le fait battre ? Pourquoi bat-il plus vite quand tu as couru ? Pourquoi ta respiration augmente-t-elle en parallèle ?

1 Mes poumons font-ils battre mon cœur ?

2 Comment le sang arrive-t-il dans la peau ?

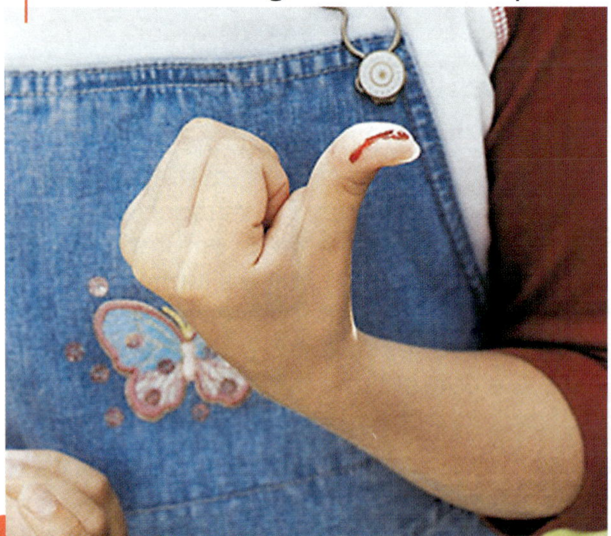

3 Comment les plongeurs peuvent-ils rester si longtemps sans remonter à la surface ?

• Je cherche

1 Mesure le rythme cardiaque de ton cœur

a Reste assis calmement pendant deux minutes, puis compte le nombre de battements de ta **carotide*** (comme sur la photo) en une minute.

b Accroupis-toi et redresse-toi 10 fois de suite. Compte alors les battements dans ton cou : que constates-tu ? Attends 2 minutes et recommence à compter. Fais de même 5 minutes après.

c Recopie ce tableau sur ton cahier et complète-le.

Temps (min.)	1er essai	2e essai
Battements par minute au repos	...	...
Battements par minute après l'exercice	...	
Battements par minute 2 minutes après l'exercice	...	
Battements par minute 7 minutes après l'exercice	...	

– Recommence (2e essai) : Que constates-tu ?

d Refais le même exercice en comptant le nombre de **ventilations***. Fais un tableau : compare le nombre de battements de cœur avec le nombre de ventilations.

2 Repère les modifications de l'air dans les poumons

Où passe l'oxygène que j'ai inspiré ? D'où vient le **dioxyde de carbone*** que j'expire ?
Composition de l'air pour 100 litres :

Constituants de l'air	Air inspiré (en litres)	Air expiré (en litres)
Oxygène	21	16,5
Dioxyde de carbone	des traces	4,5
Azote	79	79

a Que constates-tu sur la quantité d'oxygène entre l'air inspiré et l'air expiré ?

b De même sur la quantité de dioxyde de carbone puis d'azote ?

• Je comprends

1 Le cœur bat plus vite après un effort

• Le cœur est un muscle qui se contracte tout seul. Il fonctionne comme une pompe : il propulse le sang dans tout le corps.
• Pendant et juste après un exercice, ton corps a besoin de plus d'oxygène.
Donc ton cœur bat plus vite pour répondre à cette demande d'oxygène. Il fait circuler le sang plus vite pour apporter plus d'oxygène. Ta respiration devient également plus rapide.

2 Comment l'oxygène arrive dans le sang

• Au repos, tout ton sang passe dans tes poumons en une minute. Lorsque ton sang passe dans tes poumons, il se charge en oxygène prélevé dans l'air.
• Les poumons sont constitués de 200 millions de petites poches : les alvéoles pulmonaires. Toutes dépliées, elles mesurent la même surface qu'un terrain de tennis ! Ces alvéoles sont entourées de multitudes de très petits tuyaux : les capillaires sanguins. L'air arrive dans les poumons lorsque tu inspires et passe par les alvéoles pour arriver dans le sang.
• Le sang transporte l'oxygène dans tout le corps et jusqu'au bout de tes doigts.

L'appareil respiratoire

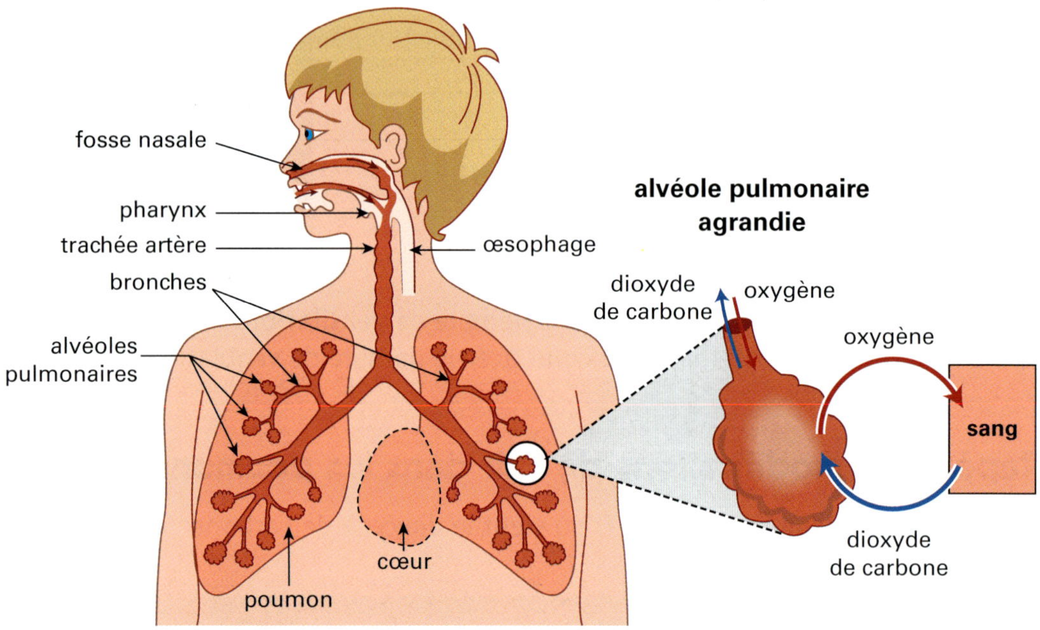

3 Maîtriser son rythme cardiaque

On peut maîtriser le réflexe « inspiration/expiration ». Tu peux par exemple t'entraîner à respirer moins vite pour te relaxer (lire page ci-contre).
Tous les grands sportifs ont un rythme cardiaque plus lent que la moyenne de la population.

mon petit dico

Une **ventilation** correspond à une inspiration et à une expiration.
Le **stéthoscope** est un instrument qui permet au médecin d'écouter les bruits du corps (essentiellement le cœur et les poumons).
La **carotide** est l'artère qui conduit le sang au cerveau.
Le **dioxyde de carbone** = le gaz carbonique (CO_2).

Je vais plus loin

L'origine du **stéthoscope**

C'est en 1816, en regardant des enfants jouer avec un rouleau de papier, que René Laennec eut l'idée du **stéthoscope***.
Il posa une extrémité du tube creux sur la poitrine de ses patients pour mieux entendre les battements de leur cœur. Il apprit à reconnaître les bruits caractéristiques de certaines affections.
Il perfectionna ensuite son appareil en utilisant un cylindre de bois percé, en son centre, d'un tube.

△ Le tube creux qu'utilisait Laennec

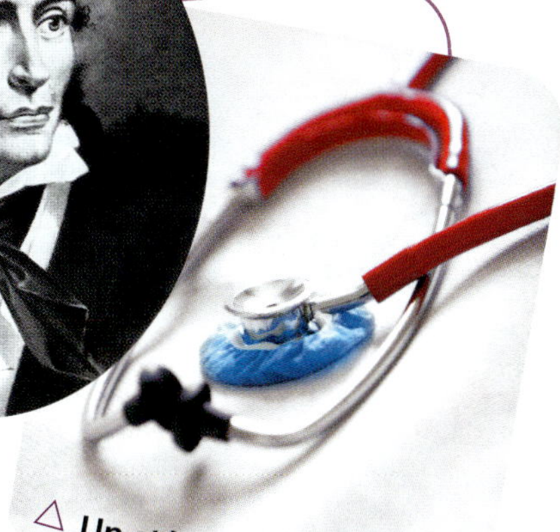

△ Un stéthoscope actuel

Le vocabulaire de la **respiration**

La respiration est très intimement liée à la vie. On le constate dans certaines expressions :

NAISSANCE : « Le bébé a pris son souffle. »
MORT : « Il a expiré. » ou « On a recueilli son dernier souffle. »
VIE : « Le souffle vital. »
RÉSISTANCE : « Avoir du souffle »
INSPIRATION : « Souffle créateur. » ou « Souffle d'un écrivain. »

Rythme cardiaque des **plongeurs**

Le record du monde de plongée en poids constant sans palme établi en août 2007 par Martin Stepanek est de 83 mètres de profondeur. Pour cela, le plongeur est resté **3 minutes 28 secondes sans respirer.** Pour tenir si longtemps sans respirer, les plongeurs apprennent à diminuer leur rythme respiratoire.

Respirer pour se relaxer

Voici un exercice de relaxation que tu peux faire partout et souvent.

PRÉPARATION : Pose ta main sur ton estomac et respire par le nez. Tu dois sentir ton ventre se gonfler d'air quand tu inspires, puis se vider quand tu expires.
Quand tu maîtrises bien cette respiration dite abdominale, tu peux commencer l'exercice :

Assieds-toi, sur une chaise devant une table et pose ta tête sur la table ou allonge-toi sur le dos, les bras le long du corps.

1. Inspire profondément en gonflant ton ventre au maximum pendant 10 secondes.
2. Expire, pour vider ton ventre, aussi longtemps que tu le peux. Recommence en essayant de sentir dans ton corps les zones tendues : tu les contractes en inspirant puis tu les détends en expirant.

41. Pourquoi faut-il être deux pour faire un petit d'homme ?

• Je m'interroge

N'est-ce pas merveilleux qu'un homme et une femme puissent concevoir à leur tour un être humain ! Pas besoin de choux ou de cigogne... Comment font-ils ? Comment tout démarre ?

1 Que représente chacune de ces photos ?

2 Le Chat se trompe-t-il ? Si oui, pourquoi ? Que dessinerais-tu à sa place ?

3 Pourquoi deux galets ne font-ils pas des bébés galets ?

4 Pourquoi si je plante un bout de tige dans la terre, j'obtiens une nouvelle plante ?

• Je cherche

1 Voici les pensées des chercheurs au cours des siècles passés

a Lis chaque étape de l'avancée de cette connaissance.

Selon **Pythagore** (500 ans av. J.-C.), une vapeur descend des différents organes de l'homme puis se concentre dans ses testicules pour former le sperme. Celui-ci se coagule dans le vagin et forme un embryon qui grossit dans l'utérus.

Selon **Aristote** (350 ans av. J.-C.), l'enfant est le produit de deux semences : le sperme qu'il assimile à du sang hautement purifié et le sang moins pur qu'il assimile aux règles. Dans cette conception, c'est le sperme qui contient le bébé. La mère fournit la matière.

Antoine Van Leeuwenhoek (vers 1650), grâce au microscope, découvre les spermatozoïdes et prétend qu'ils contiennent un enfant tout fait (page 193).

Charles Bonnet (vers 1750) pense que l'enfant est déjà dans le ventre de la maman. Le sperme ne fait que stimuler son développement.

Oskar Hertwig (vers 1900) pense que l'enfant naît de la rencontre d'un ovule et d'un spermatozoïde. Chacun est une cellule qui apporte une partie du matériel héréditaire.

b Réponds aux questions :
- À quelle époque vivait chacun de ces chercheurs ?
- D'après toi, qu'y a-t-il de réel dans leurs propositions ?
- Qu'ont-ils découvert ? Sur quoi se trompaient-ils ?

2 Fécondation *in vitro*

a Certains couples ne peuvent pas avoir d'enfants de manière naturelle.
Ces couples font appel à une technique médicale : cette technique est la **fécondation*** *in vitro*.
On dit aussi que l'on fait des « bébés-éprouvette ».

b Réponds aux questions :
- Quels sont les éléments du père et de la mère utilisés pour obtenir le futur bébé ?
- Pourquoi appelle-t-on cette technique celle des « bébés-éprouvette » ?

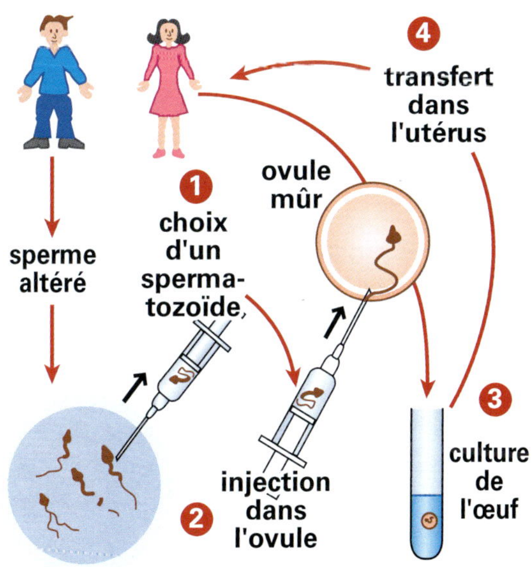

• Je comprends

1 Le point de départ d'un bébé

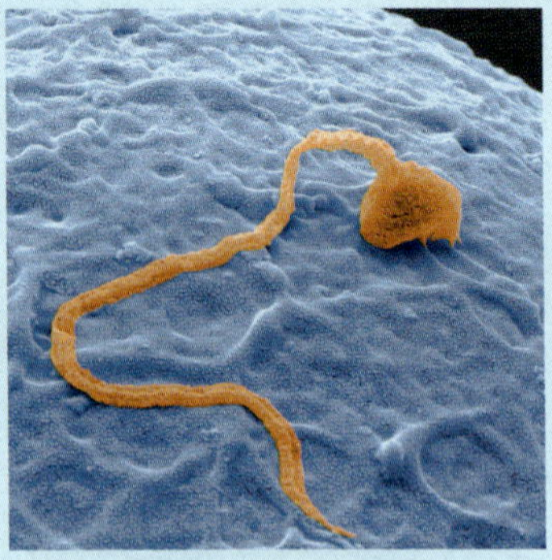

• Contrairement aux plantes, il n'est pas possible de faire un nouvel individu à partir d'un morceau de corps !
Le point de départ d'un bébé est une cellule particulière appelée cellule-œuf. Pour former cette cellule-œuf, il faut qu'un spermatozoïde et un ovule se rencontrent (**fécondation***).
• Le spermatozoïde et l'ovule apportent chacun une partie des informations nécessaires pour que le futur enfant se développe de façon programmée dans le ventre maternel.

2 La rencontre de l'ovule et du spermatozoïde

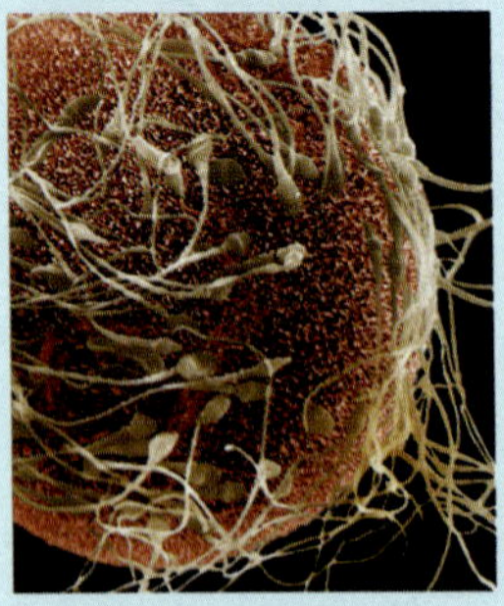

• Quand un homme et une femme font l'amour, 300 millions de spermatozoïdes sont émis dans le vagin de la femme, ils remontent l'**utérus*** à la rencontre de l'ovule.
• Parmi tous ces spermatozoïdes, un seul va fusionner avec l'ovule pour former la cellule-œuf : on appelle ce moment la fécondation.

Appareil sexuel féminin vu de face

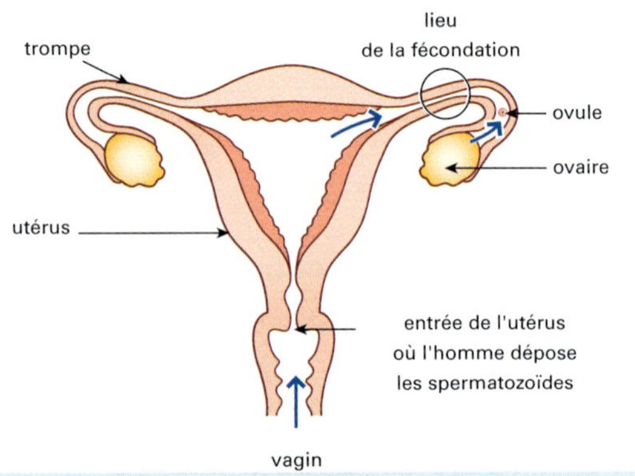

3 L'origine des spermatozoïdes et des ovules

• Les spermatozoïdes sont fabriqués dans les testicules situés dans les bourses sous le pénis. L'homme en fabrique en permanence. Il faut environ 74 jours aux testicules pour fabriquer un spermatozoïde.

Appareil sexuel masculin vu de profil

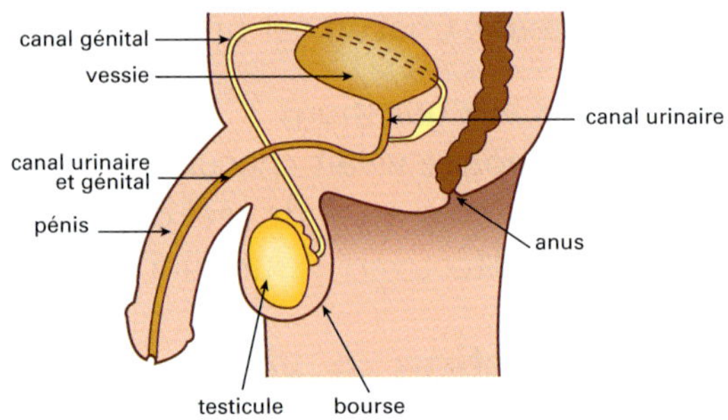

• Les ovules sont fabriqués dans les ovaires qui sont des glandes situées dans le ventre. La femme en émet un chaque mois à partir de la **puberté*** et jusqu'à la **ménopause***. Une femme produit 300 à 400 ovules au cours de sa vie.

Appareil sexuel féminin vu de profil

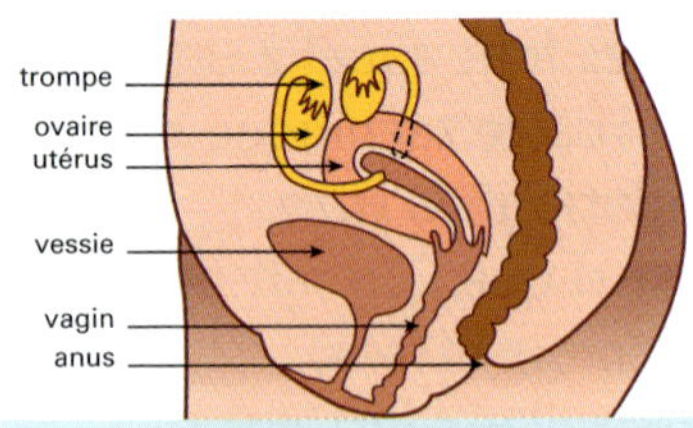

mon petit dico

Utérus : « tube » dans lequel l'œuf fécondé va se loger pour se développer.
Puberté : passage de l'enfance à l'adolescence. Après la puberté, les hommes produisent des spermatozoïdes et les femmes des ovules.
Ménopause : à partir de la ménopause une femme n'émet plus d'ovules et donc ne peut plus avoir d'enfants.
Fécondation : moment de la rencontre entre le spermatozoïde et l'ovule.

L'ANIMALCULE

Van Leeuwenhoek, grâce au microscope, décrit à la fin du XVIIe siècle les spermatozoïdes et prétend qu'ils contiennent chacun un enfant tout fait ! Certains de ses contemporains affirmeront même l'avoir vu !

Qu'est-ce que **le sperme ?**

Sperme est-il le pluriel de spermatozoïdes ?

Le **sperme** est la substance que l'homme émet lors de l'**éjaculation.** Celle-ci est constituée de 20 % de spermatozoïdes et de 80 % d'un liquide séminal sécrété par diverses glandes. Il contient de l'eau, des sels minéraux, du sucre…

Lors de l'éjaculation, **300 millions de spermatozoïdes dans 2 ml de sperme** sont expulsés dans le vagin de la femme à la vitesse de **30 km/h.**

À l'aide de leur flagelle, les spermatozoïdes remonteront l'utérus à une vitesse d'**un demi-millimètre par minute.**

Que sont **les règles ?**

À partir de la **puberté,** l'utérus des filles se prépare chaque mois à faire un bébé. Quand il n'y a **pas fécondation,** la **paroi de l'utérus,** dans lequel doit grandir le bébé, **s'élimine** en laissant couler du sang pendant 4-5 jours. Des serviettes hygiéniques ou des tampons sont utilisés pour ne pas salir les vêtements.

42. Comment le futur bébé grandit-il dans le ventre de la maman ?

• Je m'interroge

Neuf mois dans le ventre de la maman pour faire un bébé, c'est bien long ! Comment passe-t-on d'un spermatozoïde et d'un ovule à un bébé ? Comment le bébé se forme-t-il ? Comment se nourrit-il ? Comment respire-t-il ?

1 À quoi ressemble un futur bébé lors de ses premières semaines ?

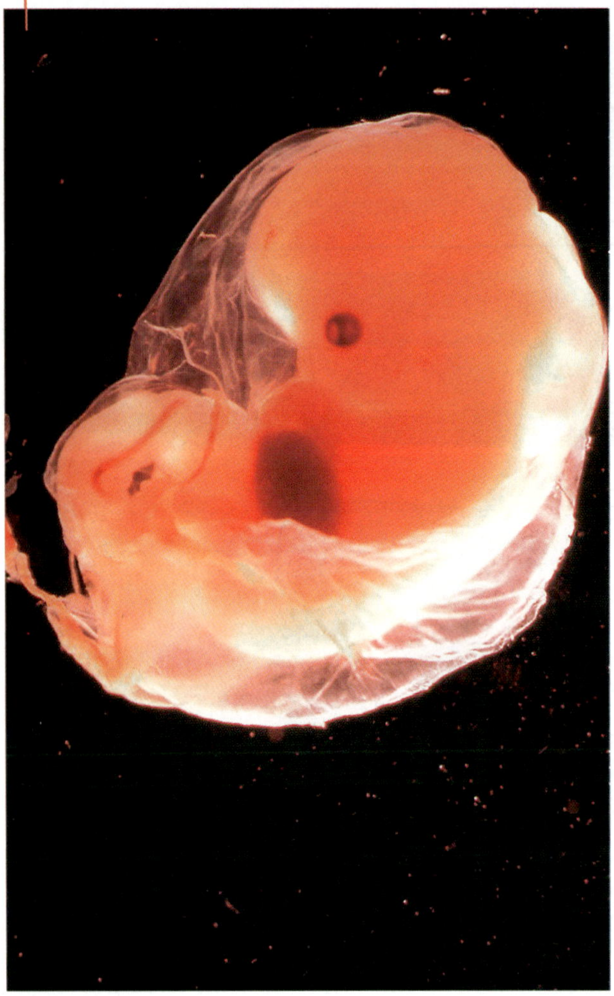

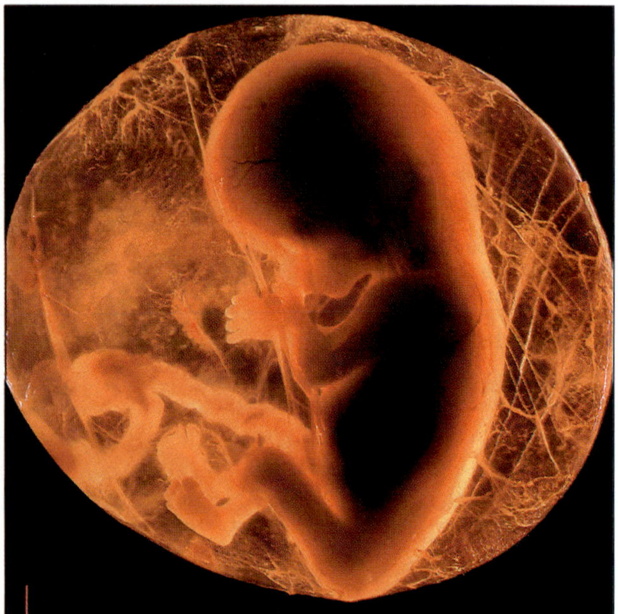

2 Où grandit le futur bébé ? Par quoi est-il entouré ?

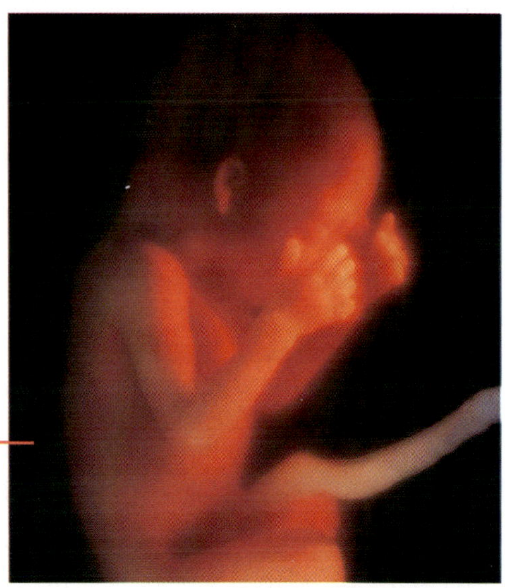

3 Comment le futur bébé fait-il pour respirer et se nourrir ?

• Je cherche

1 L'histoire du bébé

a Voici plusieurs étapes du développement du bébé. Peux-tu les classer dans l'ordre ? Commente chaque stade. Que constates-tu ?

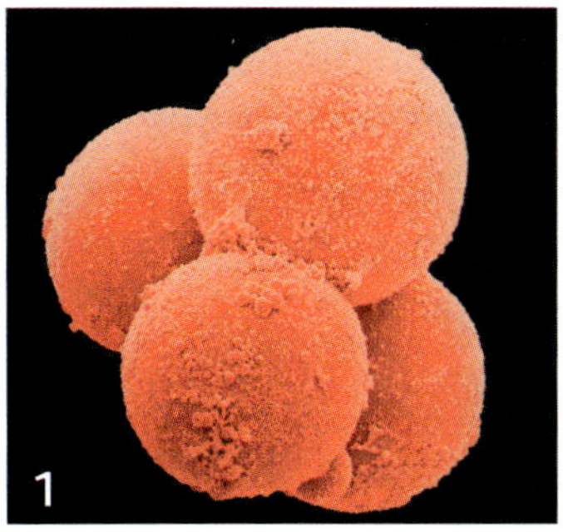

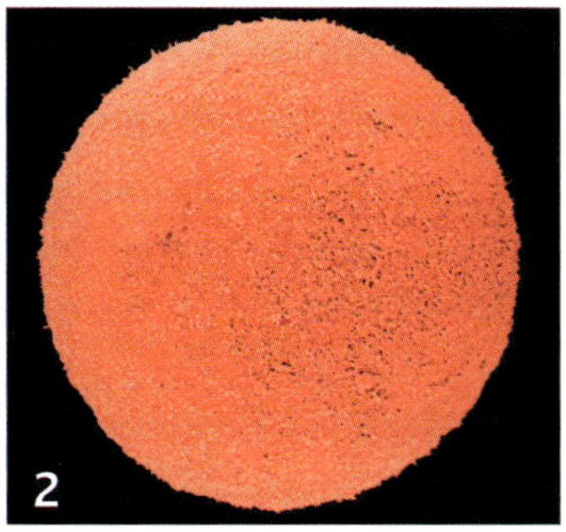

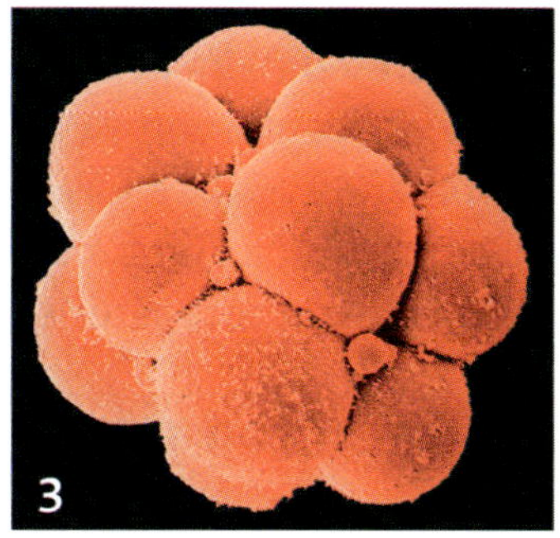

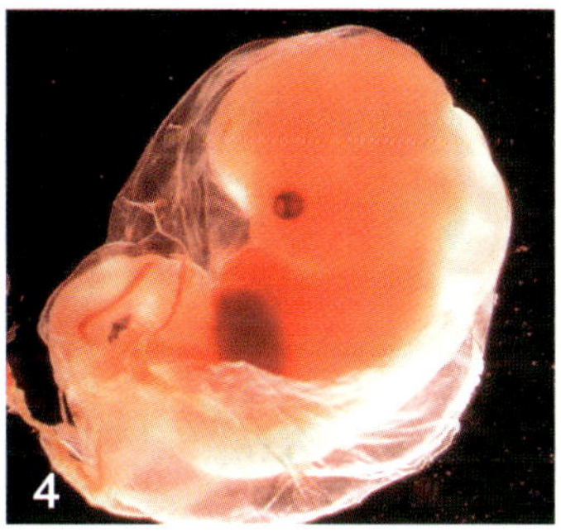

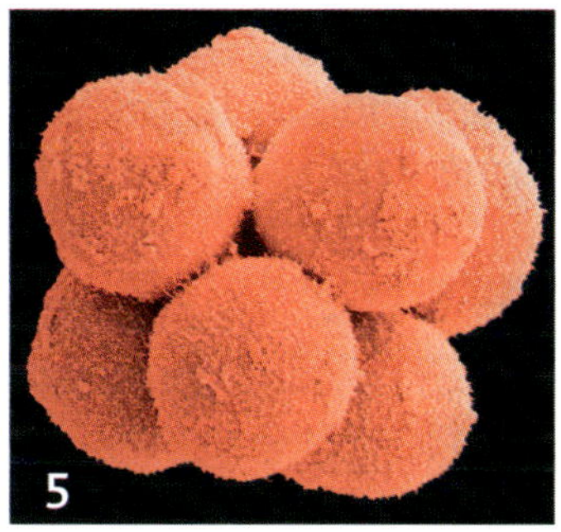

b D'après toi :
– Le futur bébé est-il vivant ?
– À ton avis, à partir de quand dit-on que c'est un bébé ?

2 Comment respire le futur bébé ?

a Dessine une silhouette et trace le trajet de l'air jusqu'au bébé.

b Trois élèves ont fait comme toi et voici leurs propositions :
Qu'en penses-tu ? Cherche des documents pour savoir si quelqu'un a en partie raison.

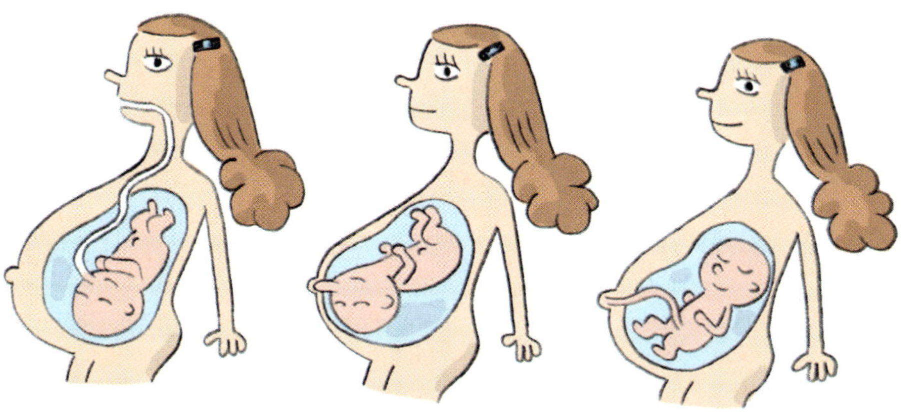

• Je comprends

1 Le futur bébé est d'abord un embryon

• Juste après la fécondation, la cellule-œuf se divise en d'autres cellules plus petites.
• Au bout de quelques jours, il y a déjà plusieurs dizaines de cellules qui forment une espèce de petite « mûre » : c'est un **embryon*** humain qui ne ressemble pas du tout à un être humain. Cet embryon s'installe dans l'utérus. Pendant les 8 premières semaines de sa vie, l'embryon va se développer, c'est-à-dire qu'il va grandir mais surtout que ses organes vont se former.
• Une partie de l'embryon sert à former le **cordon ombilical*** et le **placenta*** : ils vont lui permettre de récupérer sa nourriture et son « air » dans le sang de sa mère.

2 L'embryon devient un fœtus

• Au bout de 8 semaines, tous les organes du futur bébé sont en place : il ressemble à un être humain en miniature (quelques centimètres et quelques grammes). Désormais, on l'appelle **fœtus***.
• Durant les 7 derniers mois de la grossesse, il va grandir, perfectionner ses organes et les mettre en fonctionnement.

3 Le bébé naît

Au bout de 9 mois (en moyenne), le bébé provoque l'accouchement. Il va passer d'un monde dans lequel il « respire » et est nourri par son cordon ombilical à un monde où il doit respirer avec ses poumons et boire et manger avec sa bouche. Et pourtant, il fait cela tout seul !

mon petit dico

Cordon ombilical : tuyau par où se nourrit et respire l'enfant. À la naissance, on le coupe. Il forme le nombril.

Placenta : sorte de disque épais collé à la paroi de l'utérus de la mère. Il sert (entre autres) de filtre entre le sang de la mère et celui du bébé.

Embryon/fœtus : premier stade du bébé appelé **embryon**. Ensuite, il devient un **fœtus**.

● Je vais plus loin

Le bébé et **son cordon**

Le bébé ne respire pas par la bouche, il ne le pourrait pas. Il vit dans une poche entourée d'un liquide. L'air lui arrive par un tuyau : le cordon ombilical.
Il se nourrit également par ce cordon : les aliments sont transportés par le sang de la maman puis passent dans le sang que contient ce cordon.

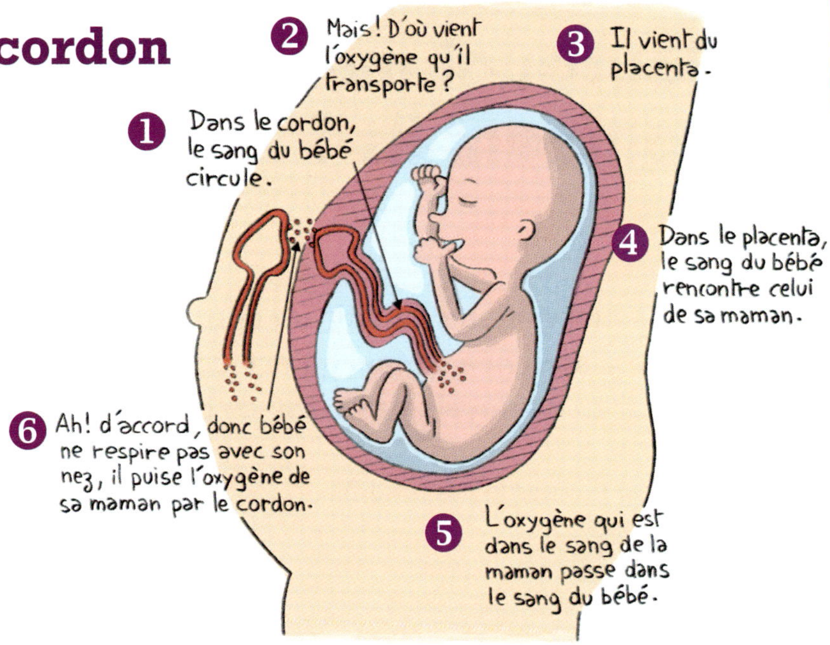

Une **chenille** n'est pas un **papillon**

On se demande souvent si le bébé dans le ventre de sa maman est « vivant » ou encore s'il est déjà « humain ». Comment définir le moment précis où commence la « vie humaine » ? On sait que chaque ovule fécondable et chaque spermatozoïde sont vivants. Ils contiennent chacun la moitié du programme d'un futur bébé.
L'embryon est donc vivant mais n'est pas encore un humain. Un programme ne fait pas un homme ! De plus, l'embryon n'a pas une « vie indépendante ». Il ne peut se développer que dans et par le corps de la maman.
L'embryon n'est pas ce qu'il pourrait devenir. De même qu'une chenille n'est pas un papillon !

Quelle est la différence entre les **vrais et** les **faux jumeaux ?**

▼ Les **faux jumeaux** sont issus de **deux cellules-œufs** fécondées séparément et implantées en même temps dans l'utérus. Ils ne se ressemblent pas plus que deux frères ou deux sœurs nés à des moments différents.

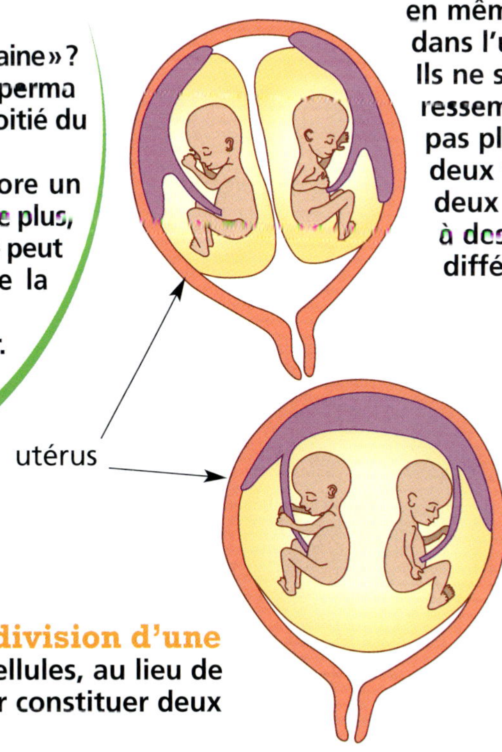

▶ Les **vrais jumeaux** sont issus de la **division d'une seule cellule-œuf.** Les premières cellules, au lieu de rester ensemble, se sont séparées pour constituer deux bébés. Ils se ressemblent beaucoup.

43. Pourquoi mes yeux me trompent-ils ?

• Je m'interroge

N'est-ce pas merveilleux de voir un coucher de soleil ? la rosée du matin sur une toile d'araignée ? Mais qu'est-ce que voir ? Quelle image du monde te ferais-tu si tu ne voyais pas ? Est-ce que tu vois toujours la réalité ?

1 Qu'est-ce qui ne tourne pas rond ?

2 Spirale ou cercles ?

3 Combien de pattes a cet éléphant ?

4 Pourquoi ça bouge ?

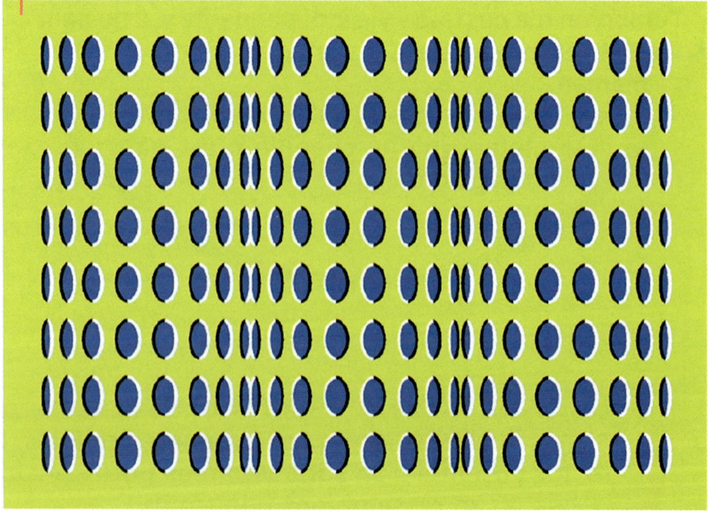

• Je cherche

1 Note tes yeux

Mets-toi à 5 mètres de l'affiche que propose le maître et réponds à ses questions.
À la fin de ce test, le maître te donnera une « note » qui évalue la qualité de ta vision.

2 Regarde…

a Que vois-tu ?

b Lequel de ces deux cercles, placés au centre de chaque figure, est le plus grand ? celui de droite ou celui de gauche ?
Propose une idée pour expliquer pourquoi un des cercles te semble plus petit que l'autre.

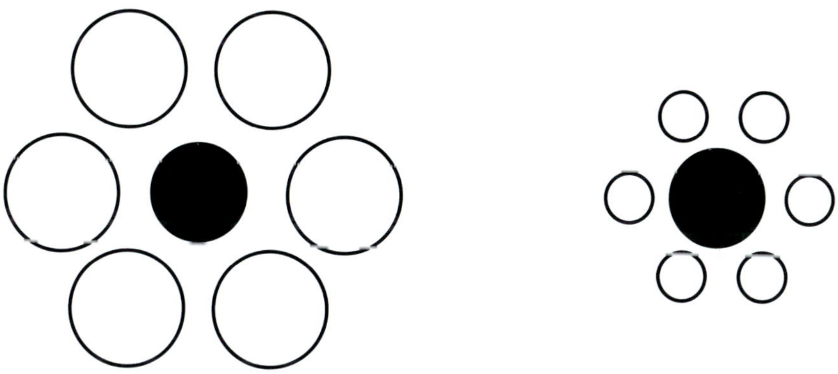

c Regarde bien ces deux formes. Quelle est la plus grande : A ou B ? Vérifie avec ta règle.
Propose une idée pour expliquer pourquoi une des formes te semble plus petite que l'autre.

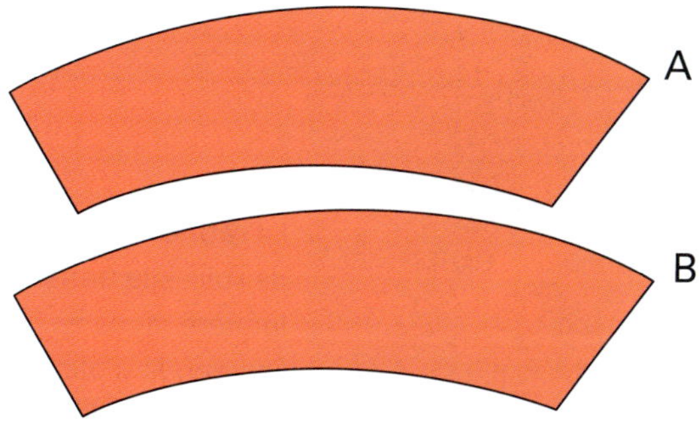

Je comprends

1 L'œil fabrique des images

• Comme un appareil photographique, l'œil fabrique une image de ce que tu vois.
• La lumière qui provient des objets que nous observons traverse tout l'œil et forme une image inversée sur la **rétine***.

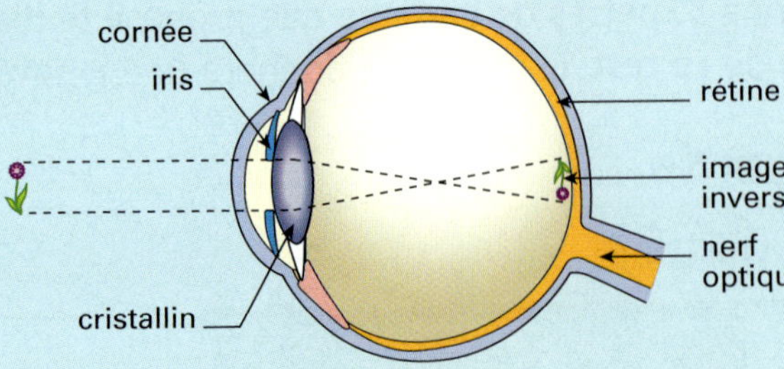

Œil humain en coupe

2 Les images de la rétine sont codées

• Les rétines des deux yeux n'envoient pas directement des images dans notre cerveau.
• La rétine envoie des **influx nerveux*** jusqu'à la partie arrière du cerveau. Ces influx nerveux passent par nos nerfs optiques.

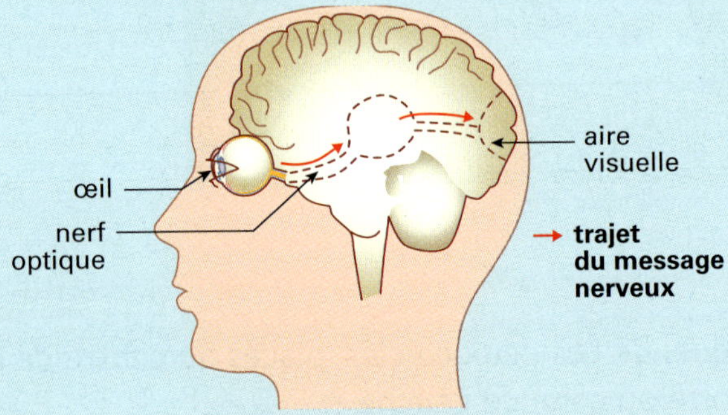

Coupe transversale de la tête

3 C'est le cerveau qui voit !

• L'arrière du cerveau interprète parfois mal les informations lumineuses que les rétines lui envoient : ce sont des **illusions d'optique***.
Par exemple, d'habitude quand on voit deux objets identiques, celui qui est plus loin apparaît plus petit.
• Or, si l'on regarde l'image ci-contre, on a l'impression que le monstre du fond paraît plus grand que celui de devant alors qu'en fait ils ont la même taille.
• Sur l'image de la page précédente, l'habitude de lire de gauche à droite permet plus facilement de voir un lapin qu'un canard.

mon petit dico

La **rétine** est la partie sensible de l'œil. Elle transforme la lumière reçue en influx nerveux. Ces derniers partent au cerveau où ils seront décodés.
Les **influx nerveux** sont de petites décharges électriques très brèves qui circulent dans tes nerfs. Ce sont eux qui transmettent les informations.
Les **illusions d'optique** sont dues au fait que le cerveau participe au mécanisme de la vision. Il commet parfois des erreurs de jugement visuel.

• Je vais plus loin

Bizarre, **vous avez dit bizarre… ?**

Qu'y a-t-il écrit dans ce tableau ? **Pourquoi n'as-tu pas pu lire** immédiatement le mot écrit ?

Voici la photo d'Abraham Lincoln, un Président des États-Unis. **Retourne ton livre** et regarde de nouveau la photo. **Que remarques-tu ?**

Illusions

Beaucoup de peintres ont « joué » avec les illusions d'optique, comme ici Dalí. Éléphants ou cygnes ?

CORPS ET SANTÉ

44. Ai-je un sosie ?

• Je m'interroge

« Ah ! Vous me faites beaucoup penser à un de mes amis, vous lui ressemblez comme deux gouttes d'eau. » Est-ce possible ?

1 Sur les trois milliards d'enfants qui peuplent la planète, y en a-t-il un qui te ressemble ?

2 En quoi ces sosies sont-ils semblables ?
En quoi sont-ils différents ?

3 Pourquoi se ressemblent-ils autant ?

• Je cherche

1 Réalise ta carte d'identité biologique

Photo récente
Nom
Prénom
Date de naissance
Hauteur du corps (en cm)
Tour de taille (en cm)
Tour de poitrine (en cm)
Tour de hanche (en cm)
Tour de tête (en cm)
Taille du pied (en cm)
Écartement entre ton pouce et ton auriculaire (en cm)
Poids du corps (en kg)
Couleur de peau
Couleur des yeux
Couleur des cheveux
Forme des sourcils
Forme du lobe de l'oreille
Capacité à mettre la langue en U (oui ou non)
Battements cardiaques au repos (par min)
Fréquence respiratoire au repos (par min)
Groupe sanguin
Groupe rhésus

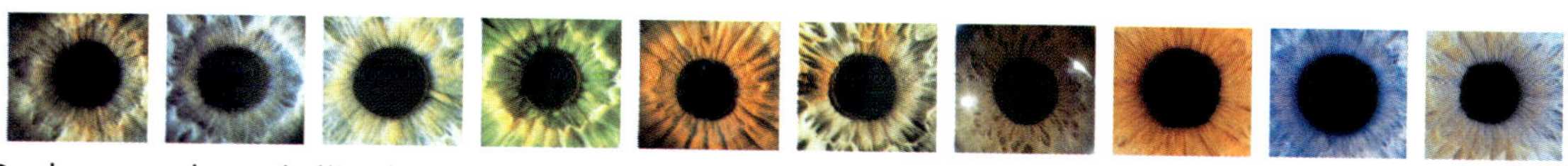

Quelques couleurs de l'**iris***.

2 As-tu un sosie dans la classe ?

a Combien d'enfants de la classe ont la même couleur d'yeux que toi ?

b Combien d'enfants de la classe ont la même couleur d'yeux et la même couleur de cheveux que toi ?

c Combien d'enfants de la classe ont la même couleur d'yeux, la même couleur de cheveux et la même forme de lobe d'oreille que toi ?

d Combien d'enfants de la classe ont la même couleur d'yeux, la même couleur de cheveux, la même forme de lobe d'oreilles et la même forme de sourcils que toi ?

e Combien d'enfants de la classe ont la même couleur d'yeux, la même couleur de cheveux, la même forme de lobe d'oreilles, la même forme de sourcils et la même taille que toi ?

– Que remarques-tu ?

3 Joue au détective

Observe avec une loupe les empreintes sous ton index.
Réalise une image de l'empreinte digitale de ton index droit.
Sur la même feuille, réalise les images des empreintes de trois camarades.
Écris leur prénom sous leurs empreintes.
Compare l'image de ton empreinte avec celles de tes copains.

• Je comprends

1 Que de visages différents dans une seule classe !

Avec 6 couleurs de peaux différentes, 8 nuances de couleurs d'yeux, 8 nuances de couleurs de cheveux, 10 formes de lobe d'oreilles, combien de visages différents peut-on obtenir ?
Avec 6 couleurs de peaux différentes, on fait 6 visages différents.
Avec 6 couleurs de peaux différentes et 8 nuances de couleurs d'yeux, on obtient 6×8 visages différents.
Avec 6 couleurs de peaux différentes, 8 nuances de couleurs d'yeux et 8 nuances de couleurs de cheveux, on obtient $6 \times 8 \times 8$ visages différents.
Avec 6 couleurs de peaux différentes, 8 nuances de couleurs d'yeux, 8 nuances de couleurs de cheveux et 10 formes de lobe d'oreilles, on obtient $6 \times 8 \times 8 \times 10 =$ 3 840 visages différents ; beaucoup plus que d'élèves dans la classe !

2 Chaque individu est unique

Si l'on combine les couleurs de cheveux, des yeux et la forme des oreilles avec les formes de nez, les contours de visages, les formes de bouches, les formes de mentons, les formes de sourcils, les couleurs de peau, on obtient des milliards de personnes différentes, alors que l'on n'a pas tenu compte de toutes les caractéristiques du corps (forme des pieds, des mains, des épaules, des jambes, les empreintes digitales...) et les caractères internes n'ont pas été abordés.
Chaque personne est unique !

3 C'est notre ADN qui nous rend unique

• Chacun de nous est issu d'un ovule et d'un spermatozoïde qui ont apporté chacun la moitié du programme de fabrication du bébé, puis d'entretien de l'enfant et, ensuite, de l'adulte.
• Ce programme de construction et d'entretien du corps est contenu dans les **gènes*** de toutes nos cellules. Ces gènes sont faits d'**ADN***. Or il n'existe pas deux ADN identiques dans le monde. Même chez les vrais jumeaux, il y a de petites différences.

mon petit dico

L'**iris :** muscle circulaire coloré, situé derrière la cornée de l'œil et percé en son centre d'un orifice : la pupille par où entre la lumière.
Les **gènes :** parties du programme génétique. Chaque gène participe à une fonction particulière ; il y a des gènes pour fabriquer nos muscles, d'autres pour commander la couleur des cheveux, etc.
L'**ADN :** abréviation d'un composé chimique appelé acide désoxyribonucléique. Il est contenu dans chaque cellule du corps. C'est un long ruban 10 000 fois plus fin qu'un cheveu, d'un mètre de long.

● Je vais plus loin

L'ADN à notre service

L'ADN est propre à chacun. C'est le support matériel de l'hérédité, il est présent dans toutes les cellules de notre corps. On peut l'utiliser pour identifier des criminels à partir de leur salive, d'un de leurs cheveux, de leur sperme ou de leur sang. On peut aussi reconnaître des corps anonymes ou faire des tests de paternité.

LA BIOMÉTRIE

Une personne peut être reconnue par :
- ce qu'elle possède (carte d'identité, badge…),
- ce qu'elle sait (mot de passe, code…),
- ce qu'elle est (caractères physiques, biologiques ou comportementaux).

La biométrie désigne l'ensemble des techniques qui permettent d'identifier une personne par ses caractères physiques (empreinte digitale, iris, visage), biologiques (ADN) ou comportementaux (voix, démarches,...). La plupart de ces techniques de reconnaissance existent depuis le XIXe siècle. La véritable nouveauté est l'introduction de l'informatique. La biométrie est une technique nouvelle qui utilise les découvertes de la biologie et des technologies de pointe.
Le dessin de l'iris de ton œil t'est spécifique. Il est invariable dans le temps. On commence à l'utiliser pour identifier les élèves dans les écoles.

Clonage

Le clonage est une opération familière à l'agriculteur, au bactériologiste, au spécialiste de cultures de tissus. Tous ces types de clonages ne posent pas de questions délicates. Aujourd'hui, quand on parle de clonage dans les médias, il s'agit du clonage de mammifères, une reproduction non sexuée, à l'identique (ci-contre, photo de la brebis Dolly et de son clone). Le clonage pourrait être humain ; son intérêt principal serait l'obtention de cellules souches pour traiter diverses maladies. La crainte est de reproduire à l'identique le même individu…

La nanotechnologie de ton corps

Chacune de tes minuscules cellules possède un jeu de recettes pour tout fabriquer en toi. Pour une telle technologie, les informations sont nombreuses. Ton corps sait fabriquer 30 000 produits différents et, pour cela, il stocke 3 milliards d'informations.
Ton plan de fabrication est l'équivalent de 2 000 encyclopédies de 1 000 pages chacune ! Et tout cela tient dans le noyau d'une cellule qui est trente fois plus petite que l'épaisseur d'un cheveu. Sacrée nanotechnologie…

Ben est amoureux d'Anna

Ben ne commence pas à travailler tout de suite. Il traîne d'abord un peu. Rêvasse. Puis il va dans sa chambre, prend un livre sur les animaux bourré d'illustrations. Puis il donne à manger à son cochon d'Inde, Trudi. Puis il se remet à la table, sort de son cartable son cahier et son livre d'arithmétique, les ouvre, pose son stylo à côté du crayon et du buvard. Puis il somnole un peu, enlève ses chaussures et les envoie valser sous le buffet de la cuisine. Puis il se met de nouveau les doigts dans le nez. Finalement, il commence à faire ses exercices.
Ceux-ci lui paraissent plus difficiles que jamais. Probablement parce que des pensées bien différentes s'agitent dans son crâne.
Il n'arrive pas à faire ses exercices parce qu'il pense à Anna. Ça le rend furieux. Mais il repense sans arrêt à Anna.
Il faudrait vraiment qu'il cesse de songer à elle. Ce serait mieux, parce qu'il pourrait faire ses devoirs de maths. Mais c'est impossible.

Quand Holger arrive, Ben n'a même pas terminé le premier exercice. Son frère est formidable. Il aime bien l'aider. Maintenant, Ben comprend comment faire tous ses calculs. Ils ne sont pas si difficiles.
Seulement, quand Anna et les mathé-

Questions

1. **Quels sont les personnages dans cet extrait? Combien y en a-t-il et qui sont-ils?**
2. **Pourquoi Ben n'arrive-t-il pas à se mettre au travail? Pourquoi les exercices lui paraissent-ils difficiles? Pourquoi a-t-il du mal à se concentrer sur son travail?**
3. **Ben se sent-il bien? Trouve, dans d'autres histoires, des personnages amoureux qui expriment leurs sentiments. Demande autour de toi ce que chacun ressent quand il est amoureux.**
4. **Dans l'histoire des Hommes, « être amoureux » avait-il une raison d'être? Pourquoi?**

matiques se mélangent dans sa tête, rien ne va plus.
Une fois les exercices terminés, Ben demande d'une voix très basse :
– Dis-moi, Holger, c'est comment, quand on est amoureux ?

Holger, qui s'apprêtait à aller dans sa chambre, s'arrête tout net, fait demi-tour et le regarde, fasciné. Au bout d'un moment, il lui dit :
– Tu serais pas un peu cinglé, petit nain ?
Holger l'appelle toujours « petit nain » quand il veut lui rappeler son âge.
Ben serre les lèvres.
Holger se rend compte qu'il a commis une faute et pose sa main sur l'épaule de Ben.
– Je disais ça pour rire. Tu es vraiment amoureux ? demande-t-il.
Ben hoche la tête. Il ne peut plus rien dire. Holger ne ferait que se moquer de lui.
– Je la connais ?
– Non !
Ben a presque crié.
– Eh bien, déclare Holger, quand on est amoureux, on pense tout le temps à la fille qu'on aime. C'est comme si on avait des coliques. Vraiment !
Ce que dit Holger paraît exact. Ben a l'impression que son ventre ou sa poitrine sont tendus. On dirait même que tout son corps lui fait un peu mal. Mais peut-être n'est-ce qu'imagination de sa part.
Ben repousse sa chaise, et celle-ci cogne le genou de Holger.
– Aïe ! hurle Holger. Espèce d'abruti ! D'abord tu te mets à pleurnicher, et maintenant…
– Laisse-moi, dit Ben.
Il ramasse en hâte son cahier, son livre, ses stylos et ses crayons, prend son cartable sur la table et disparaît dans sa chambre. Une fois là-bas, il met son magnéto au maximum et retient ses larmes.◆

Peter Härtling, *Ben est amoureux d'Anna*

Grandes oreilles et courtes pattes : longue vie garantie

Oubliez Naomi Campbell[1]. Une belle plante, certes, mais loin du corps humain idéal : jambes courtaudes, oreilles souples et genoux se pliant dans les deux sens. Trois spécialistes de la longévité révèlent que s'il avait été conçu pour dépasser les 100 ans et échapper aux misères de la vieillesse, l'être humain ressemblerait à un « petit elfe trapu ». Passé sa période de reproduction, l'individu se détériore rapidement, et les humains se retrouvent immobilisés par des fractures de la hanche, des déchirures des ligaments, des varices, la cataracte, une ouïe déficiente et une colonne vertébrale en capilotade. Trois scientifiques américains viennent de dévoiler ce que serait l'organisme idéal pour une vie longue et prospère. L'être humain « construit pour durer » aurait un cou arqué, des os plus épais, des vessies plus sophistiquées, ainsi que des conduits mieux différenciés pour l'air et les aliments dans la gorge pour éviter les risques d'étouffement.◆

1. NAOMI CAMPBELL : célèbre mannequin des années 90.

Extrait de *Courrier international*, 22 févr. 2001, D.R.

Questions

1. **De quoi parle ce texte ?**
2. **Qu'est-ce qu'un « elfe » ?**
3. **Peux-tu dessiner des « jambes courtaudes » ?**
4. **Quelles sont « les misères de la vieillesse » citées dans ce texte ?**
5. **Combien de temps vivent en moyenne un homme et une femme de nos jours ? Qui a la vie la plus longue ?**
6. **Comment envisages-tu le corps de l'homme ou de la femme dans 1 million d'années ?**

Le merveilleux dans sa banalité

Michel Gonzalez

Mais arrêtez de rire dans la salle. Vous n'avez payé que pour un spectacle ! Je vais être obligé de vous faire payer le prix d'une cure. C'est une véritable thérapeutique dont vous bénéficiez. Vous ne vous en rendez pas compte… C'est meilleur que si vous faisiez votre jogging. Vous faites travailler un nombre considérable de muscles. Rien que pour vos lèvres, vous en mettez en branle huit paires. En tout, c'est 17… ; et il vous faut bien les coordonner. Un seul qui flemmarde ou qui est en retard et c'est une… grimace !
Regardez celui-là… (*descendant dans la salle et montrant le muscle zygomatique d'un spectateur*), il n'a plus fonctionné depuis 1948 ! Vous sentez : tout travaille, depuis la face, jusqu'à la pointe des pieds. Oui, j'en vois qui agitent frénétiquement leurs orteils de plaisir…
Et puis, c'est un exercice respiratoire, sentez votre diaphragme, vos muscles abdominaux, ils sont au bord de la crampe. Votre cerveau est en pleine oxygénation. Tous vos neurones[1] éjaculent des catécholamines. Ça c'est bon, c'est l'hormone de l'éveil. Ça vous stimule la digestion. Ça vous met en état d'alerte, ça vous contracte tous les muscles, le cœur, l'utérus, l'uretère et même l'urètre. Là, pas trop fort, ne lâchez pas, autrement c'est ce qu'on appelle pisser de rire. Et en plus, les catécholamines augmentent la production d'endorphines. Des morphines gratuites, la drogue chez soi. Les Noriega, les Cartels[2] de Colombie, fini. ◆

Benoit Bunico, *Le merveilleux dans sa banalité*

1. Neurone : Cellule nerveuse.
2. Cartel de Colombie : dans les années 1990, une véritable guerre a opposé l'Etat de Colombie à des bandes de trafiquants de drogues très organisées.

Questions

❶ **Qu'est-ce qu'une catécholamine ? Par quel organe est-elle fabriquée ? En quoi est-elle utile au corps humain ?**

❷ **Qu'est-ce que faire « une cure » ? Où en fait-on généralement ?**

❸ **Situe « le muscle zygomatique » sur le visage d'une personne ; chez toi, essaie de le faire bouger.**

❹ **En quoi le rire est-il très important pour la santé ? Combien de temps un humain devrait-il rire chaque jour ?**

OBJETS TECHNIQUES

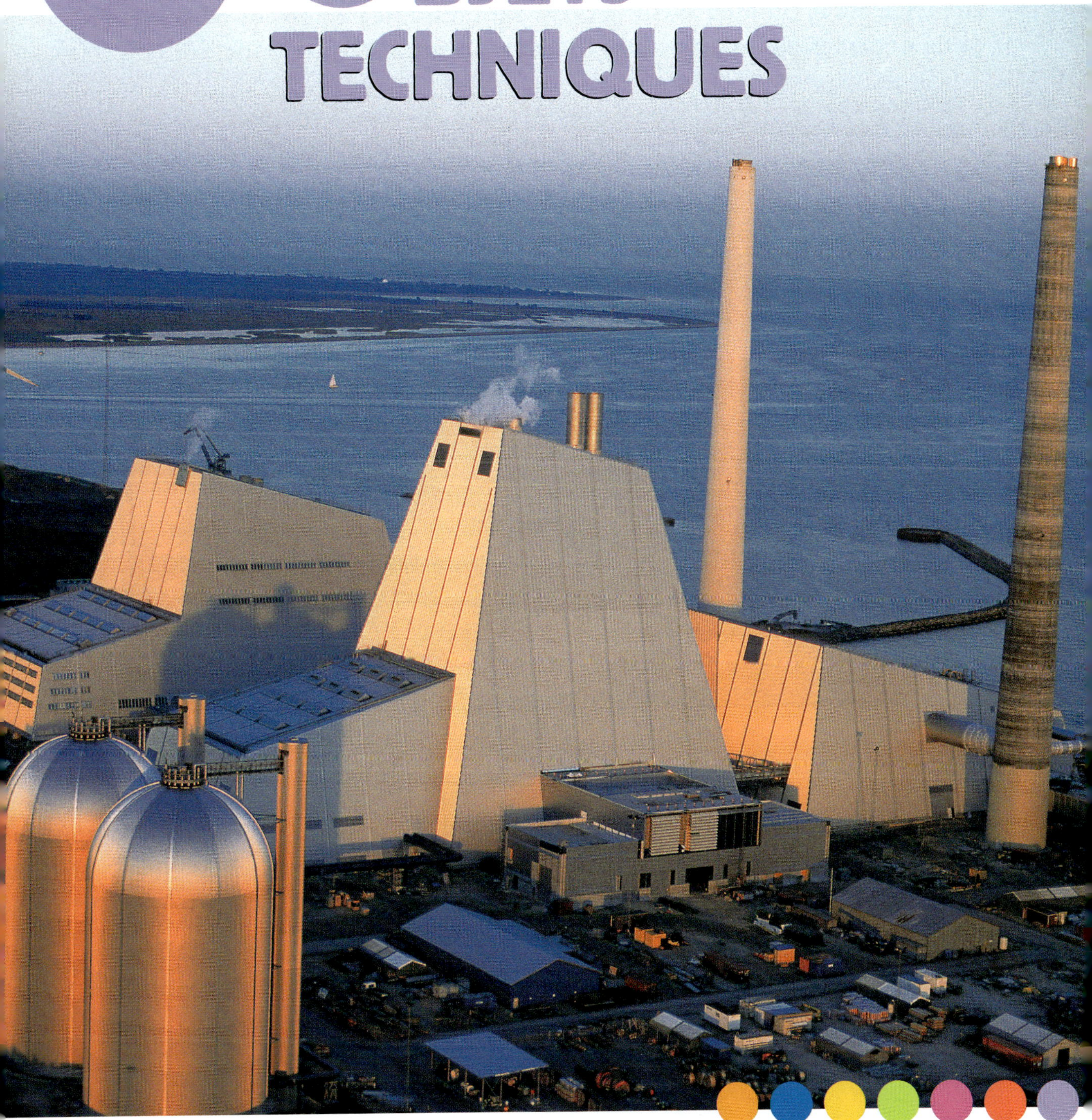

Centrale thermique, Danemark.

45. Pourrais-je soulever le monde avec un levier ?

• Je m'interroge

Le levier est le premier outil* utilisé par l'homme ; il permet de soulever et de déplacer des charges très lourdes. Comment fonctionne-t-il ?

1 250 ans avant J.-C., Archimède explique le principe du levier et déclame : « Donnez-moi un appui et un levier et je soulèverai le monde. » Que veut dire cette phrase ?

Gravure de 1824, *Archimède*.

2 Pourquoi ces quatre bûcherons utilisent-ils leurs bâtons ?

3 À quel endroit pousse-t-on une porte pour la fermer ou l'ouvrir facilement : vers la charnière ou vers la poignée ?

• Je cherche

1 Comment fonctionne un levier ?

Pose ta gomme sur le bout d'une longue règle plate. Cette règle est elle-même posée en son milieu sur un crayon (qui ne doit pas pouvoir rouler). Appuie avec ton doigt sur l'autre bout de la règle. Fais un schéma légendé.
– Que se passe-t-il si l'on déplace le crayon vers la gomme ?
– Que se passe-t-il si l'on rapproche la gomme du crayon ?

2 Comment soulever un objet lourd ?

Un gros livre est coincé sous un meuble. Pour le récupérer, Léo tente de soulever un côté à mains nues, puis il se munit d'un manche à balai et essaye à nouveau de le soulever.
– A-t-il besoin d'un autre élément pour y arriver ?
Dessine le croquis de la situation sur ton cahier.

3 Pourquoi ces outils ont-ils cette forme ?

Voici deux sécateurs.
– Peux-tu préciser leur utilisation ?
– Explique pourquoi les manches sont de longueurs différentes. Schématise-les et indique les parties importantes.

4 Fabrique une carte animée utilisant un levier

– De quel matériel as-tu besoin pour fabriquer cette animation ? Imagine le mécanisme à l'intérieur de la carte. Fais des essais, puis réalise cette carte animée avec un motif de ton choix.

Quand on bascule la baguette rouge de haut en bas, un lapin sort du chapeau.

Je comprends

1 Un levier pour avoir plus de force

• Un levier est une barre rigide mobile autour d'un axe (appelé aussi **point d'appui*** ou **pivot***).

• Un levier permet d'augmenter la force appliquée et ainsi de soulever facilement un objet lourd.

– Si l'on place la gomme sur le système règle-crayon de la page précédente, la règle s'incline car la gomme exerce une force.

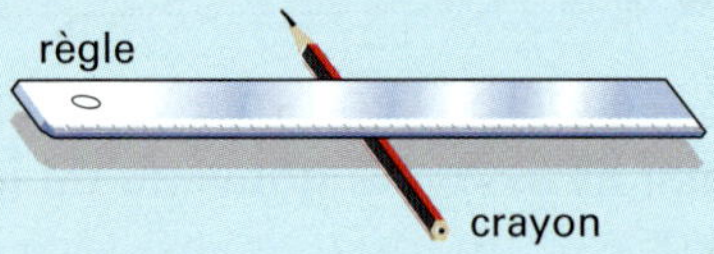

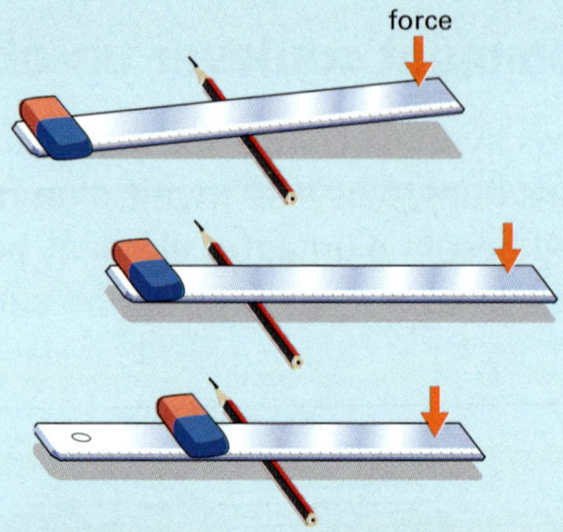

Pour soulever la gomme, on peut appuyer de l'autre côté de la règle.

– Si l'on déplace le crayon vers la gomme, on a besoin de moins de force.

– Si l'on déplace la gomme vers le crayon, on a besoin de moins de force.

• Voici un bon exemple de levier :

Un homme seul soulève difficilement un sac de ciment (masse = 50 kg). En revanche, il soulève et déplace facilement ce même sac dans une brouette. Ce travail est rendu plus facile car la brouette est un levier.

Avec un levier, Archimède n'aurait pas pu soulever le monde... mais il pouvait soulever beaucoup plus qu'avec la seule force de ses bras.

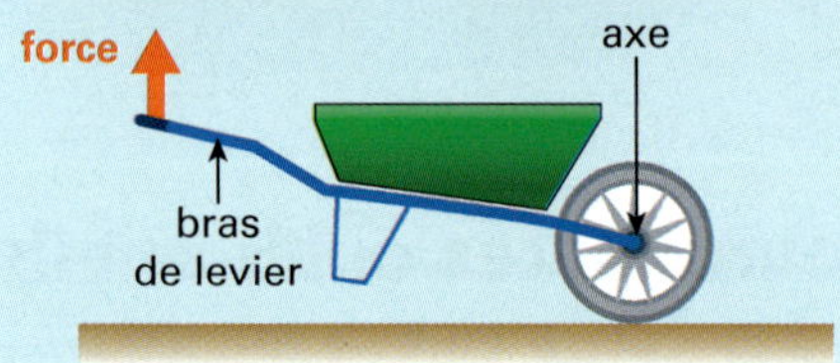

2 Bien utiliser un levier

• Pour une même force appliquée, l'efficacité d'un levier dépend de deux choses :

– *La distance entre l'endroit où s'exerce la force et le pivot*, c'est-à-dire la longueur du **bras de levier***. Cela explique également pourquoi il est plus facile d'ouvrir une porte en appuyant loin de la charnière.

Le « sécateur une main », dont les bras sont très courts, permet de couper avec précision des tiges pas trop grosses. Pour couper des branches plus épaisses, il faut utiliser un « sécateur deux mains ». Dans cet outil, la longueur des bras permet d'agir plus loin de l'axe et ainsi d'augmenter l'effet.

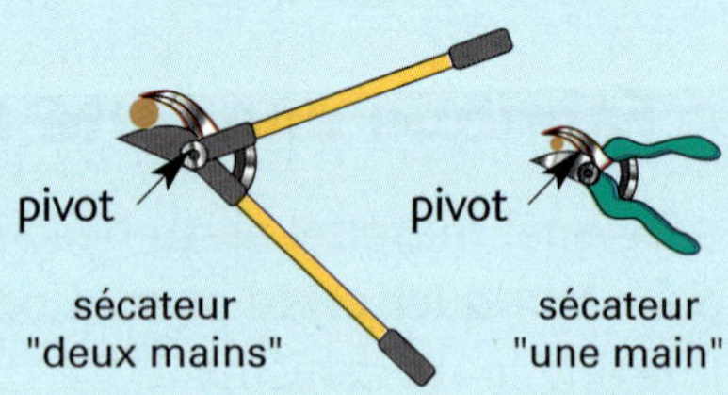

– *La distance entre l'objet qui résiste et le pivot*.

Plus cette distance est petite, plus la masse sera facile à déplacer.

Le bûcheron utilise un bâton et un appui placé très près du tronc à déplacer.

mon petit dico

Outil : objet qui permet à l'homme d'agir plus efficacement.

Bras de levier : distance qui sépare la force appliquée de l'axe.

Point d'appui ou **pivot :** support (l'axe) autour duquel tourne le levier.

Les leviers sont **très répandus**

Il existe des **leviers simples…**

… et des **leviers doubles**

Démasquer les leviers !

Associe chaque photo à la lettre qui lui correspond.

A. Le point d'appui est au milieu, entre l'effet et l'action.

B. L'effet est entre le point d'appui et l'action.

C. L'action est entre le point d'appui et l'effet.

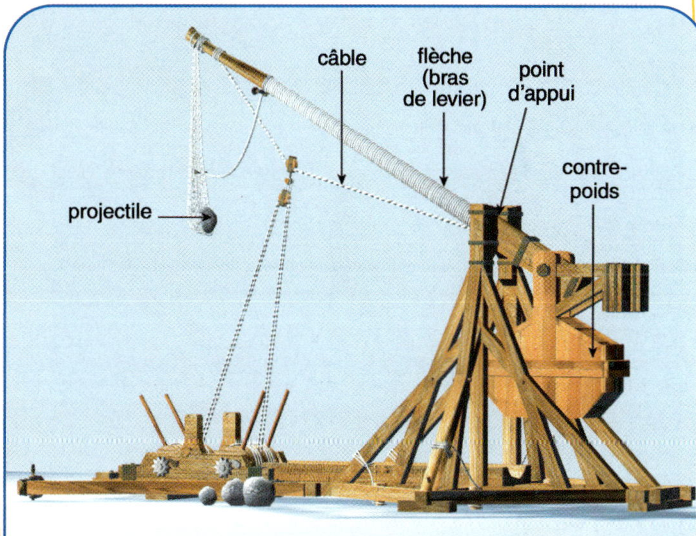

Des leviers pour des guerres « bactériologiques » **dès le Moyen Âge !**

Les seigneurs utilisaient des trébuchets comme machines de guerre pour envoyer des pierres, des vases remplis d'huile bouillante, ou de poudre explosive, mais aussi des animaux malades dans les camps ennemis !
Cet engin fonctionnait comme un levier simple.
En tirant sur un câble, on inclinait puis bloquait la flèche, on déposait alors le projectile dans le sac accroché à l'extrémité. Il suffisait de libérer le câble pour que le contrepoids fasse pivoter le projectile à une distance pouvant atteindre 150 m.
La cadence de tir était de 1 ou 2 jets par heure !

Notre **avant-bras** fonctionne comme un levier

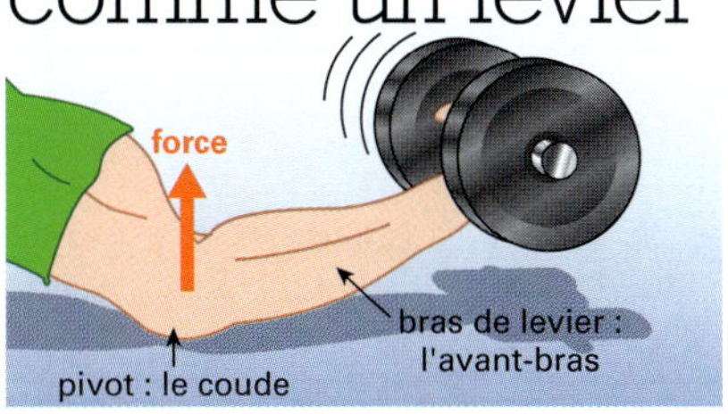

Le biceps exerce une force à distance de la main qui soulève un objet. L'avant-bras joue le rôle de levier.

46. Comment garder l'équilibre ?

• Je m'interroge

L'homme a créé de nombreux objets et des instruments fonctionnant sur le principe d'équilibre ou de déséquilibre. Mais comment restes-tu en équilibre ?

1 Ce funambule utilise une grande barre pour se déplacer sur un filin ? À quoi sert-elle ?

2 Pourquoi cette enfant écarte-t-elle les bras ?

3 À quelles conditions ces enfants peuvent-ils être à la même hauteur ?

4 Pourquoi ce mobile est-il en équilibre alors qu'il n'y a pas le même « poids » de part et d'autre du point d'attache ?

• Je cherche

1 Trouve l'équilibre

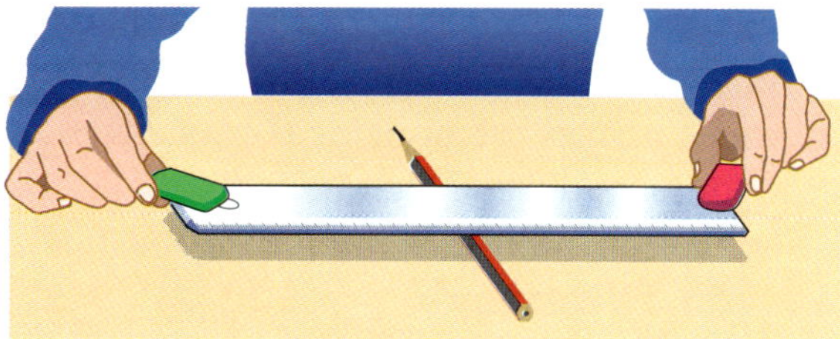

L'équilibre de la règle est rompu lorsque les masses placées à chaque extrémité sont différentes.

a Pour tenir une règle en équilibre sur un crayon, comment faut-il la placer ?

b Place une gomme à chaque extrémité de ta règle.
Comment peux-tu savoir si une gomme est plus lourde que l'autre ?

2 Fabrique une balance

a Pour **étalonner*** la balance :

• Suspends au crochet une masse marquée de 5 g ;
• Déplace le contrepoids pour obtenir l'équilibre du **fléau*** ;
• Marque sa position sur le carton avec 1 trait ;
• Recommence l'opération pour une masse marquée de 50 g ;
– Où sera sa position pour une masse de 10 g ? Marque toutes les positions de 5 g en 5 g de 5 à 50 g. Combien d'intervalles obtient-on à la fin ?

Matériel :
– carton ;
– trombones ;
– boule de papier ;
– ficelle.

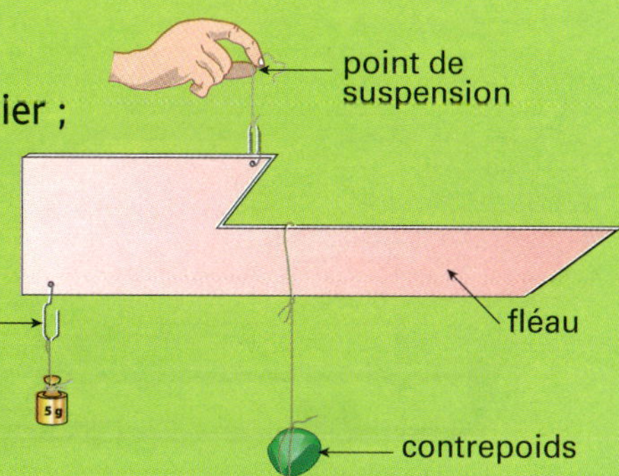

b Pèse ta gomme en l'accrochant à ta balance après l'avoir placée dans un sachet. Compare ta mesure avec celle donnée par une autre balance.
– Que peux-tu conclure ?

3 Réalise un mobile

On veut décorer la classe avec un mobile.

Matériel :
– pendeloques en carton fin ;
– tourillons de bois ;
– piques à brochettes ;
– fil.

– Par quelle baguette doit-on commencer l'assemblage pour réaliser l'équilibre ?
– Comment dois-tu placer les pendeloques et les fils de suspension pour que la baguette reste horizontale avec 2 éléments, puis 3 éléments... ?
Dessine le mobile sur ton cahier et explique ta procédure de fabrication.

Je comprends

1 L'équilibre pour mesurer des masses

• Les balances sont des instruments qui servent à mesurer la **masse*** d'un objet. Certaines utilisent le principe d'équilibre : il est toujours obtenu lorsque le fléau est horizontal, mais la lecture de la mesure peut être différente.

– Balances à bras égaux :
on additionne les masses marquées qui permettent d'obtenir l'équilibre.

balance à plateaux suspendus

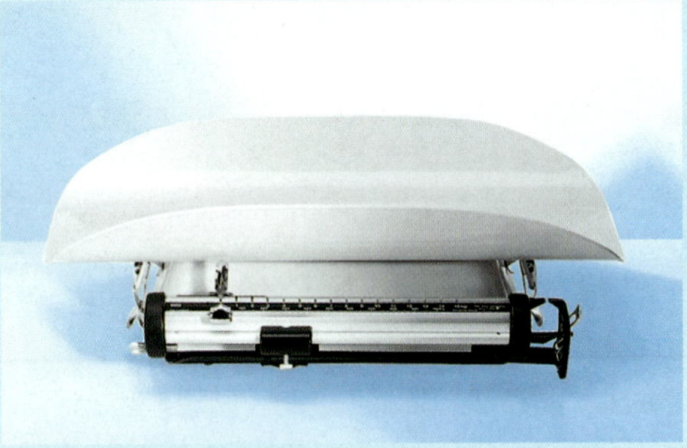

pèse-bébé

balance romaine

– Balances à bras inégaux :
on lit l'indication de la masse à l'aide d'un curseur qui se déplace sur une graduation quand l'équilibre est atteint.

2 L'équilibre pour réaliser un mobile

Le mobile doit être en équilibre. Pour le fabriquer, on commence par équilibrer les 2 pendeloques sur la baguette basse, puis on équilibre l'ensemble avec une troisième pendeloque fixée sur une baguette plus haute, et ainsi de suite. Si la baguette n'est pas horizontale, on déplace le point d'attache vers l'objet le plus lourd.

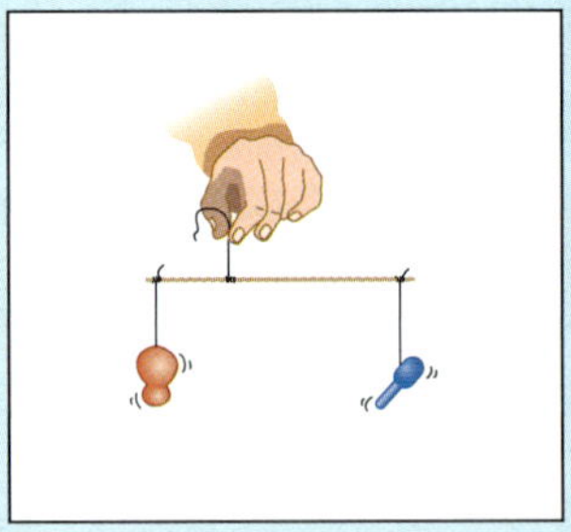

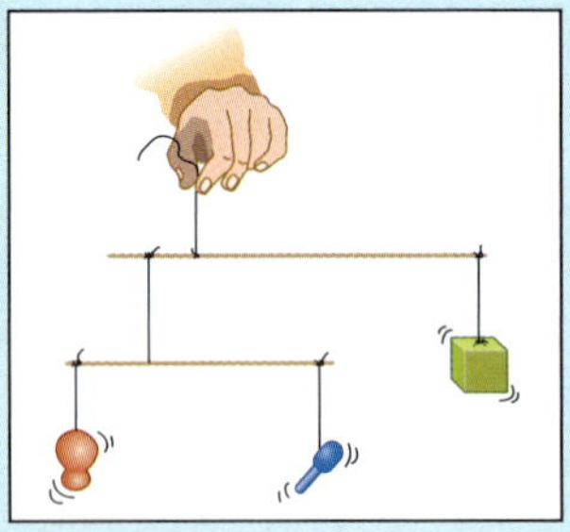

mon petit dico

La **masse** d'un objet mesure la quantité de matière dont il est constitué. Elle se mesure en gramme (g), en kilogramme (kg).

Étalonner une balance, c'est la graduer en unité de masse.
Le **fléau** d'une balance, c'est la tige rigide marquée, aux extrémités de laquelle sont posés ou suspendus les plateaux.

• Je vais plus loin

Roberval

On peut encore voir sur certains marchés des balances de Roberval.
Cette balance tient son nom du village de son inventeur, Gilles Personne. Physicien et mathématicien, il entreprend de nombreuses mesures. Les instruments de l'époque sont peu fiables.

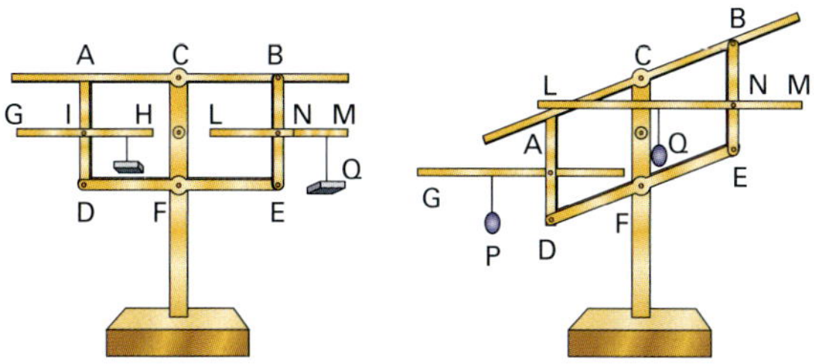

Il les améliore en inventant en 1669 un système particulier permettant de maintenir les plateaux horizontaux durant une pesée : c'est le parallélogramme déformable.

Des balances **sans équilibre**

Toutes les balances n'utilisent pas l'équilibre pour peser : certaines donnent la mesure grâce à d'autres principes.

Un circuit électrique avec un capteur permet la mesure de la masse.

Jeu de **mot**

Que veut dire l'expression : **«peser le pour et le contre»** ?

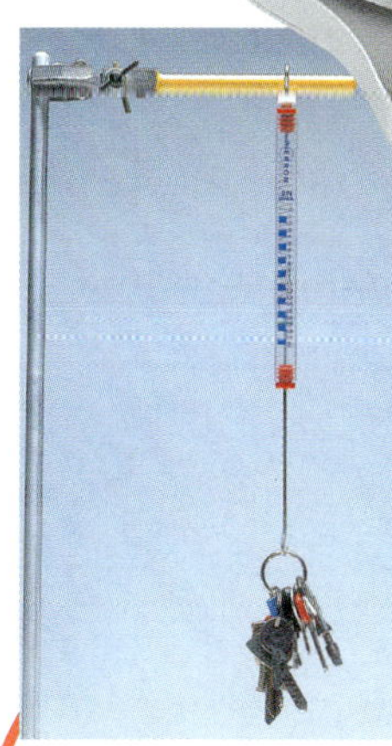

Le ressort de cette balance s'allonge d'autant que la masse à peser est plus lourde.

C'est une question d'**équilibre** !

UN PÊCHEUR BIEN ÉQUILIBRÉ

Malgré son gros poisson au bout de sa canne, le pêcheur reste en équilibre sur ses deux pieds !

UN ACROBATE DÉSÉQUILIBRÉ !

Voici un acrobate qui n'est jamais en équilibre, c'est pour cela qu'il se déplace !

47. C'est quoi la « vitesse facile » sur mon vélo ?

• Je m'interroge

De nombreux objets fonctionnent avec des roues dentées qui transmettent le mouvement. Comment fonctionnent-elles ?

1 Pourquoi ce coureur cycliste utilise-t-il le **dérailleur*** sur son vélo pour monter la côte ?

2 Lorsque tu essores de la salade avec cet appareil, pourquoi le panier tourne-t-il plus vite que ta main ?

3 Pourquoi un si grand nombre de roues dentées à l'avant ?

• Je cherche

1 Transmettre un mouvement de rotation avec des roues dentées imbriquées

Réalise ce montage, fais tourner sur son axe la **roue d'entrée*** et réponds aux questions suivantes :

- Dans quel sens tourne chacune de ces 2 roues dentées ? Compare leur vitesse de rotation.
- Quelle **roue de sortie*** dois-tu choisir pour obtenir la plus grande vitesse de sortie ? Dans ce cas, combien de tours la roue de sortie fait-elle pour 1 tour de roue d'entrée ?
- Quelle roue de sortie dois-tu choisir pour obtenir la plus petite vitesse de sortie ? Dans ce cas, combien de tours la roue de sortie fait-elle pour 1 tour de roue d'entrée ?
- Que peux-tu déduire de tout cela ?

2 Transmettre un mouvement de rotation avec des roues dentées non imbriquées

Sur le vélo, les 2 roues dentées sont éloignées.

- Comment le mouvement est-il transmis ? Dans quel sens tourne chacune de ces roues ?
- Avec trois roues dentées à l'avant et six pignons à l'arrière, combien de vitesses différentes peut-on obtenir sur ce vélo ?
- À ton avis, quel **plateau*** et quel **pignon*** doit utiliser le cycliste pour monter une côte ?

Je comprends

1 Dans un engrenage, une dent entraîne une dent

• Les roues dentées sont imbriquées. Le mouvement de la roue d'entrée entraîne le mouvement de la roue de sortie. C'est une transmission directe. L'utilisation de roues dentées permet de modifier la vitesse de la roue de sortie mais aussi la force.

• Si les deux roues ont la même taille :
la roue d'entrée a 30 dents,
la roue de sortie a 30 dents :
les 2 roues vont à la même vitesse.

• Si la roue de sortie est plus petite que la roue d'entrée :
la roue d'entrée a 30 dents, la roue de sortie a 10 dents : la roue de sortie fait 3 tours pendant que la roue d'entrée fait 1 tour !
La roue de sortie va 3 fois plus vite.
Elle va plus vite mais avec moins de force.

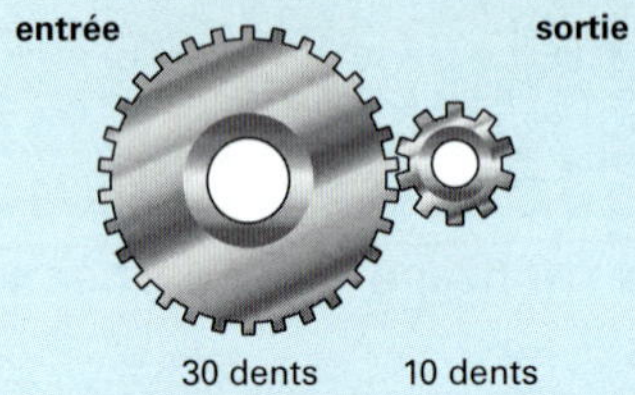

C'est le cas de l'essoreuse à salade, schéma ci-contre.
Comme la roue d'entrée est beaucoup plus grande que la roue de sortie, la vitesse est multipliée.

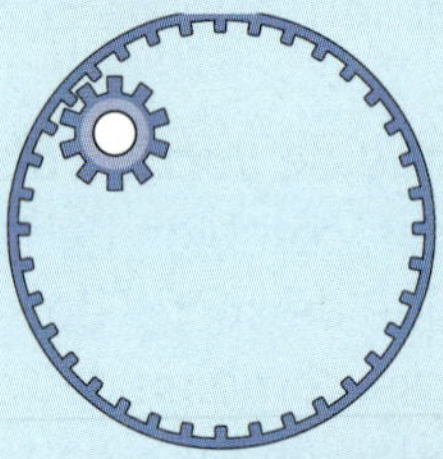

• Si la roue de sortie est plus grande que la roue d'entrée :
la roue d'entrée a 30 dents,
la roue de sortie a 60 dents : la roue de sortie fait 1/2 tour quand la roue d'entrée fait 1 tour.
La roue de sortie va 2 fois moins vite.
Elle va moins vite mais avec plus de force.

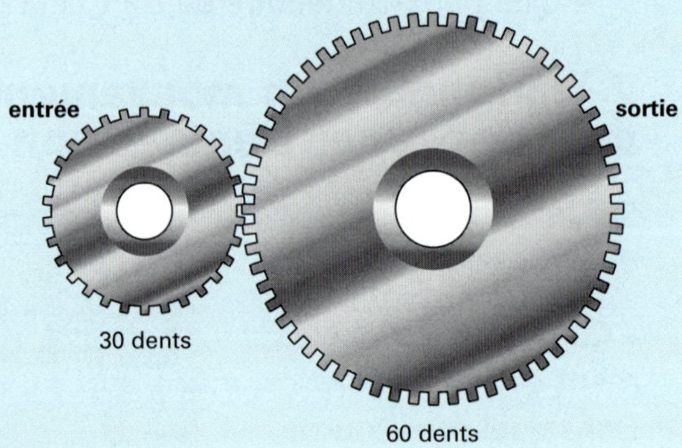

2 Plusieurs roues dentées pour un vélo !

Sur le vélo, les deux roues dentées sont reliées par une chaîne. C'est une transmission indirecte. Le mouvement du plateau (roue d'entrée) entraîne le mouvement du pignon (la roue de sortie). Pour modifier la vitesse et la force, on change la taille des roues dentées grâce au **dérailleur***. Si l'on choisit un grand plateau (48 dents) et un petit pignon (24 dents), un tour de pédalier va faire tourner la roue arrière de 2 tours.

mon petit dico

Dérailleur : mécanisme qui fait passer la chaîne de la bicyclette d'un pignon sur un autre.
Roue d'entrée : première roue d'un engrenage, roue menante, qui produit le mouvement de rotation. Pour un vélo, c'est un **plateau**.
Roue de sortie : dernière roue d'un engrenage, roue menée, qui fournit le mouvement à l'élément.
Pignon : roue dentée, la plus petite des deux roues d'un engrenage ; roue dentée servant d'appui à la roue arrière du vélo.
Train d'engrenage : ensemble des roues dentées d'un engrenage.

• Je vais plus loin

Des **trains d'engrenage** pour accélérer ou diminuer la vitesse !

Lorsque 2 roues sont situées sur le même axe, on peut varier encore plus la vitesse de sortie. Voici deux exemples :

◀ On reconnaît un **train d'engrenage*** placé sur l'arbre de **sortie du moteur électrique.** Il permet de diminuer la vitesse donnée par le moteur.

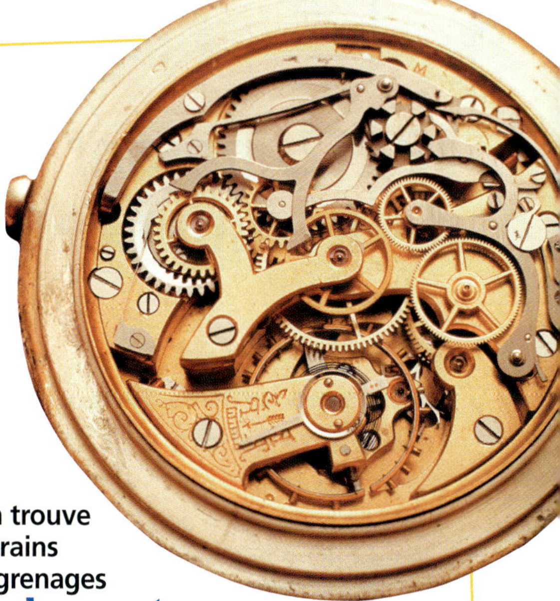

▶ On trouve des trains d'engrenages **dans les montres à aiguilles.** Dans un tout petit espace, on peut ainsi obtenir 3 vitesses de rotation différentes (1 pour chacune des aiguilles).

Deux systèmes opposés pour une même fonction…

Ces deux objets ont la même fonction : monter des blancs d'œufs en neige.

Un batteur à œuf électrique a un système réducteur pour diminuer la vitesse imprimée par le moteur.

Le batteur à œuf manuel a un système multiplicateur pour augmenter la vitesse donnée par la main.

L'avenir du **vélo**

Le vélo a beaucoup changé depuis son invention. Il évolue encore ! Voici un projet de dérailleur : un unique disque, une courroie reposant sur quelques dents et 66 vitesses possibles !

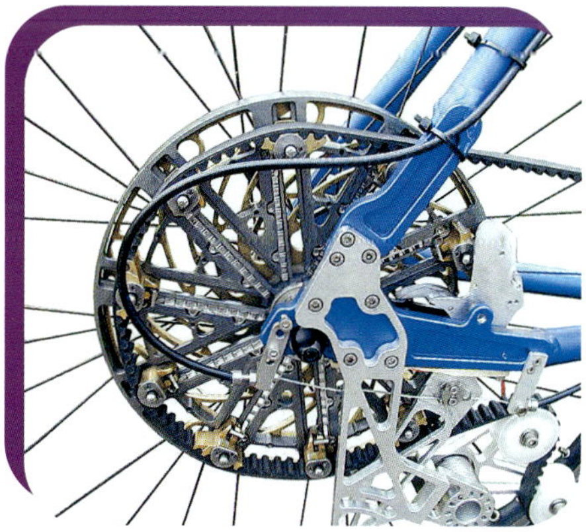

48. Comment une pile fait-elle de la lumière ?

• Je m'interroge

Toutes les lampes sont-elles alimentées par des piles ? Pour quelles raisons une lampe éclaire mal ou n'éclaire pas ?

1 Si cette lampe n'éclaire plus, le problème peut-il venir de la pile ?

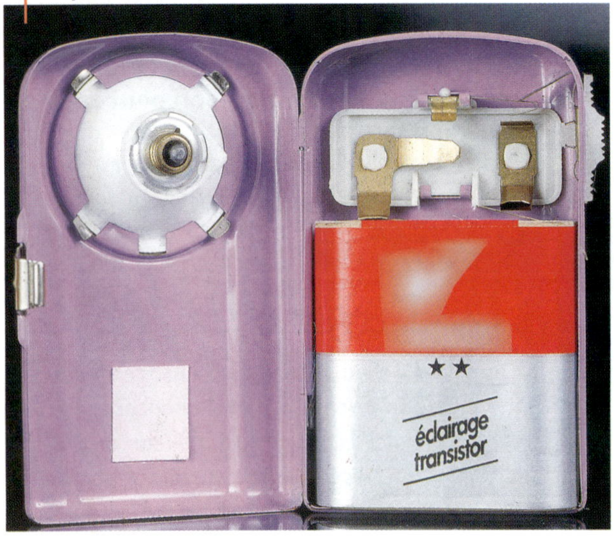

2 Cette lampe d'extérieur se recharge le jour et s'allume la nuit.
A-t-elle besoin de pile pour fonctionner ?

3 Est-ce qu'il y a une pile dans la lampe de ta chambre comme dans la lampe de poche ?

• Je cherche

1 Allumer des lampes

a Tu disposes d'une pile plate (4,5 V).
– Dessine sur ton cahier le schéma du circuit électrique permettant d'allumer une lampe.
– Liste le matériel dont tu as besoin.
– Réalise et vérifie le fonctionnement de ton circuit.

b On veut allumer 2 lampes.
– Dessine sur ton cahier le nouveau montage. De quoi d'autre as-tu besoin ? Les 2 lampes brillent-elles de la même façon ?
– Compare ton montage aux photos ci-dessous et réalise celui des 2 que tu n'avais pas fait. Quelles différences remarques-tu sur le fonctionnement des lampes dans l'un et l'autre cas ?

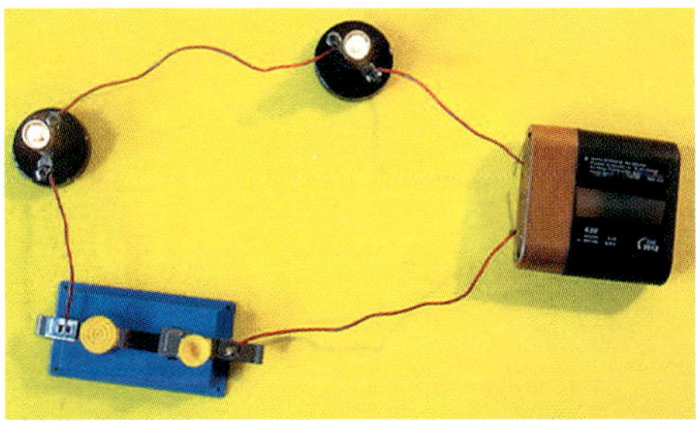

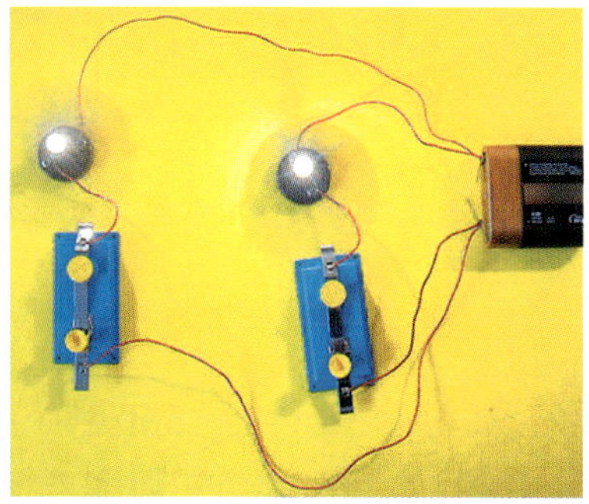

– Quel montage vas-tu choisir pour éclairer tes lampes ?

2 Utiliser d'autres générateurs

a Réalise le même montage qu'en **1** en changeant le générateur.

– Que peux-tu dire de l'éclat de la lampe dans chaque cas ? Essaye d'expliquer.
– Le voltage de la pile plate est 4,5 V. Quel est celui des piles rondes ? La taille de la pile intervient-elle ?

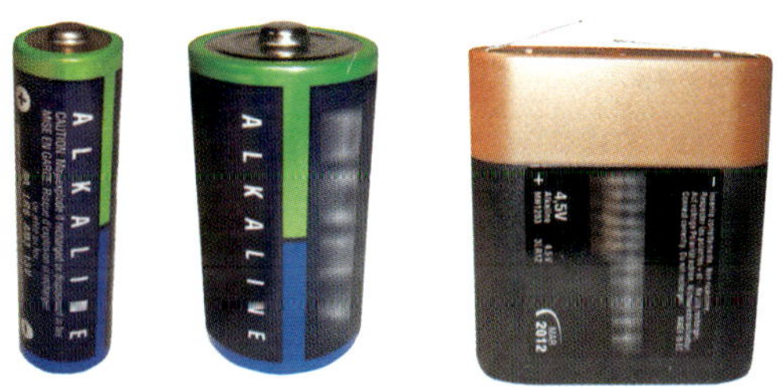

b Recommence avec les générateurs ci-contre :

– Sur ton cahier, recopie et complète le tableau ci-dessous pour indiquer à quelle condition la lampe brille.

Capteur solaire

Dynamo

Générateur utilisé	La lampe brille correctement si ...

– À la maison, d'où vient le courant qui alimente les lampes ? Quel est son voltage ?

Je comprends

1 Il faut un circuit pour allumer une lampe

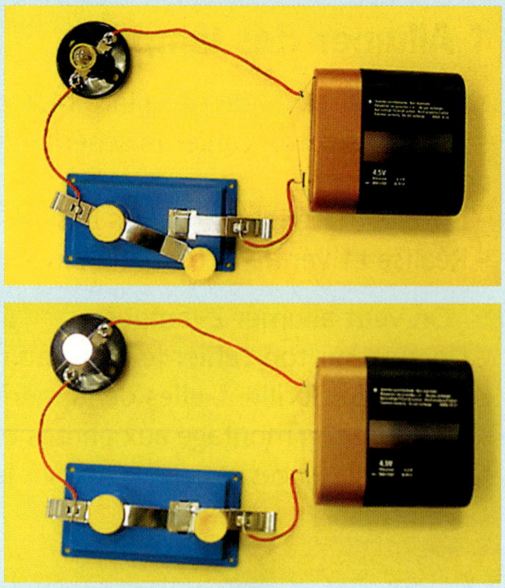

• Un circuit simple est constitué d'une boucle unique dans laquelle on trouve, par exemple :

– une pile (**générateur***) ;
– une lampe (**effecteur***) ;
– un interrupteur (qui permet de fermer ou d'ouvrir le circuit) ;
– des fils conducteurs.

• Si le circuit est ouvert, le courant ne passe pas : la lampe est éteinte.

• Si le circuit est fermé, le courant passe dans le circuit : la lampe est allumée.

2 Allumer plusieurs lampes

Pour que plusieurs lampes puissent s'allumer avec un seul générateur, il faut faire un montage en série ou en dérivation :

• un **montage en série***
– les 2 lampes sont dans la même boucle,
– les 2 lampes brillent d'un même éclat, mais moins que s'il n'y avait qu'une seule lampe,
– si l'on dévisse une lampe, l'autre n'éclaire plus,
– un seul interrupteur suffit dans le circuit pour allumer ou éteindre toutes les lampes.

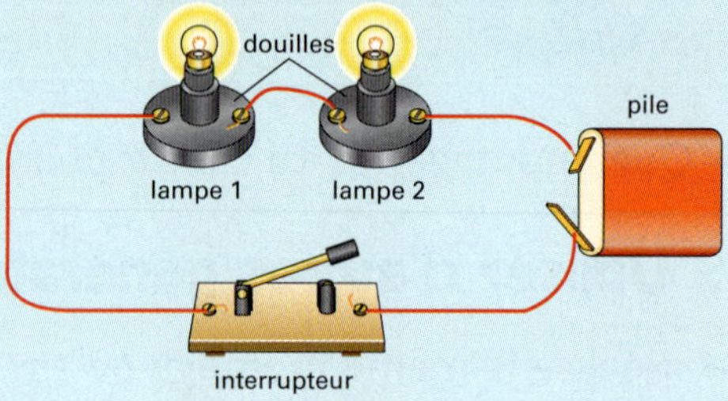

• un **montage en dérivation***
– les 2 lampes sont dans 2 boucles différentes,
– les 2 lampes brillent d'un même éclat et autant que s'il n'y avait qu'une seule lampe,
– si l'on dévisse une lampe, l'autre éclaire toujours,
– il faut un interrupteur par lampe pour allumer ou éteindre chacune des lampes.

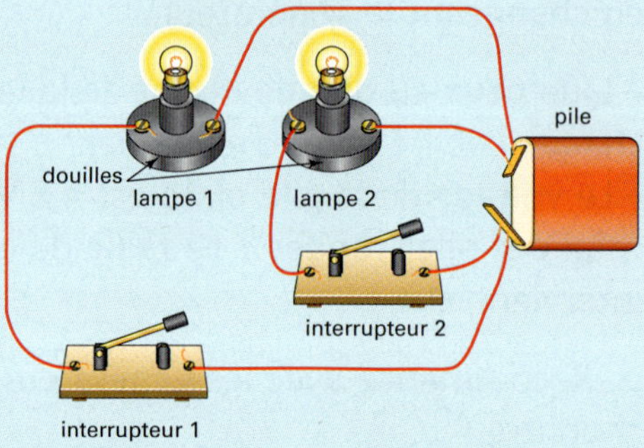

• Dans ces différents montages, le générateur est une pile ; à la place on aurait pu utiliser une photopile (la lumière, reçue par les capteurs solaires, permet de produire de l'électricité). À la maison, le courant est distribué par le secteur de 240 V.

mon petit dico

Le **générateur** fournit le courant électrique. Cela peut être une pile, un accumulateur, une dynamo, une photopile, le secteur.
Un **effecteur** réalise une action quand il reçoit du courant électrique. Ce peut être une lampe, mais aussi un moteur, une sonnerie, un radiateur, un téléviseur ...
Dans **un montage en série**, les effecteurs se suivent le long de la boucle de circuit.
Dans **un montage en dérivation**, les effecteurs sont sur des branches différentes du circuit.
Une **connexion** est la liaison d'un appareil à un circuit électrique.

• Je vais plus loin

Le **transport de l'électricité** vers la maison

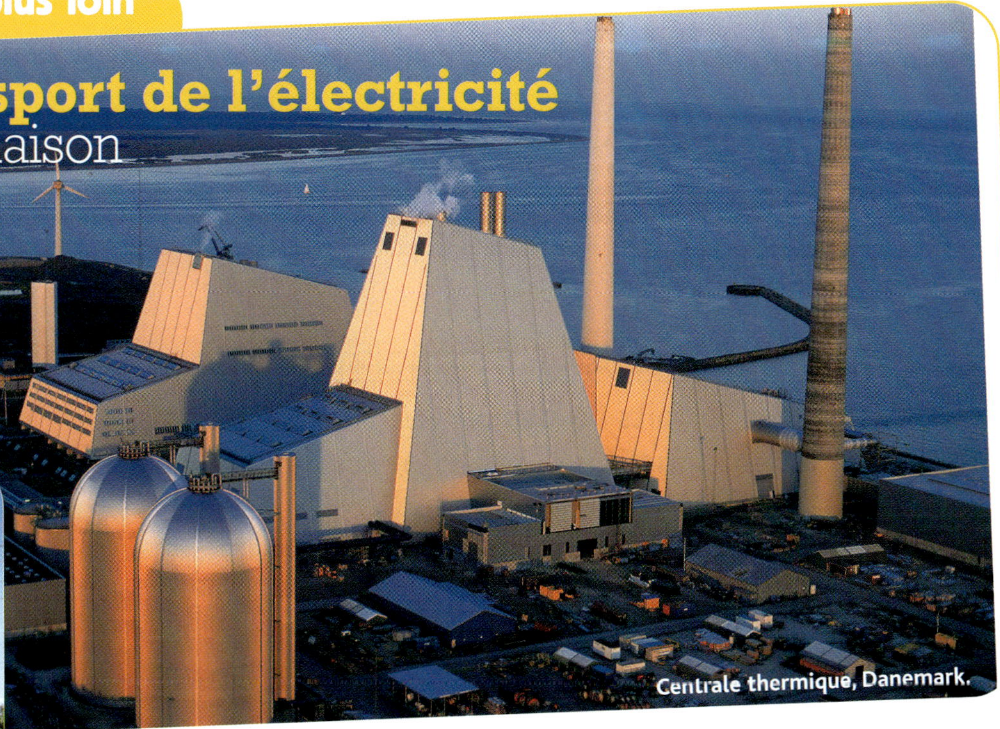

Centrale thermique, Danemark.

Dans la maison, il n'y a pas de pile. La production de l'électricité se fait en général loin de la maison. L'électricité est transportée par des fils électriques de la centrale à ta prise de courant.

Chercher l'**erreur !**

Quand on recherche la cause d'une panne dans un circuit, on procède avec méthode : une hypothèse à la fois ! L'erreur peut venir :

- des **connexions*** (si le circuit n'est pas complet),
- d'une lampe (si elle est «grillée»),
- du montage (si le circuit est incorrect),
- de la pile (si elle est trop faible ou usagée).

Quand il y a une panne dans la maison, seul un adulte peut en rechercher la cause.
Pour cela, il débranche l'appareil qui ne fonctionne plus ou il «ouvre» l'interrupteur général de la maison : le disjoncteur.

L'électricité sert à **tant de choses !**

Depuis le XIXe siècle, l'électricité facilite notre vie quotidienne.
L'électricité produit des effets différents selon les objets :

- les lampes transforment l'électricité en **lumière**,
- les radiateurs ou les réfrigérateurs font varier la **température**,
- les **moteurs font tourner** aspirateur, lave-linge, lave-vaisselle,
- les appareils hi-fi produisent du **son**.

ATTENTION ! Les piles et les accumulateurs contiennent des produits nocifs pour l'environnement : ils ne doivent pas être jetés n'importe où. Tu dois les rapporter chez le marchand.

49. Comment puis-je entendre quelqu'un dans mon téléphone ?

• Je m'interroge

Aujourd'hui, les téléphones sont partout : fixes ou portables, avec fil ou sans fil, utilisant des forfaits ou des cartes…
Sais-tu comment fonctionne cet objet si commun ?

1 À quoi sert le satellite quand j'utilise un téléphone portable ?

2 Peut-on téléphoner de partout ?

3 Cet objet est un haut-parleur. Sais-tu quelle est sa fonction et comment il fonctionne ?

• Je cherche

1 Construis une bobine électromagnétique

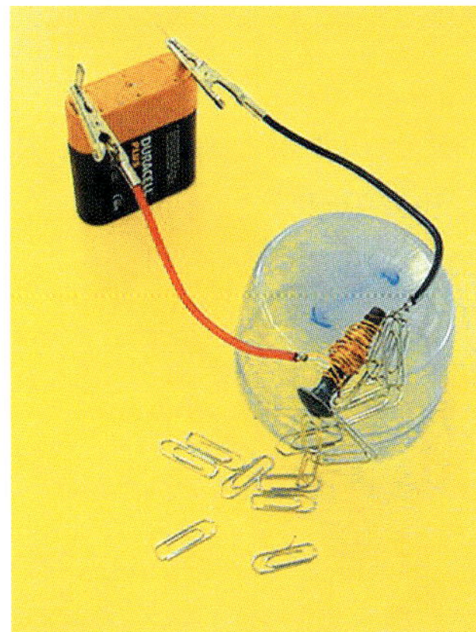

a Pour comprendre le fonctionnement d'une bobine, réalise le montage suivant :
– enroule une grande longueur de fil électrique autour d'un boulon,
– fixe chaque extrémité à une borne d'une pile plate.

b Que constates-tu lorsque tu approches la bobine des trombones ?
Il est important de débrancher la bobine de la pile une fois le résultat constaté.
– Comment s'appellent les corps qui attirent le fer ou l'acier ? (unité 5)

c L'une des faces d'une bobine parcourue par un courant attire le pôle Nord et repousse le pôle Sud d'une aiguille aimantée : cette face est appelée « face sud ».
– Que se passe-t-il si l'on change le sens du courant ?

2 Utilise une bobine électromagnétique

a Le son est produit par des vibrations et se transmet dans l'air ou dans d'autres corps sous forme d'**ondes***. Il est détecté par le tympan de l'oreille.
b Observe les photos de ces objets ouverts et réponds aux questions :

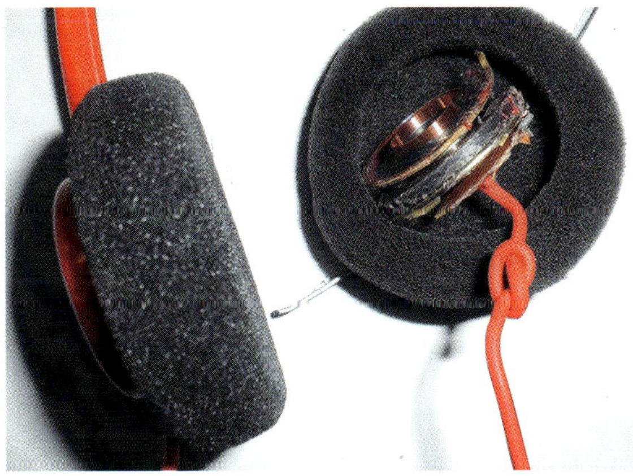

– Sur quelle photo peux-tu reconnaître un micro de téléphone et un écouteur de casque ?
– Peux-tu repérer la bobine sur chacun d'eux ?
– Lequel de ces 2 objets reçoit de l'électricité et produit une vibration ?

Pour t'aider, recopie et complète ce schéma avec le nom de l'objet correspondant :

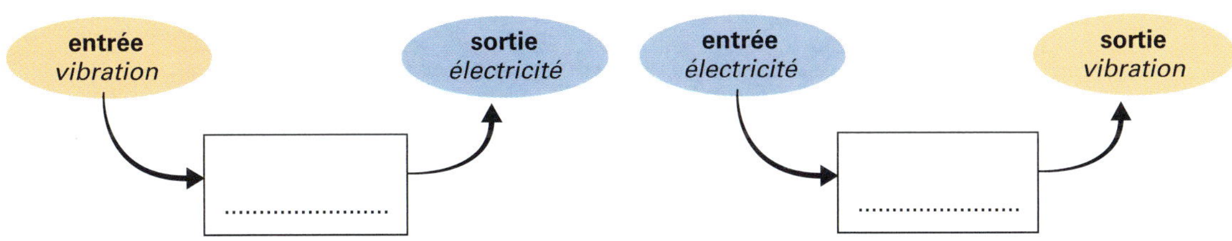

• Je comprends

1 La voix est codée en nombres

• La voix fait vibrer une membrane à l'intérieur du microphone. La vibration de la membrane entraîne la production d'électricité dans la bobine. Cette voix est transformée en signal électrique : chaque mouvement de la membrane crée une impulsion électrique. Une impulsion correspond à un 1, une absence d'impulsion correspond à un 0.
• Une voix numérisée devient une suite de 0 et de 1, par exemple : 010101010001.

2 Les nombres deviennent des ondes

• Les impulsions électriques sont transmises par des fils ou des câbles pour les **téléphones*** qui sont reliés à une prise.
• Pour les téléphones portables, le signal électrique de la voix numérisée est transformé en ondes par l'antenne.

3 Les ondes voyagent dans l'espace puis sont décodées

• Des **antennes-relais*** donnent une grande puissance aux ondes : elles se déplacent dans l'espace. Des **satellites*** les reçoivent et les redirigent sur la Terre. Les ondes sont reçues et décodées en signaux électriques puis en vibrations par une bobine électromagnétique, qui correspondent à la voix de la personne qui appelle.

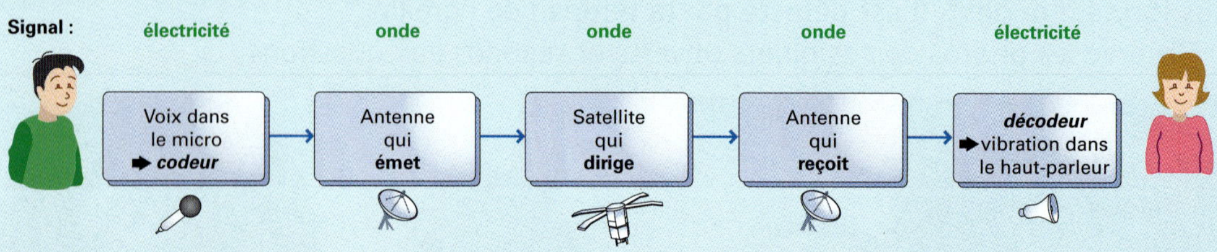

• On ne peut téléphoner que grâce à ce système technique complexe installé dans l'Espace et sur la Terre.

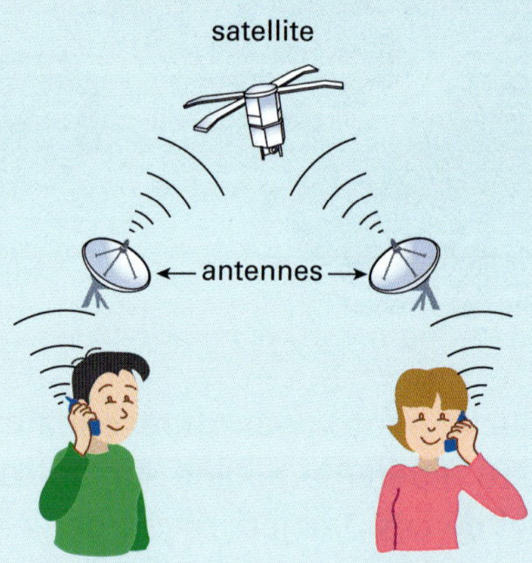

• De nombreux appareils comme le téléphone, le fax, la télévision, l'Internet, la radio sont des réseaux de communication utilisant les ondes.

mon petit dico

Le mot **téléphone** signifie « parler à distance ».
Une **bobine électromagnétique** permet d'avoir une vibration à partir de courant électrique.
Une **onde** est une vibration qui se déplace dans l'espace comme à la surface de l'eau d'une mare lorsque l'on jette un pavé.
Une **antenne-relais** reçoit des signaux électriques et renvoie des ondes, comme une lampe reçoit de l'électricité pour rayonner de la lumière.
Un **satellite** artificiel est un objet construit par l'homme pour être placé en orbite autour de la Terre. Les missions de ces engins sont diverses, entre autres les applications en météorologie, télécommunication...
Un **câblage** est l'ensemble des connexions d'un appareil électrique ou électronique.

• Je vais plus loin

L'ancêtre du téléphone

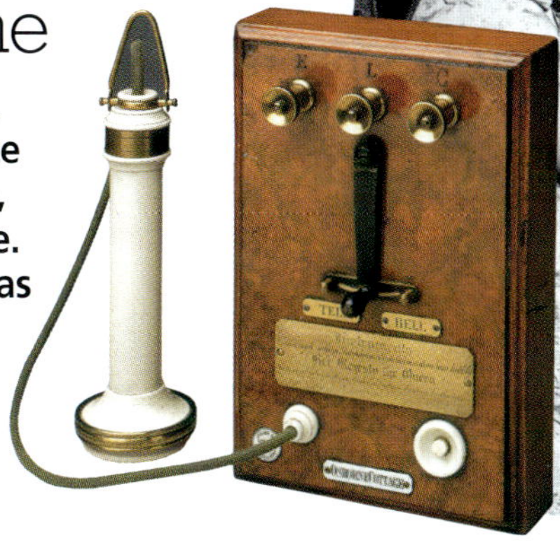

Dans les années 1880, lorsque l'on commence à utiliser le téléphone, le câblage* est visible. Tout le monde n'est pas relié directement et les «dames du téléphone» connectent chaque utilisateur à la ligne demandée.

Encore des satellites

Le système de navigation par satellite a été inventé par les services secrets aux État-Unis : c'est le GPS. Il permet de connaître sa position avec une précision de 1 mètre. L'équivalent européen, appelé Galiléo, utilise 30 satellites et de nombreuses stations terrestres. Ce système pourra être utilisé à partir de 2010.

Attention danger !

Le téléphone portable n'est pas sans risque pour le cerveau, surtout pour celui des enfants. Le **principe de précaution** est donc appliqué : il oblige les vendeurs de téléphones portables à fournir une **oreillette** aux normes européennes qui limiteraient les risques.

Couverture de réseau

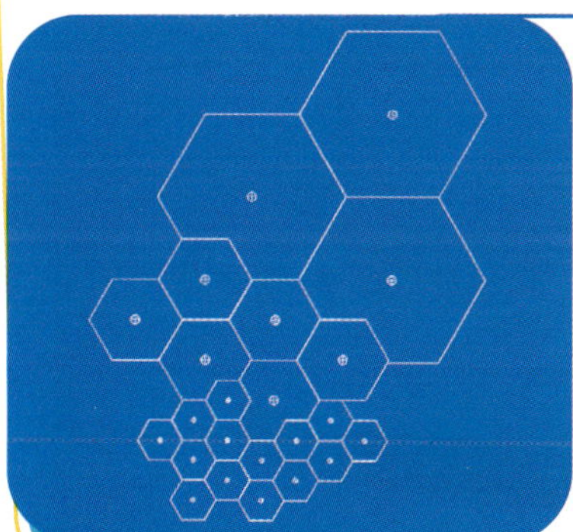

On ne peut téléphoner avec un portable que si le «réseau est couvert».
La couverture d'une zone géographique par les antennes des opérateurs téléphoniques est géométrique. On parle de téléphone cellulaire.
La «cellule» correspond à un hexagone avec son antenne. Les cellules peuvent être de dimension variable selon que la zone est plus ou moins habitée.

50. Un robot ressemble-t-il toujours à un homme ?

• Je m'interroge

Depuis de nombreuses années, les robots nous font rêver… ou nous font peur ! Ils prennent des formes variées. Mais qu'est-ce qu'un « vrai » robot ?

1 On le trouve dans des films, on l'appelle « Robot ». Mais a-t-il la possibilité de décider ou d'agir seul ?

2 On le trouve dans la cuisine, on l'appelle aussi « robot ». Mais s'il peut hacher, mixer, pétrir ou presser les agrumes, peut-il exercer seul des suites d'actions différentes ?

3 Ce lave-linge possède différents programmes de lavage. Il adapte le temps de lavage à la nature et à la qualité du linge. Il s'arrête automatiquement. Peut-on l'appeler « robot » ?

• Je cherche

1 Un système automatique pour le robot

a Le lave-linge cesse de tourner quand on ouvre la porte.
Observe le montage ci-contre qui représente le système de déclenchement de la machine.

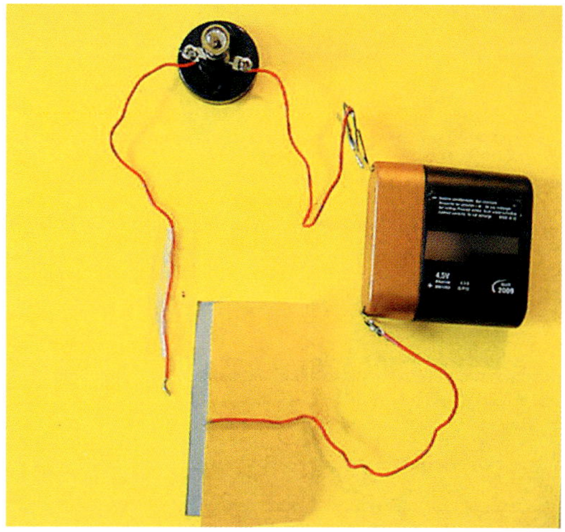

b Réponds aux questions suivantes :
– Qu'est-ce que la lampe représente ?
– Quel est l'élément qui représente la porte ?
– Quelle position a cet élément quand la porte est ouverte ? fermée ?
– Dans quelle position doit-il être pour que la lampe s'allume ?

2 Un programme automatique pour le robot

Le lave-linge nous indique le déroulement du programme.

a Construis ce circuit.

Matériel :
– 1 pile plate 4,5 V
– 3 douilles
– 3 lampes
– du fil électrique
– 1 carton support 20 cm × 20 cm
– 1 disque de carton, diam : 5 cm
– 1 attache parisienne
– 1 contacteur (bande de carton recouverte d'une feuille d'aluminium)
– 3 bandes de feuille d'aluminium ménager

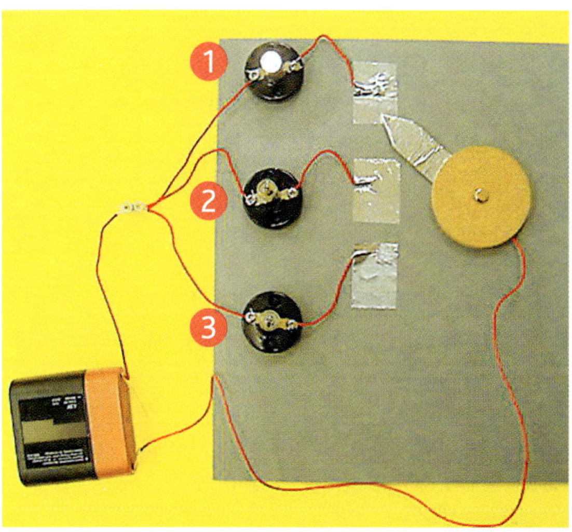

b Réponds aux questions suivantes.
– Que se passe-t-il lorsque le disque de l'interrupteur est en position 1, 2 ou 3 ?
– Si tu tournes le disque toujours à la même vitesse, comment faudrait-il modifier le circuit pour obtenir des temps d'éclairement différents pour chaque lampe ?
– Que se passerait-il si c'était un moteur qui tournait le disque ?

• Je comprends

1 Un robot s'adapte

• Un **système robotisé*** est un système électrique qui fonctionne automatiquement grâce à :
  – un ou plusieurs **capteurs***,
  – un ou plusieurs programmes.

Le lave-linge est le seul vrai robot de la page 230 car il peut décider seul le programme !
Dans le cas du lave-linge automatique :
  – l'ouverture de la porte fait fonction d'interrupteur,
  – le programme donne des ordres d'action successifs aux différents circuits électriques,
  – le niveau d'eau détermine l'arrêt du robinet de remplissage.

• Le robot ménager n'est pas un vrai robot car il obéit à des commandes données par l'utilisateur.

• Le personnage du film est un cyborg (« homme bionique »). Il désigne une créature faite de parties organiques et de parties artificielles. Une telle créature n'existe pas : il s'agit de science-fiction.

2 Les robots fonctionnent grâce à des capteurs

Information	Fonction du capteur	Effet
Fumée	La sonde détecte la présence de fumée.	Ferme un circuit électrique qui déclenche l'aspersion d'eau.
Lumière	Une lampe émet une lumière perçue par la cellule photo-électrique. À chaque passage, le faisceau est rompu.	Ferme un circuit électrique qui déclenche l'ouverture de la porte.

capteur de fumée

porte électrique

3 Des appareils qui ressemblent à des robots

• Dans notre vie quotidienne, de nombreux appareils fonctionnent seuls (les portes à ouverture automatique, les lumières qui s'allument dès que l'on entre dans une pièce...). On dit que ce sont des **systèmes automatisés***.
Ces systèmes exécutent toujours la même opération, mais ils ne sont pas capables de s'adapter à une nouvelle situation. Par exemple, les lumières restent allumées un certain temps (déterminé lors de la conception) lorsque l'on quitte la pièce.

mon petit dico

Un **système automatisé** est un dispositif qui fonctionne sans l'intervention d'un opérateur en exécutant un programme défini.
Un **système robotisé** est un dispositif capable d'effectuer certaines opérations, d'en modifier lui-même le cycle et d'exécuter certains choix à partir d'informations non électriques.
Un **capteur** détecte une information de l'environnement et la transforme en signal électrique. C'est un interrupteur automatisé. Par exemple, une cellule photo-électrique est un capteur qui détecte une information lumineuse.

• Je vais plus loin

Des robots **autonomes !**

Spirit (photo ci-dessus) et Opportunity sont des robots de 185 kg chacun, envoyés sur la planète Mars pour une mission de 3 mois ; pourtant, 7 ans après, ils sont toujours en état de marche ! Cette extraordinaire durée de vie peut s'expliquer par la capacité de ces robots à s'adapter aux conditions difficiles de cet environnement.
Ils ont acquis une autonomie de décision en territoire hostile !

Aujourd'hui, on utilise des robots pour entreprendre des missions de sauvetage au fond des mers (photo ci-dessus) mais aussi pour déminer ou pour tester des molécules dans les laboratoires.

L'aventure robotique en **quelques dates**

1921 Le mot « robot » est inventé par un dramaturge.
C'est la naissance de l'ordinateur qui va déclencher la recherche en cybernétique : permettre à un robot de réaliser une action.

1956 Naissance de l'expression « intelligence artificielle ».

1961 Le premier robot est américain et s'appelle Unimate. Il est mis au service de l'industrie, dans une usine de construction de voitures, pour remplacer les ouvriers dans les tâches dangereuses et pénibles.

2001 Avion sans pilote dirigé par un système d'intelligence artificielle.

2005 La puissance de calculs du robot « Blue Gene » dépasse de très loin le cerveau humain.

Les voitures sont-elles **intelligentes ?**

L'électronique a envahi la voiture. On parle d'électronique embarquée. Les capteurs sont nombreux pour diagnostiquer ou prévenir les pannes, détecter les obstacles ou les erreurs de trajectoires, déceler l'assoupissement du conducteur. Quelques exemples :

Des phares à infrarouge, lumière non décelable à l'œil nu, équipent déjà certains véhicules : une caméra à infrarouge, située dans le véhicule, retransmet une image qui améliore la vision de nuit ou par temps de brouillard.

Des capteurs optiques analysent le déroulement des bandes situées sur le bord des routes, prêts à émettre un signal sonore si l'intervalle ou le positionnement est anormal.

Des microcapteurs surveillent aussi le battement des paupières du conducteur ou la pression de ses mains sur le volant et émettent un signal si le conducteur s'endort !

Le Wifi, un danger pour le cerveau ?

Alors que la diffusion des téléphones Wifi et de l'Internet sans fil est en plein essor, on commence à entendre les premiers témoignages et avertissements sanitaires venant d'Angleterre.

En France, une étude dit que l'on est en dessous des normes dangereuses, d'autres démontrent le danger des rayonnements Wifi sur le cerveau. Mais toutes ces études invitent à appliquer des principes de précaution.

Système de réseau informatique sans fil et haut débit, les antennes et bornes d'accès Wireless-Fidelity (Wifi) se sont multipliées et banalisées au cours des trois dernières années. Les antennes et radio-émetteurs Wifi, d'une portée de 30 à 200 mètres, utilisent une bande radio comprise entre 2 400 et 2 485 mégahertz, située dans la gamme des fréquences dites « micro-ondes ». Aujourd'hui des voix s'élèvent, mettant en cause la pollution électromagnétique générée par le Wifi et dénonçant ses effets néfastes sur la santé… ◆

D'après Maxence Layet, *Le monde de l'intelligence*, n° 10, septembre 2007, D.R.

Voici les principes de précaution à prendre :

- Éteins chaque soir le boîtier ADSL (Free box, Live box) de ton ordinateur.
- Ne mets pas d'antenne Wifi près de toi de façon permanente (juste à côté de ton bureau par exemple !).
- N'abuse pas des téléphones portables Wifi (ils sont de plus en plus nombreux). Et utilise de préférence une oreillette.

Questions

1. **De quoi parle ce texte ? Qu'est-ce que le Wifi ? Comment fonctionne-t-il ?**
2. **Quel est le pays qui le premier a alerté des dangers du Wifi ?**
3. **Quels sont les termes ou expressions contenus dans ce texte indiquant qu'il y a un débat concernant l'effet des rayonnements sur la santé ?**
4. **Que peux-tu dire du premier principe de précaution ? Es-tu surpris ?**
5. **Demande aux personnes de ton entourage s'ils ont un téléphone portable Wifi. Si oui, que peux-tu leur conseiller ?**

Crapotin

Votre frigo perd ses clous ?
Vos W.-C. inondent tout ?
Appelez Jacky Répartout !
Il rafistolera tout.

Dans le pays, la camionnette jaune de Jacky se remarque de loin. Oui, Jacky répare tout. C'est un bricoleur de génie.

Sa maison ? On dirait celle d'un magicien un peu zinzin, car il a installé des gadgets dans tous les coins.

Le matin, par exemple, Jacky ne se lave pas : non, c'est sa Papouillette qui s'occupe de lui. Mmm…Rien de tel qu'une douce Papouillette qui vous réveille en vous faisant des câlins.

La maison est bien tenue puisque c'est la Ballochette qui fait le ménage : elle se faufile partout pour dénicher la saleté. Puis, quand elle s'est empiffrée de poussière, elle va sagement digérer dans son coin.

[…]

Un jour Jacky déclare :

– Et maintenant, il ne me reste plus qu'à fabriquer un robot futé capable de contrôler tous mes bidules. Il sera le grand inspecteur de la maisonnée.

Et il crée un merveilleux petit robot qui sait tout, vraiment tout faire. Quand il est fini, Jacky murmure :

– Quel nom te donner ?

Le robot sautille sur ses trois pattes télescopiques. Il est coiffé d'un chapeau en plastique, il a le ventre comme un petit bidon. Jacky propose :

– Clochetin ? Bidonnard ? Crapotin ?

Le robot fonctionne bien. Il répond :

– Je serai Crapotin, puisque je saute aussi bien qu'un crapaud. Compris ? ◆

Evelyne Reberg, *Crapotin* © Bayard Édition, D.R.

Questions

1. **Quels sont les personnages de ce texte ? Cite leurs noms.**
2. **Quel est le métier de Jacky ? Quelle est sa «passion» ?**
3. **À quoi sert la Ballochette ?**
4. **Comment s'appelle la dernière invention de Jacky ? Pourquoi l'a-t-il fabriqué ?**
5. **Crapotin est-il un vrai robot ? Explique pourquoi.**
6. **Imagine ce qui peut arriver dans la maison de Jacky.**

Le grand ascenseur de verre

« Si tu es fatigué, il vaudrait mieux prendre l'ascenseur, dit M. Wonka. C'est par là. Venez ! Et nous y voilà ! » Il traversa à grands pas le couloir pour s'arrêter devant une porte à deux battants. Les battants s'ouvrirent pour laisser entrer les deux enfants et les adultes.

« Et maintenant, s'écria M. Wonka, sur quel bouton allons-nous appuyer d'abord ? Faites votre choix ! »
Charlie Bucket regarda autour de lui, tout étonné. Il n'avait jamais vu d'ascenseur aussi excentrique. Des boutons partout ! Les murs, et même le plafond, étaient couverts d'innombrables rangées de petits boutons noirs ! Il y en avait bien mille à chaque paroi, sans parler du plafond ! Et soudain, Charlie s'aperçut que chacun des boutons était flanqué d'une minuscule étiquette, indiquant la destination.
« Ce n'est pas un ascenseur ordinaire qui monte et qui descend ! annonça fièrement M. Wonka. Cet ascenseur se déplace aussi bien de guingois, en avant et en arrière, dans tous les sens, en somme ! Il dessert toutes les pièces de ma chocolaterie, sans exception ! Vous n'avez qu'à appuyer sur le bouton… et zing !… vous partez ! »
« Fantastique ! » murmura grand-papa Joe. Devant les innombrables rangées de boutons, ses yeux brillaient d'enthousiasme.◆

Roald Dahl, *Charlie et la chocolaterie*,
Folio Junior © Roald Dahl Nominee Ltd., 1964.

Questions

1. **Combien y a-t-il de personnages dans cet extrait? Peux-tu dire qui est M. Wonka? Qui est Joe?**
2. **Décris l'ascenseur dans lequel tout le monde monte.**
3. **Dans quels sens cet ascenseur se déplace-t-il?**
4. **Que pense M. Wonka de son ascenseur?**
5. **Que ressent Joe?**
6. **Et toi, aimerais-tu utiliser un tel ascenseur?**

Mon grand dico

A

Un **aimant** a pour propriétés d'attirer le fer et d'agir sur un autre aimant. Les parties actives d'un aimant s'appellent les pôles magnétiques. Un aimant a au moins deux pôles.

L'**alternateur** d'une éolienne produit du courant qui est envoyé dans des transformateurs pour obtenir le courant du secteur (celui de la maison).

Amphibien désigne la classe d'animaux vertébrés qui vivent à la fois dans l'eau et sur les berges, mais se reproduisent uniquement dans l'eau. Les grenouilles et les crapauds sont des amphibiens.

Une **antenne-relais** reçoit des signaux électriques et renvoie des ondes, comme une lampe reçoit de l'électricité pour rayonner de la lumière.

Les **astéroïdes** sont des corps rocheux plus ou moins gros, présents dans le système solaire. Ils sont particulièrement nombreux entre Mars et Jupiter et forment la ceinture d'astéroïdes.

L'**atmosphère** est l'enveloppe gazeuse qui entoure la Terre. Entre autres gaz, elle contient de la vapeur d'eau. L'atmosphère de la Terre est composée de gaz. Parmi ceux-ci on trouve 78 % d'azote, 21 % d'oxygène, 1 % d'argon. Le dioxyde de carbone ne s'y trouve qu'à raison de 0,03 %.

B

L'analyse **bactériologique** de l'eau consiste à vérifier si elle ne contient plus de microbes.

Biodiversité vient de *bios* qui signifie « vie » en grec. La biodiversité est la diversité au sein du monde vivant.

Une **bobine électromagnétique** permet d'avoir une vibration à partir de courant électrique.

Un **bourgeon** contient la future petite tige feuillée. Parfois cette petite tige porte des fleurs : c'est un bourgeon à fleur. La substance collante qui recouvre les bourgeons a une fonction protectrice.

Le **bourgeon axillaire** est le bourgeon situé sur l'axe d'un rameau, à la base de chaque feuille. Un bourgeon axillaire, en se développant, permet la ramification.

Le **bourgeon terminal** est le bourgeon situé à l'extrémité d'un rameau et qui permettra sa croissance en longueur.

Le **bras de levier** est la distance qui sépare la force appliquée de l'axe.

Le **brouillard** est formé de minuscules gouttelettes d'eau liquide en suspension dans l'air. C'est un nuage au ras du sol.

La **buée** qui apparaît sur une paroi froide est constituée de petites gouttelettes d'eau liquide. Dans la nature, on l'appelle la rosée.

C

Un **câblage** est l'ensemble des connexions d'un appareil électrique ou électronique.

La **calotte glaciaire** est la couche de glace qui recouvre les régions polaires.

Un **capteur** détecte une information de l'environnement et la transforme en signal électrique. C'est un interrupteur automatisé.

Un **caractère** est un trait distinctif qui sert à décrire l'animal : par exemple le nombre de pattes, la présence de plumes, la présence de poils.

La **carotide** est l'artère qui conduit le sang au cerveau.

Les **cellules** sont des éléments minuscules qui constituent tes organes.

Pour produire de l'électricité, la **centrale nucléaire** utilise la chaleur dégagée par un métal très spécial, l'uranium, et la **centrale thermique** brûle du pétrole, du gaz ou du charbon.

Une **chaîne alimentaire** est un schéma qui représente le trajet de la nourriture depuis les plantes jusqu'aux animaux carnivores, sous la forme simplifiée d'une chaîne dans laquelle chaque espèce mange celle qui précède.

Une **cheminée sous-marine** est une source chaude sous-marine qui indique la présence d'un volcan sous-marin.

L'analyse **chimique** de l'eau sert à déterminer sa composition.

La **chrysalide** est le stade intermédiaire entre la chenille et le papillon.

Classer veut dire regrouper des objets ou des êtres vivants.

Une **comète** est un bloc de glace et de poussière qui peut venir contourner le Soleil.

L'évaporation et la **condensation** sont des changements d'état : l'eau passe de l'état liquide à l'état gazeux au cours de l'évaporation et de l'état gazeux à l'état liquide au cours de la condensation.

Une **connexion** est la liaison d'un appareil à un circuit électrique.

Une **constellation** est un ensemble d'étoiles qui forment un dessin dans le ciel.

Un **convertisseur** transforme une forme d'énergie en une autre forme d'énergie.

Faire la **cour** désigne la façon dont le mâle fait le beau pour attirer la femelle pendant la saison des amours.

Le **cordon ombilical** est le tuyau par où se nourrit et respire le futur bébé dans le ventre de sa mère.

D

Au cours d'une **décantation**, les particules insolubles les plus denses tombent au fond du mélange.

Les **décomposeurs** se nourrissent de débris, de déchets et de restes d'animaux et de végétaux morts. Ils favorisent ainsi le retour dans le sol d'éléments minéraux indispensables à la nutrition des plantes.

L'air chaud est moins **dense** que l'air froid car, pour un même volume, il est plus léger que l'air froid.

Le **dérailleur** est le mécanisme qui fait passer la chaîne de la bicyclette d'un pignon sur un autre.

La **déshydratation** d'un corps consiste à évaporer l'eau qu'il contient.

Se **dilater**, pour un corps, c'est prendre plus de place, de volume.

Un **dispositif expérimental** désigne tout le matériel qui sert à monter une expérience.

Le **dioxyde de carbone** (CO^2) est un gaz produit notamment lors de la respiration des êtres vivants et des végétaux. Ce gaz est présent dans l'atmosphère de la Terre.

L'heure est aussi une unité de **durée**. En 24 heures, la Terre effectue un tour complet sur elle-même.

La **dynamo** d'une bicyclette est un convertisseur qui transforme le mouvement (c'est-à-dire de l'énergie mécanique) en courant électrique. Elle possède un galet qui frotte contre la jante ou le pneu arrière et qui produit le courant électrique.

E

L'**eau** qui coule au robinet est appelée *eau domestique*. L'eau qui coule dans la nature est appelée *eau naturelle*.

Une **eau douce** ne contient que très peu de sels dissous.

Une **éclipse de Lune** se produit quand la Terre projette son ombre sur la Lune.

Un **effecteur** réalise une action quand il reçoit du courant électrique. Ce peut être une lampe, mais aussi un moteur, une sonnerie, un radiateur, un téléviseur...

Une **ellipse**, c'est un cercle un peu aplati.

L'**embryon** est le premier stade du développement du futur bébé.

L'**empreinte écologique** : nous permet d'évaluer la surface terrestre (en hectares productifs) nécessaire à une population pour satisfaire durablement ses besoins et absorber les déchets qu'elle produit.

Aux **équinoxes**,la durée de la journée (12 heures) est égale à la durée de la nuit (12 heures).

L'eau, le vent et le gel usent peu à peu les roches qui sont émergées : c'est l'**érosion**.

L'**espèce**, c'est un ensemble d'individus semblables par leurs aspects et leurs comportements et qui sont capables de se reproduire entre eux.

Étalonner une balance, c'est la graduer en unité de masse.

Une **étoile** est un astre qui produit de la lumière. Le Soleil est une étoile.

L'**évaporation** et la condensation sont des changements d'état : l'eau passe de l'état liquide à l'état gazeux au cours de l'évaporation et de l'état gazeux à l'état liquide au cours de la condensation.

F

La **fécondation** est le moment de la rencontre entre le spermatozoïde et l'ovule.

Lors d'une **filtration** les particules en suspension sont retenues par les « mailles » du filtre. Plus le filtre est fin et plus la filtration est efficace.

Une **flaveur** est une sensation produite par le fond de la bouche et du nez : elle est un mélange d'odeurs et de saveurs.

Le **fléau** d'une balance, c'est la tige rigide marquée, aux extrémités de laquelle sont posés ou suspendus les plateaux.

Le **fœtus** est le deuxième stade (après l'embryon) du développement du futur bébé.

Une **fragrance** est une odeur agréable.

Le **fruit** est un organe plus ou moins creux, sec ou charnu, qui provient de la transformation du pistil et qui contient des graines.

Un **fruit charnu** est un fruit à paroi épaisse et molle (ou « chair ») qui contient des pépins ou un noyau.

G

Une **galaxie** est un groupement de plusieurs milliards d'étoiles.

Le **générateur** fournit le courant électrique. Cela peut être une pile, un accumulateur, une dynamo, une photopile, le secteur.

L'énergie hydraulique vient directement des chutes d'eau, et la **géothermie** de la chaleur de la Terre.

Le **GPS** ou Global Positionning System, « système de positionnement mondial », permet de connaître la position d'un objet sur Terre et donc de s'orienter sur terre, sur mer, ou dans l'espace (près de la Terre).

Les **graminées** désignent une famille de plantes aux fleurs peu apparentes et groupées en épis.

H

On appelle **hermaphrodite** un animal ou une plante sur lequel sont réunis les organes reproducteurs des deux sexes.

Un **hémisphère** est une des deux moitiés d'une sphère. La France métropolitaine se situe dans l'hémisphère Nord de la sphère terrestre.

L'**heure** est une information qui permet de se situer dans la journée. En France, l'« heure des montres » (**heure légale**) n'est pas l'heure solaire. Il faut ajouter 2 heures en été et 1 heure en hiver à l'heure solaire pour avoir l'heure légale.
L'heure est aussi une unité de **durée**. En 24 heures, la Terre effectue un tour complet sur elle-même.

Dans un mélange **homogène**, les constituants que l'on ne peut plus distinguer sont répartis de façon uniforme.

Une **horloge** désigne tout instrument capable de mesurer le temps.

S'il y a beaucoup de vapeur d'eau dans l'air, on dit qu'il y a de l'**humidité**.

L'énergie **hydraulique** vient directement des chutes d'eau, et la géothermie de la chaleur de la Terre.

Une **hypothèse** est une idée que l'on avance pour répondre à une question.

I

Les **illusions d'optique** sont des erreurs de jugement visuel commises par le cerveau.

Les **influx nerveux** sont de petites décharges électriques très brèves qui circulent dans les nerfs et transmettent les informations.

Une **investigation** désigne une recherche ou une enquête.

J

En anatomie, le mot **jambe** correspond seulement à la partie située entre le genou et le pied.

Un **jour**, c'est l'espace de temps qui s'écoule pendant une rotation de la Terre sur elle-même et qui sert d'unité de temps. Un jour dure 24 heures (en moyenne).

Une **journée**, c'est l'espace de temps qui s'écoule entre le lever et le coucher du soleil. Pendant la journée, il fait jour.

L

La **lave** est le nom donné au magma qui sort de la Terre par un volcan. En se refroidissant, la lave devient solide et donne une roche volcanique.

Une eau **limpide** est parfaitement claire et transparente.

Quand un corps est **liquide**, il prend la forme du récipient qui le contient. Au repos, sa surface de séparation avec l'air est plane et horizontale.

M

Le **magma** est un mélange de roche fondue et de gaz formant une masse pâteuse en profondeur de la Terre.

La **magnitude** désigne la puissance d'un séisme.

La **masse** d'un objet mesure la quantité de matière dont il est constitué. Elle se mesure en gramme (g), en kilogramme (kg).

Un **membre** est l'une des quatre parties du corps qui s'attachent au tronc.

À partir de la **ménopause** une femme n'émet plus d'ovules et donc ne peut plus avoir d'enfants.

Un **méridien** terrestre est une ligne imaginaire, tracée sur la Terre, qui relie le pôle Nord au pôle Sud.

Chez certains animaux, c'est une larve très différente de l'adulte qui sort de l'œuf. La **métamorphose** est la transformation de cette larve en adulte.

Les **météorites** sont des débris rocheux qui errent dans l'espace. Ils peuvent être attirés par une planète et s'écraser sur son sol, provoquant la formation de cratères.

Une **meute** est un groupe d'animaux organisé autour d'un chef.

Un **microscope** est un instrument qui permet de regarder ce qui est minuscule.

Microscopique se dit d'un objet ou d'un animal tellement petit qu'il faut un microscope pour pouvoir l'observer.

Dans un **montage en série**, les effecteurs se suivent le long de la boucle de circuit.

Dans un **montage en dérivation**, les effecteurs sont sur des branches différentes du circuit.

Morphologique désigne tout ce qui a un rapport avec l'aspect d'un être vivant (sa forme, sa taille, sa couleur).

N

Une **nappe phréatique** est une réserve d'eau souterraine qui alimente les puits et les sources.

Les **nerfs** moteurs conduisent les informations du cerveau aux muscles.

Le **noyau** est la partie dure et centrale d'un fruit charnu qui renferme la graine (noyau de cerise, de pêche, d'olive...).

Une **nuit**, c'est l'espace de temps qui s'écoule entre le coucher et le lever du soleil.

O

En science, l'**œuf** désigne l'ovule fécondé et qui donnera un petit. Dans la vie de tous les jours, un oeuf peut désigner tout ce qui est pondu par une femelle.
L'oeuf que l'on mange est un ovule qui n'a pas été fécondé et qui ne se développera donc jamais.

Une **onde** est une vibration qui se déplace dans l'espace comme à la surface de l'eau d'une mare lorsque l'on jette un pavé.

Un objet **opaque** ne laisse pas passer la lumière contrairement à un objet transparent.

L'**organisme** est l'ensemble des organes qui constituent un être vivant.

Un **outil** est un objet qui permet à l'homme d'agir plus efficacement.

Sont **ovipare** les animaux dont les petits sortent d'un oeuf qui a été pondu par la mère après une période d'incubation.

Un **ovule** est la cellule reproductrice de la femelle destinée à être fécondée par une cellule reproductrice du mâle ou spermatozoïde.

P

Les **papilles** sont des petits renflements en forme de cône sur la langue renfermant les terminaisons des nerfs.

Une **particule** désigne un tout petit grain.

Une zone de **pénombre** est éclairée seulement par une partie de la lumière d'une lampe. De cette zone, on ne peut pas voir la lampe entièrement.

Un **pépin** est une graine de petite taille contenue dans un fruit charnu (pépin de citron, de raisin, de pomme...).

Le **PET** (téréphthalate de polyéthylène) est le plastique utilisé pour fabriquer les bouteilles en plastique. Il ne peut pas être recyclé, c'est-à-dire refondu pour en refaire des bouteilles, mais il peut être transformé en matière synthétique, notamment pour fabriquer les « fourrures polaires ».

Les **phéromones** sont des substances sécrétées par un individu qui veut agir à distance sur le comportement d'un autre individu.

Le **pignon** est la plus petite des deux roues d'un engrenage ; c'est une roue dentée servant d'appui à la roue arrière du vélo.

Le **pistil** est la partie femelle d'une fleur. Il contient un ou plusieurs ovules. Certaines fleurs n'ont pas de pistil.

Le **placenta** est une sorte de disque épais collé à la paroi de l'utérus de la mère. Il sert (entre autres) de filtre entre le sang de la mère et celui du bébé.

Une **planète** est un astre froid. Si on la voit dans le ciel nocturne, c'est parce qu'elle renvoie une partie de la lumière qu'elle reçoit du Soleil.

Le **point d'appui** ou le **pivot**, c'est le support (l'axe) autour duquel tourne le levier.

Les quatre **points cardinaux** (nord, sud, est, ouest) sont définis dans le plan horizontal du lieu où l'on se situe.

La **population**, c'est l'ensemble des animaux ou des végétaux d'une même espèce vivant sur un même territoire.

Un **pot catalytique** est une « chambre » que traversent les gaz d'échappement avant de sortir par le tuyau d'échappement. Cette « chambre » est faite en céramique et « tapissée » de divers métaux précieux qui vont, par un procédé chimique (la catalyse), transformer les gaz les plus toxiques en éléments moins toxiques (transformation des monoxydes de carbone, hydrocarbures imbrûlés, oxydes d'azote en eau et CO^2).

Un **prédateur** est un animal qui chasse une proie animale pour se nourrir. Il est carnassier.

Un **producteur primaire** est un être vivant qui produit sa propre matière vivante uniquement à partir de substances minérales (ex. : un arbre produit des feuilles à partir de lumière, d'eau, de sels minéraux et d'air).

Un **producteur secondaire** est un être vivant qui produit sa propre matière à partir d'autres êtres vivants qu'il consomme.

Une **proie**, c'est un animal qu'un autre animal essaie d'attraper pour le manger.

La **puberté** est le passage de l'enfance à l'adolescence. Après la puberté, les hommes produisent des spermatozoïdes et les femmes des ovules.

On appelle **pullulation** une trop importante multiplication d'animaux.

Une eau **pure** est une eau qui ne contient aucun corps dissous ou en suspension. Attention ! dans le langage courant, l'eau « pure » est l'eau propre non polluée.

R

Le **recensement**, c'est l'utilisation de différentes méthodes pour estimer le nombre d'animaux (par exemple, le nombre de loups).

La **rétine** est la partie sensible de l'œil. Elle transforme la lumière reçue en influx nerveux qui seront décodés par le cerveau.

Une **rose des vents** est une figure indiquant les points cardinaux : nord, sud, est, ouest et les directions intermédiaires : nord-est, nord-ouest, sud-est, sud-ouest. Cette représentation circulaire en étoile s'appelle ainsi car elle est applicable au repérage des directions du vent en un lieu donné.

La buée qui apparaît sur une paroi froide est constituée de petites gouttelettes d'eau liquide. Dans la nature, on l'appelle la **rosée**.

La **roue d'entrée** est la première roue d'un engrenage, roue menante, qui produit le mouvement de rotation. Pour un vélo, c'est un plateau.

La **roue de sortie** est la dernière roue d'un engrenage, roue menée, qui fournit le mouvement à l'élément.

S

Un **satellite** est un corps qui gravite autour d'une planète de masse plus grande.

Un **satellite artificiel** est un objet construit par l'homme pour être placé en orbite autour de la Terre. Les missions de ces engins sont diverses, entre autres les applications en météorologie, télécommunication...

Un **séisme** est un tremblement de terre.

La terre contient des **sels minéraux** qui peuvent se dissoudre dans l'eau et être absorbés par les racines en même temps que l'eau. On peut apporter davantage de sels minéraux aux plantes, sous la forme d'engrais achetés dans le commerce.

La **sève brute** est puisée dans le sol par les racines de la plante. Elle est constituée uniquement d'eau et de sels minéraux dissous.

La **sève sucrée** est fabriquée par les feuilles des végétaux verts placés à l'air et à la lumière. Elle permet le développement de la plante et elle est appréciée des pucerons.

Quand un corps est **solide**, on peut le saisir à la main.

En France métropolitaine, le **solstice** d'été correspond à la journée la plus longue et à la nuit la plus courte de l'année. Le solstice d'hiver correspond à la journée la plus courte et à la nuit la plus longue de l'année.

Lorsqu'un solide est **soluble** dans l'eau, on dit qu'il se dissout dans l'eau. Attention ! dans le langage courant on dit : « je laisse fondre le sucre dans le café ». Cette expression n'est pas correcte !

Une **source d'énergie** renferme de l'énergie utilisable.

Un **stéthoscope** est un instrument qui permet au médecin d'écouter les bruits du corps.

Un **suc** est un liquide sécrété par le corps. Les **sucs digestifs** contiennent notamment des enzymes, sortes de « ciseaux microscopiques » qui découpent les aliments.

Une eau trouble contient des particules en **suspension**.

Un **système automatisé** est un dispositif qui fonctionne sans l'intervention d'un opérateur, en exécutant un programme défini.

Un **système robotisé** est un dispositif capabled'effectuer certaines opérations, d'en modifier lui-même le cycle et d'exécuter certains choix à partir d'informations électriques.

T

Le mot **téléphone** signifie « parler à distance ».

Un **télescope** est un instrument qui permet d'observer les astres.

Le **thermomètre** est un appareil qui sert à repérer la température. Les thermomètres que tu utilises sont gradués en degrés Celsius. La graduation 0 °C correspond à la température de la glace en train de fondre. La graduation 100 °C correspond à la température de l'eau pure quand elle bout.

Un **train d'engrenage** est un ensemble de roues dentées d'un engrenage.

Le **tsunami** est le nom japonais du raz-de-marée. C'est une vague gigantesque due à un tremblement de terre sous-marin et qui se propage à plusieurs centaines de kilomètres par heure.

U

L'Organisation des Nations unies pour l'éducation, la science et la culture (**UNESCO**) a été créée le 16 novembre 1946. Son but est vaste et ambitieux : construire la paix dans l'esprit des hommes à travers l'éducation, la science, la culture et la communication.

L'**uranium** est un métal très spécial. La chaleur qu'il produit est transformée en électricité par les centrales nucléaires.

Les **uretères** sont les deux tuyaux qui conduisent les urines du rein à la vessie.

L'**urètre** permet l'évacuation de l'urine vers l'extérieur.

L'**utérus** est le « tube » dans lequel l'œuf fécondé va se loger pour se développer.

V

La **vapeur d'eau** est de l'eau à l'état gazeux. Elle est invisible. Attention ! dans le langage courant, on appelle **vapeur** l'eau qui est condensée en fines gouttelettes. C'est pourquoi on parle de vapeur pour désigner ce qui se forme au-dessus d'un récipient d'eau chaude et qui est en fait du brouillard.

Un **végétarien** ne mange pas de viande.

Une **ventilation** correspond à une inspiration et à une expiration.

Sont **vivipares** les animaux dont les petits sortent de la mère entièrement formés, comme chez les mammifères.

Crédits photographiques

Couverture : Nasa/Spl/ Cosmos

p.**1 :** Esa/Spl/ Cosmos; p.**4 :** Jerry Lodriguss/ Bsip ; p.**8 :** Vidal Frank/ Bios; p.**12(htg) :** Eric Audras/Photononstop; p.**12(htd) :** S. Numazawa/APB/ Ciel et Espace ; p.**12(bg) :** Tim Davis/ Corbis ; p.**12(bd) :** Ap/ Sipa Press; p.**15(htg) :** Laforet Bertrand/Gamma/ Eyedea ; p.**15(ht mg) :** George Niktin/Ap/ Sipa Press; p.**15 (ht md) :** Josh Westrich/ Photononstop ; p.**15(htd) :** Andreas Rentz/ Afp ; p.**15(mg) :** P. Forget/Explorer/ Eyedea ; p.**16(ht) :** Anne et Jacques Six ; p.**16(bas) :** Konrad Wothe/ Minden Pictures ; p.**17(g) :** Anne et Jacques Six ; p.**17(d) :** Hans Neleman/ Getty Images ; p.**20(hg) :** Shawn Thew/ Corbis ; p.**20(ht m) :** Christophe Archambault/ Afp ; p.**20(ht d) :** Pierre Huguet/ Bios ; p.**20(md) :** Cancalosi John/Peter Arnold/ Bios ; p.**20(bg) :** Jordi Blancafort/Hoa-Qui/ Eyedea ; p.**20(bd) :** Robert Harding/World Imagery/Corbis ; p.**22(htg) :** Dott Fred/Argus/ Bios ; p.**22 htd) :** Droits Réservés ; p.**22(mht) :** Alain le Bot/Gamma/ Eyedea ; p.**22(mhg) :** Droits Réservés ; p.**22(mhd) :** Steve Garfoth/ Eyedea ; p.**22(mb) :** Herve de Gueltzl/ Photononstop ; p.**22(mm) :** Imagestate/ Jupiter Images ; p.**22(b) :** Anne Christine/ Afp ; p.**23(ht) :** Mike Nelson/Epa/ Corbis ; p.**23(mg) :** Claudius Thiriet/ Bios ; p.**23(md) :** Hans Silvester/Rapho/ Eyedea ; p.**24 :** Brigitte Merle/Photononstop ; p.**25 :** Bios (reprise p. 54) ; p.**26 (htd) :** Derek Croucher/ Corbis ; p.**26(bg) :** Henrik Trygg/ Corbis ; p.**26(bd) :** Christian Petit/ Regards du Sport ; p.**28 (mg) :** Getty Images ; p.**28(md) :** Csa Plastock/ Getty Images ; p.**29(htg) :** Lucky Luke, Morris & Goscinny/ Dargaud ; p.**29(htd) :** Prod DB©Walt Disney/DR ; p.**29(b) :** Sime/ Photononstop ; p.**29(mg) :** John Sanford/Spl/ Cosmos ; p.**30(htg) :** Jean-Paul Garcin/ Photononstop ; p.**30(htd) :** Onidji/ Fotolia.com ; p.**30(m) :** Tom Mc Nemar/ Fotolia.com ; p.**30(mg) :** Matthias Kulka/Zefa/ Corbis ; p.**30(bd) :** RTimages/ Fotolia.com ; p.**33(b) :** Gilles Rolle/ Rea ; p.**34(htg) :** Bohemian Nomad Picturemakers/ Corbis ; p.**34(htd) :** Ben Simmons/ Photononstop ; p.**34(bg) :** Eckhard Slawik/Spl/ Cosmos ; p.**34(bd) :** Nasa ; p.**36(htg,htd) :** Smith, Scott W/Animals Animals Enterprises/ Sunset ; p.**36(bd) :** Sylvain Cordier/Jacana/ Eyedea ; p.**37(ht) :** David Cumming/Eye Ubiquitous/Corbis ; p.**37(m) :** Nasa ; p.**37(bd) :** Hervé Lewandowski/ Photo RMN ; p.**38(mg,bg) :** Michel P. Gadomski/ Bsip ; p.**38(bd) :** Tourism Australia Image Library ; p.**41 :** Arnulf Husmo/Stone/ Getty Images ; p.**42(ht) :** Roger Ressmeyer/ Corbis ; p.**42(bg) :** Nasa ; p.**42(bd) :** Jacopin/ Bsip ; p.**43(htg,htd,bm) :** Nasa ; p.**43(htm) :** Friedrich Saurer/Spl/ Cosmos ; p.**43(mg) :** Planetary Visions Ltd/Spl/ Cosmos ; p.**43(m) :** Spl/ Cosmos ; p.**43(md) :** Us Geological Survey/Spl/ Cosmos ; p.**43(bg) :** Nasa/Spl/ Cosmos ; p.**43(bd) :** Mehau Kulyk/Spl/ Cosmos ; p.**44(htd) :** Jerry Lodriguss/ Bsip ; p.**45(htd) :** Mary Evans/ Rue des Archives ; p.**45(m) :** Friedrich Saurer/Spl/ Cosmos ; p.**45(b) :** Prod DB (c)Pixar Animation Studios/ Walt Disney/ DR ; p.**46(htg,htm,htd) :** Eckhard Slawik/Spl/ Cosmos ; p.**46(bg) :** Paul Souders/ Bsip ; p.**46(bd) :** Nasa ; p.**49(htg) :** Jean Bernard/ Leemage ; p.**49(m) :** Hergé/ Moulinsart 2007 ; p.**49(b) :** Nasa/Spl/ Cosmos ; p.**50(htg) :** Janek Skarzynski/ Afp ; p.**50(htm,htd) :** Droits Réservés ; p.**50(bd) :** Matt Hage/AP/ Sipa ; p.**51(ht) :** Liquidlibrary Image/ Jupiter Images Unlimited ; p.**51(htd) :** Goce Risteski/ Fotolia.com ; p.**51(mg) :** Richard Ustinich/The Image Bank/ Getty Images ; p.**51(md) :** Greg/ Fotolia.com ; p.**51(bd) :** Droits Réservés ; p.**51(b) :** Stockbyte/ Getty Images ; p.**53(ht) :** Droits Réservés ; p.**53 (m) :** Droits réservés/ Musée de l'Agora d'Athènes ; p.**53(md) :** Araldo de Luca/ Corbis ; p.**53(g) :** Mary Evans/ Eyedea ; p.**53(bd) :** Droits Réservés ; p.**54(htg) :** Hahn Otto/Peter Arnold/ Bios ; p.**54(htd) :** Damase J/Explorer/ Hoa Qui/ Eyedea ; p.**54(b) :** Chine Nouvelle/ Sipa ; p.**55(htg) :** CRI Nancy Lorraine/Krafft/Hoa Qui/ Eyedea ; p.**55(htd) :** Richard Bouhet/ Afp ; p.**57(htg) :** Costa/ Leemage ; p.**57(htd) :** Scanpix Norvege/ Sipa ; p.**57(bg) :** Afp ; p.**57(bd) :** CRI Nancy Lorraine/ Kraft/ Hoa Qui/ Eyedea ; p.**61 :** Huguet Pierre/ Bios ; p.**62(ht) :** Macduff Everton/ Corbis ; p.**62(bg) :** Tom Stewart/ Corbis ; p.**62(bd) :** C. Sahanouk/ Archives Nathan ; p.**64(ht) :** Kenneth Libbrecht/SPL/ Cosmos ; p.**64(bas) :** Huguet Pierre/ Bios ; p.**65(htg) :** Jean-Pierre Clatot/ Afp ; p.**65(htd) :** Charles Hurault/ Roger-Viollet ; p.**65(m) :** Francis Cahuzac ; p.**65(bas) :** Dani Carlo & Jeske Ingri/ Bios ; p.**66(ht) :** Carl & Ann Purcell/ Corbis ; p.**66(bg) :** Pascal Sittler/ Rea ; p.**66(bm) :** Boussahba Sophie/ Bios ; p.**66(bd) :** Ludivine Aznal ; p.**68(bd) :** Roger Ressmeyer/ Corbis ; p.**68(bas) :** Sergio Pitamitz/ Corbis ; p.**69(htg) :** Droits Réservés ; p.**69(bas) :** Jupiter images ; p.**70(bg) :** Bill Brennan/ Bsip ; p.**70(bm) :** Feyte Pierre-Paul/ Bios ; p.**70(bd) :** Grive Lou/Grandeur Nature/ Hoa Qui/ Eyedea ; p.**71(ht) :** Ludivine Aznal ; p.**71bas) :** Roland Gerth/zefa/ Corbis ; p.**73(htg) :** Ludivine Aznal ; p.**73(htd) :** C.Gouverneur ; p.**73(m) :** Grunewald/ Bsip ; p.**73(bas) :** Jupiter Images ; p.**74(ht) :** Arvind Garg/ Corbis ; p.**74(bg) :** Jim Reed/SPL/ Cosmos ; p.**74(bd) :** David Woodfall/ Stone/ Getty images ; p.**76(ht) :** Richard Packwood/OSF/ Bsip ; p.**76(bas) :** Jouan Catherine/Rius Jeanne/Jacana/ Eyedea ; p.**77(ht) :** Andreas Fechner/ Laif-Réa ; p.**77(m) :** Marine Nationale/ Afp ; p.**77(bas) :** Rodrigues D/UNEP/Still Pictures/ Bios ; p.**78(htg) :** Grand Tour Collection/ Corbis ; p.**78(md) :** Fritz Poelking/ Eyedea ; p.**78(bas) :** Forget P/Explorer/Hoa Qui/ Eyedea ; p.**79(bas) :** Tetra/ Bsip ; p.**80(m) :** Francois Le Divenah/ Photononstop ; p.**81(htg) :** Cardoso/ Bsip ; p.**81(htd) :** Gornall George/Still Pictures/ Bios ; p.**81(bg) :** Fève Frédéric/ Bios ; p.**81(bd) :** Breton Josy/ Bios ; p.**82(htg) :** Imagestate/ Eyedea ; p.**82(htd) :** Droits Réservés ; p.**82(bas) :** Dave G. Houser/ Corbis ; p.**85(htg) :** Selva/Leemage ; p.**85(m) :** Gerolf Kalt/zefa/ Corbis ; p.**85(bg) :** Eric Nguyen/ Corbis ; p.**85(bd) :** Corbis ; p.**89 :** Rick Miller/AgStock/ Rea ; p.**90 (htd) :** Jim Erickson/ Corbis ; p.**90(htg) :** Planetary Visions/Spl/ Cosmos ; p.**90(m) :** Liba Taylor/ Corbis ; p.**90(md) :** Frilet Patrick / Hemis.fr ; p.**90(bg) :** Willard Clay/OSF/ Bsip ; p.**90(bd) :** Alaska Stock/ Sunset ; p.**92(ht) :** Langevin Jacques/ Corbis ; p.**92(mg) :** Adam Woolfitt/ Corbis ; p.**92(md) :** Claude Larnac/ Afp ; p.**93(ht) :** Photo Researchers/ Bsip ; p.**93(mg, md) :** Thiriet Claudius/Phone/ Bios ; p.**93(bm) :** Detlef Gwinner/ Fotolia.com ; p.**93(bd) :** Archives Nathan ; p.**94(htg) :** Age/ Photononstop ; p.**94(htd) :** Pierre Gleizes/ Rea ; p.**94(bg) :** Jacques Loic/ Photononstop ; p.**94(bd) :** Francois Henry/ Rea ; p.**97(b) :** Rick Miller/AGStock/ Rea ; p.**98(ht) :** Benoit Decout/ Rea ; p.**98(b) :** Douglas Hill/Beateworks/ Corbis ; p.**99(1) :** Hector Planes/Archivolatino/ Rea ; p.**99(2) :** Troncy Michel/Hoa Qui/ Eyedea ; p.**99(3) :** Emilio Ereza/Hoa Qui/ Eyedea ; p.**99(4) :** Giovanni Rinaldi/ Fotolia.com ; p.**99(5) :** Sylvain Grandadam/Hoa Qui/ Eyedea ; p.**100(mg) :** ND/ Roger-Viollet ; p.**100(m) :** Keystone France/ Eyedea ; p.**100(md) :** Patrick Valasserias/ Afp ; p.**101(htd) :** Esa/Spl/ Cosmos ; p.**101(m) :** John Cancalosi/ Eyedea ; p.**101(b) :** Kiyoshi Yanagi/ Eyedea ; p.**102(htg) :** Guichaoua Yann/Hoa Qui/ Eyedea ; p.**102(htd) :** Dupuis Jean-François/Belpres/ Andia ; p.**102(bd) :** Jorgen Schytte/Still Pictures/ Bios ; p.**103(b) :** Gaëlle Mary ; p.**105(mg) :** Garnier Michel/Hoa Qui/ Eyedea ; **p.105(b) :** Jaubert/ Sipa Press ; p.**106(htg) :** Theo Allofs/ Corbis ; p.**106(htd) :** China Photos/ Afp ; p.**106(bg) :** Keystone France/ Eyedea ; p.**106(bd) :** Dick Reed/ Corbis ; p.**108(ht) :** Spl/ Cosmos ; p.**109(mg) :** Piechegut Laurent/ Bios ; p.**109(md) :** Toru Yamanaka/ Afp ; p.**110(htg) :** Wolmuth/Report Digital/ Rea ; p.**110(htd) :** Van Osaka/ Photononstop ; p.**110(bg) :** Tips/ Photononstop ; p.**111(m) :** Karsten Michaelis/ Fotolia.com ; p.**111(b) :** Droits Réservés ; p.**113(ht) :** Ludovic/ Rea ; p.**113(b) :** Philippe Lissac/ Godong ; p.**117 :** Thiriet Claudius /Phone/ Bios ; p.**118(htg) :** Klein J.-L. & Hubert M/ Bios ; p.**118(hd) :** Alexey Kardakov/ Fotolia.com ; p.**118(md) :** Llandrea/ Fotolia.com ; p.**118(bg) :** Debois Paul/GAP/ Bios ; p.**118(bd) :** Olga Barbakadze/ Fotolia.com ; p.**121(htg) :** Noun/ Bios ; p.**121(htd,m) :** Klein J.-L. & Hubert M/ Bios ; p.**121(md) :** Philipe Clement/NPL/Jacana/ Eyedea ; p.**121(bg) :** Dziubak Franck & Christi/ Bios ; p.**122(ht) :** Jouan/Rius/Jacana/ Eyedea ; p.**125(ht) :** Highlights for Children/ Bios ; p.**125(m) :** Werner Bollmann/ Eyedea ; p.**126(htg) :** John Cancalosi/Age Fotostock/ Eyedea ; p.**126(htd,bd) :** Animals-Animals/ Sunset ; p.**126(bg) :** Prod DB©Amblin- Universal/ DR ; p.**129(ht) :** Sylvestre Jean-Pierre/ Bios ; p.**129(b) :** OSF/ Bsip ; p.**130(htg) :** Gunther Michel/ Bios ; p.**130(htd) :** Noun/ Bios ; p.**130(b) :** Hart Paul/GPL/ Bios ; p.**132(ht) :** Thouvenin Claude/ Bios ; p.**133(ht) :** JavierCortina/ Fotolia.com ; p.**133(bg) :** Patrick Allard/ Rea ; p.**133(bd) :** Marigo Luiz C./Peter A/ Bios ; p.**134(htg) :** Holt Studios/ Sunset ; p.**134(htd) :** Thiriet Claudius/Phone/ Bios ; p.**134(mg) :** Lemarchand François/ Bios ; p.**134(bg) :** Thiriet Claudius/Phone/ Bios ; p.**134(bd) :** Superbild/ Sunset ; p.**135(m1) :** FLPA/David Hosking/ Sunset ; p.**135(m2,3) :** Labat Jean-Michel/ Bios ; p.**135(m4) :** FLPA/Keith Rushforth/ Sunset ; p.**135(b1) :** Chassenet/ Bsip ; p.**135(b2) :** Rex Interstock/ Sunset ; p.**135(b3) :** Monique Pouzet/ Fotolia.com ; p.**135(b4) :** Cattlin Nigel/ Sunset ; p.**136(md) :** Bricout Joli/ Bios ; p.**137(1ht) :** Lisa F. Young/ Fotolia.com ; p.**137(2ht) :** Pascal Martin/ Fotolia.com ; p.**137(3ht) :** Yannick Saint-Andre/ Fotolia.com ; p.**137(4ht) :** Jan Gottwald/ Fotolia.com ; p.**137(bg) :** Matt Alexander/ Bios ; p.**137(bm) :** Levique Philippe/ Bios ; p.**138(htg) :** Heuclin Daniel/ Bios ; p.**138(htd) :** Noun/ Bios ; p.**138(mg,bg) :** Delobelle Jean-Philippe/ Bios ; p.**138(bd) :** Marge/ Sunset ; p.**139(ht) :** Klein J.-L. & Hubert M/ Bios ; p.**139(b) :** Cavignaux Régis/ Bios ; p.**141(ht) :** Eye Ubiquitous/Rex Features/ Sunset ; p.**141(hd) :** David Kjaer/NPL/Jacana/ Eyedea ; p.**141(mg) :** Lenain Hervé/ Bios ; p.**141(md) :** Comte Henri / Sunset ; p.**141(bd) :** Gunther Michel/ Bios ; p.**142(htg) :** Robyn Mackenzie/ Fotolia.com ; p.**142(bg, bd) :** S & D & K Maslowski/FLPA/ Bios ; p.**144(ht) :** Balança Erwan/Phone/ Bios ; p.**144(m) :** Barbelette Emile/ Bios ; p.**145(ht) :** Christine et J.C. Pinheira ; p.**145(bg) :** Lenain Hervé/ Bios ; p.**146(ht) :** Labat Jean-Michel/Phone/ Bios ; p.**146(bg) :** Greff Michel/ Bios ; p.**146(bm) :** Bertani Tiziana/ Bios ; p.**146(bmd) :** Bertani Tiziana/ Bios ; p.**146(bd) :** Heuclin Daniel/ Bios ; p.**147(m) :** Huguet Pierre/ Bios ; p.**147(mg,md) :** Ruoso Cyril/ Bios ; p.**149(ht) :** Gunther Michel/ Bios ; p.**149(m) :** Fanny Delisle, Environnement Canada,Région du Québec, Conservation de l'environnement, Centre Saint-Laurent ; p.**149(b) :** Ruoso Cyril/ Bios ; p.**150(ht) :** C. Huetter/ARCO/ Bsip ; p.**150(bg) :** Matt Alexander/ Bios ; p.**150(bd) :** Danegger Manfred/Jacana/ Eyedea ; p.**151(htg) :** Baccega Eric/Jacana/ Eyedea ; p.**151(htd) :** Martin Gabriel/NPL/Jacana/ Eyedea ; p.**151(bg) :** Vornberger Cal/P/ Bios ; p.**151(bd) :** Animals-Animals/ Sunset ; p.**152(ht) :** R. Wittek/Arco/ Bsip ; p.**152(m) :** Gilson François/ Bios ; p.**152(b) :** Denis-Huot Michel & Chri/ Bios ; p.**153(htg) :** Willocx Hugo/Wildlife/ Bios ; p.**153(htm) :** Lacz Gérard/ Sunset ; p.**153(htd) :** Jose B. Ruiz/NPL/Jacana/ Eyedea ; p.**153(mg) :** Juan Ramon Cordoba/Age Fotostock/Hoa Qui/ Eyedea ; p.**153(md) :** Michael Richards/OSF/ Bsip ; p.**153(bg) :** Vidal Frank/ Bios ; p.**153(bd) :** Le Moigne Jean-Louis/ Bios ; p.**154(htg) :** Sidamon-Pesson Christoph/ Bios ; p.**154(htd) :** Denis-Huot Michel & Chri/ Bios ; p.**155(mg,md) :** Labat Jean-Michel/Phone/ Bios ; p.**156(bg) :** Morales/Jacana/ Eyedea ; p.**156(bd) :** Labat Jean-Michel/Phone/ Bios ; p.**157(ht) :** Francois Gonin/ Photononstop ; p.**157(m) :** Yann Crochet/ Bsip ; p.**157(b) :** Franck Lukasseck/Mauritius/ Photononstop ; p.**158(ht) :** Chatagnon Jean-Paul/ Bios ; p.**158(bg) :** Klein J.-L. & Hubert M/ Bios ; p.**158(bd) :** Selva/Leemage ; p.**160(mg) :** John Hyde/ Bsip ; p.**160(md) :** Alcalay Jean-Jacques/ Bios ; p.**161(ht) :** Thiriet Claudius/Grandeur Nature/Hoa Qui/ Eyedea ; p.**161(m) :** ONF ; p.**161(b) :** Decante Frédéric/ Bios ; p.**165 :** Richard T. Nowitz/ Corbis ; p.**166(htg) :** Duomo/ Corbis ; p.**166(htd) :** Clarissa Leahy/Stone/ Getty images ; p.**166(bg) :** Massimo Brega/ LookatSciences ; p.**166(bd) :** Jean-Pierre Durand/ Regards du Sport ; p.**169(ht) :** Musée Marey ; p.**169(m) :** Afp ; p.**169(bg) :** Denis-Huot Michel & Chris/ Bios ; p.**169(bm) :** Harvey Martin/ Bios ; p.**169(bd) :** Weimann Peter/ Bios ; p.**170(bg) :** Mother & Baby Picture Library/ Bsip ; p.**170(bd) :** Francois Gonin/ Photononstop ; p.**173(ht) :** Getty images ; p.**173(bas) :** Sotheby's / Akg Images ; p.**174(htg) :** Santa Clara/ Photononstop ; p.**174(bg) :** Eric Audras/ Photononstop ; p.**174(bd) :** Getty images ; p.**176(ht) :** Workbookstock/ Jupiterimages ; p.**177(htd) :** David Madison/Rise/ Gettyimages ; p.**177(hg) :** Droits Réservés ; p.**177(m) :** Kim Savon/ Fotolia.com ; p.**177(bas) :** Jerry Driendl/Taxi/ Gettyimages ; p.**178(htg) :** Marc Dietrich/ Fotolia.com ; p.**178(htg m) :** James Steidl/ Fotolia.com ; p.**178(htd) :** Elsa Stein/Photononstop ; p.**178(mg) :** Photocuisine ; p.**178(bg) :** Dominique Ducouret/ Fotolia.com ; p.**180(htd) :** Omikron/ Bsip ; p.**180(mg) :** Tim Macpherson/ Gettyimages ; p.**180(bd) :** Chassenet/ Bsip ; p.**181(htg) :** Tips/ Photononstop ; p.**181(htd) :** J-C.Vaillant/ Photononstop ; p.**181(m) :** Sime/ Photononstop ; p.**181(bas) :** Vincent Leblic/ Photononstop ; p.**182(htg) :** Till Jacket/Photononstop ; p.**182(htd) :** Marka Turk/ Bsip ; p.**182(bg) :** Martin Lee/ Bsip ; p.**182(bd) :** Guillaume P/ Bsip ; p.**185(g,d) :** C. Gouverneur ; p.**186(htg) :** Richard T. Nowitz/ Corbis ; p.**186(md) :** Str Old / Reuters ; p.**186(bas) :** Jupiter Images ; p.**187(1) :** Royalty-Free/ Corbis ; p.**189(htg) :** Spl/ Cosmos ; p.**189(htm) :** Akg images ; p.**189(htd) :** Garo/ Phanie ; p.**189(bg) :** Luquet David/Gamma/ Eyedea ; p.**189(bd) :** Mango Productions/ Corbis ; p.**190(htg) :** John Cancalosi/Age Fotostock/Hoa Qui/ Eyedea ; p.**190(htd) :** Le Chat/Philippe Geluck/ Casterman ; p.**190(mg) :** Pascale Wowak/ Fotolia.com ; p.**190(bg) :** Martine Affre Eisenlohr/ Fotolia.com ; p.**190(bd) :** Vilma Meunier/ Bios ; p.**191(g,d) :** Akg Images ; p.**192(htd) :** Mona Lisa Production/Spl/ Cosmos ; p.**192(mg) :** Coll Photo Researchers/ Bsip ; p.**193(htg) :** Droits Réservés ; p.**193(htd) :** Bsip ; p.**193(bas) :** Burger/ Phanie ; p.**194(htg) :** Spl/ Cosmos ; p.**194(htd) :** Neil Bromhall/OSF/ Bsip ; p.**194(bas) :** Wellcome Photo Lib/ Bsip ; p.**195(htg,m,d) :** Phototake/Nikas/ Bsip ; p.**195(bd) :** Phototake/Nikas/ Bsip ; p.**195(bg) :** Spl/ Cosmos ; p.**196 :** Mauritius/ Photononstop ; p.**198(2,4) :** Droits Réservés ; p.**199 :** Droits Réservés ; p.**201(ht) :** Library Of Congress/Spl/ Cosmos ; p.**201(bas) :** Erich Lessing/ Akg-images/Salvador Dali,Fondation Gala Salvador Dali/ ADAGP Paris 2008 ; p.**202(htg) :** Jon Feingersh/zefa/Corbis ; p.**202(htd) :** Jean-Paul Goude/l'exposition "Tous parents, tous différents" commissaire Ninian Hubert Van Blijenburgh ; p.**202 (bg) :** Lowe/Phototake/ Bsip ; p.**202(bd) :** Matthew Peyton/ Afp ; p.**203(1,2,3,4,5,6) :** James King-Holmes/Spl/ Cosmos ; p. **203(7) :** Danny Brass/ Bsip ; p. **203(8,10) :** David Parker/Spl/ Cosmos ; p. **203(9) :** Voisin/ Phanie ; p.**204(1) :** M.Thomsen/Zefa/ Corbis ; p.**204(2) :** George Shelley/ Getty Images ; p.**204(3) :** Kevin Dodge/ Corbis ; p.**204(4) :** Michael Prince/ Corbis ; p.**204(5) :** Joson/Zefa/ Corbis ; p.**205(ht) :** Stammers Sinclair/Spl/ Cosmos ; p.**205(bas) :** Colin McPherson/ Afp ; p.**209 :** Arthus-Bertrand Yann/ Altitude ; p.**210(ht) :** Heritage Images/ Leemage ; p.**210(bg) :** Barry Lewis/ Corbis ; p.**211(m) :** Thiriet Claudius/ Bios ; p.**211(md) :** Javier Larrea/ Eyedea ; p.**213(htg) :** Jupiter Images Unlimited ; p.**213(htm) :** Shocky/ Fotolia.com ; p.**213(htmd) :** Aleksandr Lobanoin/ Fotolia.com ; p.**213(htd) :** Jean-louis Bouzou/ Fotolia.com ; p.**213(d) :** Michel Collet-www.cathares.org ; p.**213(m) :** Simon Lhotellierin/ Fotolia.com ; p.**213(m) :** Melisbackin/ Fotolia.com ; p.**213(mg) :** Jupitermages Unlimited ; p.**213(mb) :** Samuel Grondin/ Fotolia.com ; p.**214(htg) :** Eureka Slide-Reporters/ Rea ; p.**214(htd) :** Goodshoot/ Photononstop ; p.**214(bd) :** The Bridgeman Art Library/ Adagp Paris 2008 ; p.**216(htd) :** Jean-Yves Foy/ Fotolia.com ; p.**216(mg) :** Droits Réservés ; p.**216(md) :** Vincent Moncorgé/ LookatSciences ; p.**217(bg) :** Archives Nathan ; p.**217(htd,m) :** Vincent Moncorgé/ LookatSciences ; p.**218(ht) :** Jean-Luc Armand/ Photononstop ; p.**218(bd) :** Archives Nathan ; p.**218(bg) :** Photocuisine ; p.**219(bd) :** Archives Nathan ; p.**221(htg) :** Droits Réservés ; p.**221(htd) :** Theowulf Maehl/Zefa/ Corbis ; p.**221(mg,md) :** Jupiter Images Unlimited ; p.**221(mb) :** Bridgeman Art Library ; p.**221(bd) :** Droits Réservés ; p.**222(htg) :** Archives Nathan ; p.**222(md) :** KingPhoto/ Fotolia.com ; p.**222(bg) :** Vincent Leblic/ Photononstop ; p.**223(1,2,3,bg) :** Droits Réservés ; p.**223(bd) :** Stéphane Hette/ Fotolia.com ; p.**225(ht) :** Arthus-Bertrand Yann/ Altitude ; p.**225(mg) :** Alan Schein Photography/ Corbis ; p.**225(mb,b) :** Droits Réservés ; p.**225(bg) :** IPS/ Photononstop ; p.**225(bd) :** Vincent Leblic/ Photononstop ; p.**226(ht) :** Esa ; p.**229(htg) :** Bridgeman Art Library ; p.**229(htd) :** Keystone France/ Eyedea ; p.229(mg) : Esa ; p.**229(md) :** Jupiter Images Unlimited ; p.**230(htg) :** Prod DB©Carolco Pictures/ DR ; p.**230(htd) :** Archives Nathan ; p.**230(bd) :** Droits Réservés ; p.**233(htg) :** Nasa ; p.**233(htd) :** Marine Nationale/ Afp ; p.**232(mht) :** Jupiter Images Unlimited ; p.**232(mb) :** Droits Réservés ; p.**233(b) :** Kim Kulish/ Rea.

N° de projet : 10155969 – JPM
Dépôt légal : Novembre 2008
Achevé d'imprimer en Italie par NIIAG